Les grands stades

Au cœur des enjeux économiques et sociaux
entre collectivités publiques et clubs professionnels

L'édition de ce livre a été effectuée sous la responsabilité de Pierre Croce, chargé de mission, avec la collaboration de Gisèle Peuchlestrade et Frédéric Schmitt, Université Pierre-Mendès-France, Grenoble 2

upmf *Grenoble*
Université Pierre Mendès-France
Sciences sociales & **humaines**

www.librairieharmattan.com
diffusion.harmattan@wanadoo.fr
harmattan1@wanadoo.fr

© L'Harmattan, 2011
16 rue des Écoles – 75005 Paris
ISBN : 978-2-296-54251-8
EAN :9782296542518

Pierre CHAIX (Dir.)

Les grands stades

AU CŒUR DES ENJEUX ÉCONOMIQUES ET SOCIAUX
ENTRE COLLECTIVITÉS PUBLIQUES ET CLUBS PROFESSIONNELS

L'HARMATTAN 2011

« *La Librairie des Humanités* »

La Librairie des Humanités est une collection pluridisciplinaire coéditée par les Éditions L'Harmattan à Paris et par l'UPMF, elle est destinée à recevoir, dans ses diverses séries, des textes couvrant tout le champ des sciences sociales et humaines. Son caractère universitaire lui fait devoir et privilège de promouvoir des travaux de jeunes auteurs autant que de chercheurs chevronnés. Elle est codirigée par Thierry MÉNISSIER, docteur de l'EHSS, Maître de conférences de philosophie politique et Pierre CROCE, Chargé de mission sur la politique de publication de l'Université Pierre Mendès France.

L'orientation éditoriale de la collection est donnée par un conseil scientifique constitué de :

Fanny COULOMB : *Économie*
Jérôme FERRAND : *Droit*
Jacques FONTANEL : série *« Côté cours »*
Thierry MÉNISSIER : *Sciences de l'Homme*
Alain SPALANZANI : *Gestion*

La série « *Côté Cours* »

« *Côté cours* » est une série dirigée par Jacques Fontanel. Elle reçoit principalement des ouvrages destinés à l'enseignement à distances de l'UPMF. À ce titre elle prépare les étudiants de l'UPMF du DEUG, de la Licence et de certains Masters de Sciences économiques et de Droit, mais elle est également utilisée par de nombreux étudiants appartenant à des formations d'autres établissements.

Parus dans la série « *Côté Cours* » :

F. Carluer – *Pouvoir économique et espace* (2004)
N. E. Sadi – *La privatisation des entreprises publiques en Algérie* (2005)
J. Fontanel – *La globalisation en « analyse », Géoéconomie et stratégie des acteurs* (2005)
M. Kauffmann – *Gouvernance économique mondiale et conflits armés* (2006)
M. Hollard – *Économie des organisations* (2006)
J. Lapèze – *Éléments d'analyse sur le développement territorial* (2006)
A. Gauchet – *Observance thérapeutique et VIH* (2008)
V. Plauchu et A. Taïrou – *Méthodologie du diagnostic d'entreprise* (2008)
J. Fontanel *et alii* – *Regards su l'économie et le management du sport* (2009)
D. Zait et A. Spalanzani – *La recherche en management et en économie* (2009)
R. Effantin – *Les comptes de groupe, Techniques de consolidation* (2009)
L. Bensahel-Perrin et alii – *Les organisations non gouvernementales* (2009)
N. E. Sadi – *Analyse financière d'entreprise* (2009)
N.E. Sadi – *Contrôle de gestion stratégique* (2009)
A. Rosanvallon - La gestion des Opérations d'Aide au Développement (OPAD) (2011)

SOMMAIRE

Introduction au débat sur l'intérêt collectif
de la construction des grands stades ... 7

Jean-François BOURG
Histoire économique d'un stade et d'un club de rugby de haut niveau :
l'exemple du C. A. Briviste (1910-2010) ... 17

Aymeric MAGNE
L'évolution des stades, vers la 6e génération... ... 41

Jean-Jacques GOUGUET
De la difficulté des choix publics en matière de grandes infrastructures sportives ... 55

Pierre ARNAUD
Les installations sportives Instrument majeur du renouvellement
des politiques sportives territoriales ... 71

Éric DE FENOYL
L'évolution du poids et du rôle des collectivités dans la construction des stades :
le stade, le service public et l'intérêt général ... 83

Franck LAGARDE
Financement des équipements sportifs : de la maîtrise d'ouvrage publique
aux partenariats public/privé ... 97

Philippe JUEN
Le financement et la gestion des équipements sportifs à usage professionnel :
quels liens entre les collectivités territoriales et les clubs ? ... 111

Christoph BREUER, Kirstin HALLMANN, Pamela WICKER, Svenja FEILER
Financing of Sport Facilities in Germany ... 135

Pierre CHAIX
Le sport professionnel et sa dépendance aux aides publiques :
entre mythes et réalités ... 153

Frédéric BOLOTNY, Dominique DEBREYER
Nouveaux stades : quel impact sur l'économie des clubs de football français ? ... 173

Éric BARGET
L'impact économique des grands stades : argument politique ou réalité ? ... 215

Introduction au débat sur l'intérêt collectif de la construction des grands stades

Pierre CHAIX
Maître de Conférences
Université Pierre-Mendès-France, Grenoble 2,
Laboratoire CREG

LES RAPPORTS entre le sport professionnel et les collectivités territoriales connaissent depuis deux décennies des évolutions profondes qui mettent en évidence les conflits d'intérêts entre les secteurs privés et publics, dans une activité aux valeurs marchandes de plus en plus dominantes au regard de ses contraintes en termes de service public. Plusieurs défis doivent être relevés en France et la question du financement, de la localisation et de l'intérêt collectif des grands investissements sportifs ne trouve plus les mêmes réponses que celles d'hier.

Le modèle économique français des sports professionnels est fragile, avec une forte télédépendance du football, la baisse des recettes de mutation, le poids croissant du sponsoring dans le rugby et l'importance des subventions publiques pour la grande majorité des autres sports (Pierre Chaix). L'équilibre des différents modèles n'est plus assuré, il fait l'objet de débats et d'une recherche effrénée de diversification et de pérennisation des ressources. Parallèlement, au cœur d'une crise financière mondiale, la dette publique de la France à court terme atteint globalement 2 000 milliards de dollars. Le gel des dotations de l'État aux collectivités locales pour les trois prochaines années conjuguées à l'augmentation de leurs missions, notamment au niveau de l'action sociale, laisse à penser que la puissance publique aura du mal à augmenter, si ce n'est à maintenir, son aide au sport professionnel. La question se pose du financement du sport spectacle et de son positionnement en tant que bien public ou relevant du domaine privé. La candidature de la France pour l'organisation d'évènements sportifs internationaux (Jeux olympiques, Championnat du Monde, Championnat d'Europe) a été l'occasion, dans plusieurs rapports (Besson 2008, Seguin 2009, Arenas 2015), de souligner la qualité insuffisante du pays en stades et salles de grande capacité possédant les atouts d'une enceinte sportive moderne. Les équipements sont monofonctionnels, inadaptés en taille, au confort réduit et sans espaces commerciaux d'importance. Une solution fait aujourd'hui l'unanimité. Il faut construire ou rénover l'ensemble des enceintes du sport français pour en faire une arme importante en faveur du développement économique des équipes professionnelles. La réussite sportive ne sera qu'une conséquence de cette volonté collective de doter les équipes professionnelles d'un outil économique efficace, dans le cadre de financements mixtes. Cette « unanimité » concernant l'efficacité de cette solution n'est pourtant pas nécessairement justifiée, notamment sur le plan du développement économique local.

Dès l'origine, trois difficultés doivent être surmontées. D'abord, le financement de ces constructions/rénovations pose problème. Jusqu'alors, les collectivités publiques ont très majoritairement assuré l'investissement et le fonctionnement de ces enceintes. Or, au regard de l'état des finances publiques exsangues, le potentiel des financements publics devrait être bien inférieur aux demandes des clubs professionnels. Ensuite, si les stades accueillant les spectacles sportifs professionnels sont vieillissants, il en est de même de l'ensemble des infrastructures sportives en France. Il va falloir faire des choix, politiques, sociaux, qui vont durablement configurer le paysage sportif hexagonal, dans une société en mouvement dont les pratiques et les demandes méritent d'être étudiées avec soin. Enfin, l'appel aux financements privés est régulièrement évoqué pour résoudre une partie de cette difficile équation, « comment construire beaucoup, mieux, avec moins d'argent ». Le partenariat public-privé (PPP) est certainement une solution d'avenir, mais il va falloir apprendre à en maîtriser l'exercice. Sachant que le privé souhaite toujours un retour sur investissement, la puissance publique doit définir clairement son positionnement concernant sa participation aux financements mixtes ou aux aménagements annexes, de manière à ne pas être accusée, une fois de plus, de négociations inadaptées qui conduiraient à collectiviser les charges et à privatiser les profits.

L'historique de la vie d'un club français passé du statut amateur au professionnalisme est susceptible de mettre en évidence les évolutions et les transformations économiques qui n'ont pas manqué de transformer la conception du financement des équipements sportifs modernes mis à disposition du sport local. L'analyse de Jean-François Bourg souligne les interactions nombreuses et vitales entre le CAB (Club Athlétique de Brive) et la commune de Brive. Les relations entre les deux acteurs locaux ont suivi l'évolution du rugby, d'abord pratique ludique, puis objet de spectacle engendrant une économie marchande. La conception du stade a suivi cette évolution. Simple lieu de pratique et de spectacle sportif, il est devenu un objet marchand, dont la transformation permet d'être une source de profits pour le club professionnel. Longtemps privé, le stade est redevenu municipal en 1952. Dès lors, c'est la municipalité qui a assumé financièrement sa modernisation, notamment dans la période du passage au professionnalisme (1995). La période récente, avec la venue d'investisseurs privés dans le cadre de la transformation du club en Société Anonyme Sportive Professionnelle (SASP) permettant de distribuer des dividendes et de rémunérer ses dirigeants, a permis l'accélération de la réflexion sur l'évolution, la gouvernance et la « propriété » du stade. Il est intéressant de constater qu'après avoir envisagé la construction d'un nouveau stade sur des fonds privés, puis la mise en place d'un Bail Emphytéotique Administratif sur le stade actuel et ses alentours, la solution retenue a été la gestion du stade par la ville, pour un investissement de 3,2 millions d'euros sur 3 ans. Pour Jean-François Bourg, le bilan économique et social fait par les responsables communaux, aussi bien en termes de retombées économiques que de notoriété pour la ville de Brive et le Limousin, est positif. Si le stade de Brive nécessite de nouveaux investissements, c'est que son usage a évolué régulièrement avec la conversion progressive du sport à l'économie de marché.

Il existe aujourd'hui plusieurs générations d'enceintes sportives, répondant aux besoins d'un moment, depuis le stade antique jusqu'aux stades les plus modernes d'aujourd'hui. La philosophie de la construction des stades a changé. D'enceintes destinées à accueillir des spectateurs et des amateurs de sports, elles sont devenues des investissements colossaux destinés à réaliser du profit. Les valeurs sportives ont perdu de leur importance au regard des considérations économiques. Pour Aymeric Magne, il a d'abord fallu transformer l'arène, simple lieu spartiate de spectacle sportif, en un bâtiment spacieux, confortable et sans danger. Le stade a vocation de s'insérer harmonieusement dans le territoire et de permettre, par son implantation, de redessiner et de restructurer la zone urbaine qu'il jouxte. Il doit être multifonctionnel (spectacles, concerts, etc.) et vivre 365 jours par an, grâce aux salles de séminaires, commerces, hôtels, qui appartiennent au complexe. Les jours de match, les différentes catégories de spectateurs doivent trouver un confort suffisant pour le spectacle, des prestations de bonne qualité et un potentiel d'achats et de consommations variés sur place. Les concepteurs parlent de « vivre une nouvelle expérience » à l'intérieur de ces stades.

Ces nouveaux stades sont rares en France. Jean-Jacques Gouguet (chapitre 3) s'interroge sur le retard français en matière d'infrastructures et, en particulier, sur les prises de décisions concernant leurs financements. De nombreuses études, discutables, prévoient pourtant des retombées économiques très élevées. De nouveaux travaux sont plus prudents dans leur approche des effets favorables des retombées économiques et elles intègrent dans leurs calculs la notion de rentabilité sociale. Les retombées à court terme des équipements et de leur fonctionnement doivent prendre en compte l'importance des financements injectés, les fuites de ressources régionales et la valeur du multiplicateur. Ces trois facteurs d'analyse de l'intérêt économique d'un stade sont fortement influencés par la taille de la région. Plus la région est petite, plus les pertes sont potentiellement importantes. Les conséquences à long terme de l'implantation d'un grand équipement sont à évaluer car celui-ci va influer fortement sur l'environnement urbain dans lequel il s'insère. Les chiffres généralement présentés pour les projets de construction ne révèlent qu'une partie des coûts et avantages d'un équipement sportif. Le spectacle récurrent produit dans le stade peut également être facteur de cohésion sociale et renforcer l'attractivité du territoire d'implantation. Il peut jouer un rôle identitaire très fort au niveau d'un quartier, d'une région, d'une population. En revanche, les externalités négatives ne doivent pas non plus être négligées, avec son lot d'hooliganisme, de violence, mais aussi de vie sociale perturbante pour le voisinage, de questions lancinantes sur le transport ou de prise en compte de l'ensemble des contraintes écologiques à court et long termes.

Les infrastructures sportives françaises sont vieillissantes et la France peine à remettre à niveau la qualité de ses stades et salles. Les collectivités et l'État restent frileux devant les investissements nécessaires, qui entraînent un risque politique important, au moment où les fonds disponibles se raréfient. Les choix budgétaires se font forcément au détriment d'autres investissements (santé, éducation…) qui, en situation de crise, paraissent souvent prioritaires. Dans ce cadre, la mesure de l'utilité sociale par l'application de l'analyse coûts/bénéfices constitue une précaution intéressante. Même imparfaite, elle permet d'évaluer les effets tangibles ou intangibles des bénéfices ou coûts sociaux, en vue d'éviter des coûts d'opportunité excessifs. Les nouvelles infrastructures du secteur professionnel dépendent-elles exclusivement du secteur privé ou la présence éventuelle d'externalités justifie-t-elle un financement public ? La définition de l'intérêt général, notion forcément complexe et subjective, est au cœur de la réflexion et des décisions à prendre dans un contexte de concertation sans doute à réinventer. Elle conduit à une interrogation sur nos modes de vie et de consommation et sur les alternatives qui se proposent à chaque citoyen. Pour Pierre Arnaud, les communes sont actuellement confrontées à une triple problématique : des installations vieillissantes, datant principalement des années 1970-80, une demande sportive qui évolue et une redéfinition des limites territoriales des pratiques sportives professionnelles. La « confrontation » entre l'opportunité de rénovation/transformation des installations sportives et la « nécessité » éventuelle de construire de grosses infrastructures à destination du monde professionnel est présente. La mobilité des pratiquants et des spectateurs vient complexifier les réponses à cette question. Un renouvellement des politiques sportives à l'échelon des territoires semble s'imposer. La mise en place d'une intercommunalité de projets, dépassant l'intercommunalité de gestion, et leur intégration décisionnelle au niveau du territoire régional deviennent nécessaires. Pour réussir ce pari, trois actions semblent déterminantes : la mise en place d'un cadre commun de directions, une dotation de véhicules appropriés et l'organisation d'un système de pilotage. La définition d'orientations poursuivies par les politiques publiques permet de définir une ligne directrice reconnue par tous. Le développement de la pratique des Activités Physiques et Sportives (APS) devient un enjeu de société et d'épanouissement personnel, un facteur d'identité et de promotion du territoire, un producteur de lien social et un instrument d'entraide et de mixité. La mise en œuvre suppose une action concertée et accompagnée des différents partenaires, des écoles aux associations, des clubs aux Offices Municipaux des Sports. Une instance de réflexion et de coordination de la politique intercommunale s'avère nécessaire, ouverte au dialogue et à la solidarité des territoires, respectueuse de chacun, mais soucieuse aussi de l'intérêt de tous.

La notion d'intérêt général est, par ailleurs, particulièrement difficile à appréhender, comme en témoigne l'analyse d'Éric de Fenoyl. Le caractère indécis de la jurisprudence concernant les différents types de partenariat entre clubs et collectivités pose clairement le problème de l'intérêt général du spectacle sportif. Les hésitations des juristes sur la qualification à appliquer aux stades professionnels constituent de bons exemples de ce « flou » qui accompagne l'intérêt public des sports professionnels. Longtemps assimilé à un service public, le dernier jugement (3 décembre 2010) du Conseil d'État concernant le stade Jean Bouin à Paris est sans appel : « l'utilisation d'un équipement sportif par un club professionnel ne constitue pas une affectation à un service public ». Si le stade dans lequel le grand public est acteur de sa pratique reste du domaine public, le stade sportif professionnel lui en sort. L'Europe a également rappelé que les clubs professionnels doivent être considérés comme des entreprises qui doivent respecter les règles de la concurrence. À ce titre, l'État et les collectivités ne devraient pas aider « les entreprises », car elles faussent la compétition économique en aidant au financement d'un stade ou des infrastructures. Se pose alors pleinement la question de l'intérêt général du spectacle sportif, dont la prise en compte est susceptible de faire évoluer le droit européen, notamment sur la question des subventions publiques aux clubs professionnels par le canal du financement, de la construction et de la mise à disposition des grands stades. C'est souvent au regard des activités annexes du stade (spectacles non sportifs, congrès, séminaires ou espaces réceptifs) que celui-ci peut bénéficier de cette dénomination. Il serait peut-être plus sain que la qualification d'intérêt général ne provienne pas de l'accessoire (activités annexes). C'est l'une des raisons pour lesquelles le législateur français a adopté, dans la loi n°2009-888 du 22 juillet 2009 de développement et de modernisation des services touristiques, une disposition visant à reconnaître le caractère d'intérêt général des enceintes sportives qui permettent l'organisation de compétitions internationales concernant notamment les fédérations sportives délégataires ou même les ligues professionnelles. Au-delà du stade lui-même, c'est l'évolution des relations entre les collectivités et les clubs professionnels qui est en jeu.

Un état des lieux complet et précis des nouvelles règles du jeu instaurées entre la puissance publique et les investisseurs privés est dressé par Frank Lagarde et Philippe Juen. Au départ, il s'agissait de favoriser l'émergence de nouveaux équipements plus modernes dans un contexte de restrictions budgétaires, en incitant des sociétés privées, dont les clubs professionnels, à s'impliquer, tout en protégeant les intérêts des collectivités territoriales. Une double logique s'est alors mise en place, avec d'une part un renforcement des conditions de mise à disposition des équipements publics (dont les « dérives » sont régulièrement pointées du doigt par la Cour des comptes), et d'autre part le recours à des montages juridiques multiples pour externaliser le financement et/ou la maitrise d'ouvrage en facilitant l'arrivée de capitaux privés. Si le modèle français traditionnel (construction par la collectivité publique, gestion directe et mise à disposition avec convention) a encore de beaux jours devant lui, il est malgré tout remis en cause, notamment dans sa relation avec les clubs professionnels qui souhaitent disposer de leur propre outil de production. Un certain nombre de projets de construction/rénovation s'inscrivent dans cette voie, partant d'un financement privé ou mixte en contrepartie d'un droit d'exploitation de longue durée. Trois principales techniques contractuelles peuvent être envisagées, le Bail Emphytéotique Administratif (Stade Bollaert à Lens et Stade Aguillera à Biarritz), les concessions de service public et le contrat de partenariat (Grand stade de Lille). La Commission Seguin rappelait que les grands stades ne peuvent se construire sans le soutien et la participation publique, tant pour la mise à disposition des réserves foncières que pour la prise en charge des infrastructures d'accès.

En Allemagne, si la Coupe du monde de Football 1974 fut complètement financée par des fonds publics, il n'en fut pas de même pour celle de 2006. Il y a eu un fort mouvement de substitution d'un financement public par un financement privé dans la construction/rénovation des stades. Sur un coût global de 1,4 milliard d'euros, 852 millions provenaient de fonds privés, le reste étant partagé entre les villes, les régions et l'État. Le coût de la plupart de ces stades (devenus des espaces de loisirs et de consommations) a été sous-estimé, du fait du délai entre la mise en route du projet et la construction effective d'une part et la sous-estimation de départ pour rendre le projet plus accessible, d'autre part. Les montages PPP ont été privilégiés, permettant aux municipalités de ne pas plomber durablement leurs finances et au secteur privé de s'appuyer sur une caution municipale solide. Plusieurs financements ont été conçus (crédit, crédit-bail, participation croisée, sponsoring et naming). Si la nécessité et l'intérêt de construire de nouveaux stades semblent acquis, la rentabilité de ceux-ci reste conditionnée à la présence d'un club résident performant. Pourtant, l'article de Christoph Breuer, Kirstin Hellmann,

Pamela Wicker et Svenja Feiler, rappelle que, dans ce pays, le sport est considéré comme un bien social et un facteur important de santé et d'intégration. Comme partout dans les pays développés, les modes de financement peuvent être très variés allant d'un engagement complet de la part des collectivités ou d'un acteur privé en passant par toutes les possibilités de partenariat public / privé (PPP).

En France comme en Allemagne, il semble que les financements du sport professionnel proviennent de plus en plus du secteur privé, que ce soit pour son fonctionnement comme pour ses investissements. Cependant, l'analyse des subventions directes offre un constat plus contrasté que ce postulat de départ. Si globalement le poids des subventions publiques a diminué dans les budgets notamment dans le football et le rugby, leurs montants sont restés stables, à un niveau élevé (environ 1 M€ par club pour les championnats garçons), voire en forte augmentation pour le rugby (+380% entre les saisons 1999-2000 et 2008-2009). Certains championnats, volley-ball, hand-ball masculin et l'ensemble des Ligues féminines sont très dépendants des subventions publiques. Pour Pierre Chaix, le millefeuille des collectivités territoriales se transforme en millefeuille de subventions directes sous trois formes différentes : des subventions d'exploitation, des achats de prestations de services et des achats de places, gonflant de manière très importante la « facture publique ». Les aides indirectes sont nombreuses, comme la sous-estimation de la mise à disposition des installations sportives, les investissements sur les infrastructures ou le soutien en cas de difficultés financières passagères ou structurelles. Les gros investissements réalisés ces dernières années ont été financés très majoritairement par les municipalités ou les agglomérations. Les investissements nécessaires pour accompagner, et aménager l'environnement des nouveaux stades sont généralement à la charge de la collectivité publique pour des montants très conséquents. Avec la crise des finances publiques, cette situation devrait progressivement faire appel à plus d'investissements privés.

Pour Frédéric Bolotny et Dominique Debreyer, la rénovation des stades (aujourd'hui obsolètes) est une nécessité pour le football français, car elle est une condition d'une compétitivité retrouvée en Coupe d'Europe. Le « benchmarking » avec la situation des quatre nations majeures (Angleterre, Espagne, Italie, Allemagne) témoigne d'un cruel retard. L'Euro 2016 semble être une opportunité pour accélérer une remise à niveau devenu indispensable, avec l'arrivée de fonds privés et une démarche multifonctionnelle des stades. Le business model du football français souffre d'une diversification insuffisante de ses revenus avec une télédépendance excessive (56% de ses ressources) et des revenus du stade trop faibles (trois fois inférieure à celle des principaux championnats concurrents). De plus, l'offre de « *catering* » en France est très faible, car les points de vente sont peu accessibles et peu nombreux. Les projets en cours permettraient aux stades français d'accueillir 33% de spectateurs en plus, tout en renforçant considérablement l'accueil VIP (+165%), véritable talon d'Achille de l'offre actuelle. Ces investissements sont susceptibles d'enclencher un modèle de développement vertueux, gage de stabilité, quand performances sportives et performances économiques se nourrissent mutuellement.

Si les retombées économiques pour les clubs sportifs sont probables, selon Éric Barget, il n'est pas certain que le développement d'une activité économique privée comme le spectacle du sport professionnel induise nécessairement et automatiquement des retombées économiques et sociales sur l'ensemble du territoire. Celles-ci dépendent notamment des choix effectués en matière de financement et de l'affectation territoriale des dépenses. Un cadrage méthodologique précis permet de comprendre les modalités du calcul d'impact économique (impulsion donnée à un territoire par une activité ou un équipement) et les enjeux qui tournent autour des clubs professionnels. Les résultats des études, principalement américaines sur les retombées de l'implantation ou la rénovation des grosses infrastructures du sport professionnel outre-Atlantique, sont surprenants à double titre. D'une part, les études montrent que la part des subventions publiques est très conséquente, et d'autre part que les nouveaux stades ne produisent guère de stimulus économique aux communautés locales. Les recettes des clubs de football, par exemple, servent à rémunérer les joueurs, lesquels n'investissent que rarement localement. Leurs salaires prennent davantage la forme de fuites monétaires que d'injections. Ce constat est valable dans la plupart des sports professionnels en France ou aux États-Unis, ce qui contredit l'idée générale des effets positifs de ces équipements (et des salaires localement versés) souvent défendue par des lobbys. La situation de monopole des ligues américaines, qui bénéficient d'une exemption au regard des lois antitrust, leur permet de développer leurs ressources en « surfacturant » leur spectacle sportif, face à une masse de citoyens inorganisés. On retrouve une situation quasi similaire en Europe ou en France, où l'absence d'une véritable démocratie participative réduit les discussions à une simple alternative, soit un stade onéreux, soit une disparition de l'élite (française ou européenne, au choix). Si ces activités ont un impact, leurs coûts d'opportunité semblent élevés.

Avec l'organisation de l'Euro 2016 et la rénovation/construction des stades accueillant la compétition, la participation publique reste élevée et sous-estimée (Jean-Jacques Gouguet). La contestation des riverains ou des contribuables n'a pas toujours d'écho (comme pour la construction du nouveau stade de Roland-Garros), tant le sport apparaît une « valeur montante collective » qui est défendue par le lobbying des dirigeants de club et les municipalités, toujours désireuses de privilégier les investissements somptueux « visibles » aux efforts sociaux moins payants électoralement. Concernant l'impact économique de l'Euro, des retombées touristiques peuvent naître, mais il faut aussi tenir compte des effets d'éviction des clientèles habituelles. La question des retombées à long terme de l'exploitation des stades est beaucoup plus complexe à traiter. Selon Frédéric Bolotny et Dominique Debreyer, s'il existe un impact positif indéniable des nouveaux stades pour le club résident, celui-ci reste à démontrer pour l'ensemble du territoire au regard de l'évasion monétaire inévitable que de telles opérations occasionnent et des choix en termes de coûts d'opportunité.

En conclusion, les responsables du sport professionnel français s'engagent dans un « business » et un « lobbying » destinés à améliorer le développement de leurs activités privées. Les citoyens doivent comprendre qu'il faut éviter de confondre poids économique et impact économique. Si le sport de haut niveau est une demande sociale forte, pourquoi ne pas y répondre ? Mais justifier ces investissements sur la base de leur intérêt économique n'est que très rarement validé par les chiffres. Alors, pourquoi ne pas insister plutôt sur l'amélioration de la vie collective, l'identification à un territoire, le respect de la recherche du bonheur immédiat, « du pain et des jeux » disait-on dans l'Antiquité. L'humanité n'a pas beaucoup avancé dans ses aspirations basiques.

Histoire économique d'un stade et d'un club de rugby de haut niveau : l'exemple du C. A. Briviste (1910-2010)

Jean-François BOURG
Centre de Droit et d'Économie du Sport,
Université de Limoges

Introduction

Originellement activité ludique, le rugby devient progressivement une pratique et un spectacle codifiés et mis en œuvre selon les impératifs de la compétition et de la valorisation marchande. À partir du milieu des années 1990, la professionnalisation de ce sport, sa médiatisation et sa commercialisation engendrent une modification du concept des enceintes qui lui sont dédiées, une transformation de leurs modes d'exploitation et une mutation des relations juridiques et économiques des clubs avec leur environnement institutionnel. Mais, malgré ces « quinze glorieuses » (1995-2010) caractérisées par un financement privé croissant, le rugby demeure un bien mixte, à la fois bien privé et bien public, même si ce statut a fortement changé en un siècle.

Le double objet de cette réflexion est donc une analyse parallèle de l'évolution d'un stade et d'un club de rugby de l'élite sur la longue période, et ce, au croisement de deux disciplines, l'histoire politique et l'économie du sport (Bourg, 2010), ainsi que selon deux niveaux d'approche territoriale, le national et le local.

Le Stadium : évolution du concept, du statut et du mode de gestion

Les premiers espaces aménagés (1906-1921)

Avec l'organisation de compétitions et la mise en spectacle des rencontres, des espaces neutralisés, normalisés et codifiés sont indispensables. À Brive, comme presque partout ailleurs, ces aménagements ont été réalisés par des initiatives exclusivement privées. Les deux premiers clubs locaux pratiquant le rugby vont louer, assez cher, puis équiper deux terrains, à partir de 1906 et de 1908 : construction d'une tribune en bois de 500 places, de buvettes et d'abris, clôture de l'aire de jeu. Homologuées en 1908 par l'Union des sociétés françaises de sports athlétiques (USFSA), ces installations accueillent lors des grands matchs jusqu'à 5 000 personnes, alors que Brive compte moins de 20 000 habitants.

Paradoxalement, alors que le rugby est pleinement amateur au début du XXe siècle, il s'inscrit dans une logique relevant de certains mécanismes de l'économie de marché, se devant de couvrir intégralement, ou presque, ses dépenses (location, travaux, fonctionnement…) par les recettes du spectacle qu'il propose, et ce, compte tenu de l'extrême faiblesse des subventions publiques et de l'absence d'une politique municipale d'équipements sportifs. C'est également au nom d'un principe de rationalité que les deux clubs rivaux vont fusionner en 1910 pour donner naissance au Club Athlétique Briviste (CAB) : réduction des charges (location d'un seul terrain, économies d'échelle avec des effectifs accrus), augmentation des recettes et du mécénat.

Durant l'entre-deux-guerres, le CAB acquiert une place de choix dans le réseau d'ensemble de la vie briviste. Il est vrai que les lois de 1906 sur le repos dominical et de 1919 sur le travail en « 3 x 8 » facilitent la participation de la population au spectacle sportif. Un nouveau cadre législatif permet aux maires de mieux appréhender la question des équipements sportifs (Tétard, éd, 2007, t. 1, p. 172 et s.). En effet, la loi du 14 mars 1919 exige des villes la présentation d'un projet d'aménagement déterminant notamment l'étendue des terrains de sport. Quelques années plus tard, la loi du 25 mars 1925 relative à l'expropriation par les communes, les départements ou l'État, pour cause d'utilité publique, des propriétés non bâties en vue de la construction de terrains de sport, ouvre de nouvelles possibilités pour le développement des infrastructures sportives.

C'est dans ce contexte favorable que le conseil municipal de Brive décide dès 1920 de la création d'un terrain de sport et de l'acquisition des terrains nécessaires. L'endettement de la ville conduit le conseil municipal en 1921 à renoncer à la maîtrise d'ouvrage du projet pour la collectivité et à rétrocéder à la Société Anonyme du Stadium de Brive une partie des terrains achetés.

Le Stadium, propriété privée (1921-1946)

Créée en 1921 par des dirigeants du CAB, cette société anonyme dotée d'un capital social de 254 733 euros (valeur 2010) réalise en moins de six mois, un terrain de rugby drainé, deux tribunes construites en bois, dont l'une d'honneur avec un belvédère préfigurant les loges de la fin du XXe siècle. Le conseil municipal de Brive est saisi à cinq reprises au moins de cette question des infrastructures entre 1924 et 1937, car le sport devient un enjeu électoral à partir des élections municipales de 1925 en entrant dans les programmes des candidats. Et les nouveaux maires recherchent pour la première fois dans le sport des actions de prestige et de notoriété[1]. Après le premier échec du projet municipal de Stadium en 1921, ce dernier demeurera malgré tout la propriété d'une société privée jusqu'en 1946 (la S.A. du Stadium), puis d'une association loi 1901 jusqu'en 1952 (le CAB). De fait, moderne en 1921, le Stadium est vétuste et mal entretenu vingt ans plus tard. Son propriétaire ne peut recevoir des subventions publiques compte tenu de son statut de société anonyme et connaît des difficultés financières, comme son locataire (le CAB).

Deux nouveaux propriétaires pour un projet commun (1946-1952)

L'attentisme municipal incite le CAB à prendre progressivement le contrôle de la Société Anonyme du Stadium grâce à la cession à titre gracieux de leurs actions par de nombreux souscripteurs, et ainsi à devenir propriétaire

---

[1] Les villes pionnières (Paris, Grenoble, Lyon, Le Havre) engagent une politique volontariste en matière d'équipements sportifs (grands stades, piscines, gymnases). L'accueil des Jeux olympiques d'été (Paris) et d'hiver (Chamonix) en 1924, ainsi que de la Coupe du monde de football en 1938 contribue à imposer le sport comme un domaine d'intérêt général.

du Stadium en 1946, et ce, dans l'optique de la création par la ville d'un parc municipal des sports sur les terrains du Stadium, suite à sa vente souhaitée par le CAB. La France connaît un changement sociétal majeur avec l'émergence du modèle de l'administration publique d'un service sportif, né durant les années 1930 avec le Front populaire : création d'un sous-secrétariat d'État chargé des sports et des loisirs, construction institutionnelle d'une offre d'équipements et d'activités répondant ainsi à une demande sociale croissante liée à l'instauration de la semaine de 40 heures et des congés payés.

Dès lors, en 1945, les municipalités vont prolonger ces impulsions de l'État-Providence. Il en est ainsi à Brive avec la municipalisation des installations (1952) et l'aménagement d'un nouveau « Stadium » (1957-1960). En 1952, le CAB cède à la ville le Stadium, moyennant un prix converti en droits d'utilisation gratuite, exclusive et sans restriction de ces installations pour le club. De sorte que la commune de Brive, pourtant devenue propriétaire du Stadium, ne détient pratiquement aucun des trois attributs se rattachant à ce droit : l'usus (droit de se servir de la chose), le fructus (droit de percevoir des revenus) et l'abusus (droit de disposer de la chose). En revanche, la ville doit supporter toutes les charges, qu'elles concernent les gros travaux ou l'entretien courant du terrain et des bâtiments.

L'aménagement du Stadium municipal (1957-1960)

Assez souvent, et depuis de nombreuses années, les tribunes obsolètes et d'une capacité insuffisante ne peuvent accueillir les 10 000 spectateurs présents. Mais, il n'y a toujours pas de consensus au sein du conseil municipal et avec le CAB sur le contenu du programme des travaux. Cinq avant-projets sont soumis au conseil municipal et une dizaine de séances allant de 1952 à 1960 seront nécessaires pour revoir à la baisse le plan d'ensemble du projet. Globalement, le nouveau Stadium (tribune populaire de 2 800 places et tribune d'honneur de 950 places) représente l'équivalent en euros valeur 2010 de 1,7 million d'euros avec une subvention de l'État de 12%.

De 1910 à 1960, l'histoire des installations utilisées par le CAB aura donc été complexe et diversifiée, d'un point de vue juridique, ainsi qu'au regard de leur localisation dans la ville : locataire à titre payant durant 39 ans (1910-1945 et de 1957 à 1960 pour un terrain propriété de la SNCF durant la rénovation du Stadium), propriétaire durant 6 ans (1946-1952), locataire à titre gratuit durant 5 ans (1952-1957) ; 4 sites, dont le Stadium pendant 34 ans. Durant les 50 années suivantes (1960-2010), la situation du CAB sera moins instable : locataire à titre gratuit durant 42 ans (1960-2002), locataire à titre payant durant 8 ans (2002-2010), et ce, toujours au Stadium qui va toutefois connaître une évolution considérable de sa configuration.

L'extension du Stadium municipal (1970-1982)

Il est vrai qu'au niveau national, le sport finit par s'imposer comme dossier politique et comme enjeu public (Tétard éd, 2007, t 2, p. 137). Le pre-mier ministère de plein exercice pour les sports (1966), l'inscription des activités sportives aux IVe et V^e plans pour répondre à des besoins non satisfaits par le marché en matière d'équipements sportifs (années 1960), la loi du 29 octobre 1975 sur le principe d'une responsabilité partagée entre l'État, les fédérations et les collectivités territoriales dans l'organisation des activités physiques et sportives, l'évolution du nombre de licenciés sportifs (1,5 million en 1945, 7 millions en 1975) expliquent ce nouveau statut du sport comme bien public.

De fait, la ville de Brive va devenir le premier investisseur, et souvent le seul : avec l'agrandissement de la grande tribune, de 1970 à 1982, dont la capacité passe de 2 800 à 4 000, puis de 4 000 à 10 000 places assises et couvertes, le Stadium devient, et de loin, le premier site régional de sport-spectacle. L'importance de l'investissement communal justifie la révision des droits d'utilisation du Stadium, dont le club aura seulement l'usage prioritaire et à titre gratuit pour toutes les rencontres officielles ou celles dont l'organisation pourra lui être confiée par la Fédération française de rugby (FFR). La clause antérieure contestable de l'exclusivité sans restriction est supprimée.

La modernisation du Stadium municipal et ses nouvelles modalités d'exploitation (depuis 1997)

À partir des années 1990, le rugby connaît des mutations rapides : création d'une Coupe du monde des nations (1987) et d'une Coupe d'Europe des clubs (1995), autorisation du professionnalisme et du salariat (1995), diffusion des matches du championnat de France par Canal +, multiplication par sept du chiffre d'affaires moyen des clubs de l'élite en une douzaine d'années (2 millions d'euros par club en 1998, 15 millions en 2010). La ville de Brive va investir 3,7 millions d'euros (valeur 2010), de 1997 à 2004, pour mettre le Stadium aux normes de sécurité et de confort : construction de la tribune de l'Europe en 1997, à la place de la vétuste tribune d'honneur, comprenant 2300 places, 20 loges pour les entreprises partenaires du club et 50 postes de travail pour les médias, travaux de mise en conformité par rapport au risque incendie et avec les règles d'évacuation du public en cas de panique.

À partir de 1998 (société anonyme à objet sportif, SAOS) et de 2001 (société anonyme sportive professionnelle, SASP), la question des modalités de mise à disposition des équipements municipaux se pose. De fait, l'article 5-2 de la circulaire du 29 janvier 2002 relative aux concours financiers des collectivités territoriales aux clubs sportifs stipule l'obligation d'instaurer une redevance. En 2002, le conseil municipal de Brive approuve une convention d'occupation du domaine public (le Stadium en fait partie) moyennant une redevance annuelle moyenne de 35 000 euros. La structure juridique du club (une variante de la société anonyme), la commercialisation de ses activités (billetterie, loges, emplacements publicitaires, réceptions, restauration…), le niveau des chiffres d'affaires extraits de l'exploitation du domaine public (plusieurs millions d'euros), ainsi que le caractère lucratif de son objet social (à l'opposé de la loi du 1er juillet 1901 sur les associations à but non lucratif, les SASP peuvent rémunérer leurs dirigeants et distribuer des dividendes à leurs actionnaires) ont logiquement mis fin à un régime de cinquante années de gratuité du Stadium (1952-2002). Prenant en compte l'évolution de la jurisprudence et le développement économique du rugby, le conseil municipal de Brive valide en 2009 un nouveau mode de calcul de la redevance domaniale, définie dorénavant à partir de trois éléments : les coûts de maintenance et d'entretien supportés par la ville, les avantages tirés de l'occupation par le Club Athlétique Brive Corrèze Limousin (CABCL), la valeur locative estimée par l'administration fiscale, soit une redevance voisine de 130 000 euros par saison.

Lors des années 2000, une nouvelle articulation entre initiatives publiques et initiatives privées apparaît avec l'installation dans l'enceinte du Stadium par la SASP CABCL d'une salle de réception de 2 200 m^2

(l'espace Derichebourg) et d'un écran de 40m² (2007)². Était-elle de nature à préfigurer un partenariat pour moderniser encore le Stadium des années 2010-2020 ? Entre 2008 et 2010, plusieurs hypothèses ont été étudiées. Tout d'abord, un projet d'aménagement privé, porté par le propriétaire du club (le groupe Derichebourg) d'une zone d'activités sur une vingtaine d'hectares, comprenant un nouveau stade de 20 000 places assises et couvertes, ainsi que de plusieurs grandes enseignes commerciales et hôtelières, l'ensemble étant envisagé sur le site de l'ancien aérodrome, à l'ouest de la ville, à proximité du croisement de deux autoroutes (A20 et A89) et du nouvel aéroport.

Une variante à ce schéma, certes toujours d'origine privée, mais consistant à agrandir et moderniser le Stadium, ainsi qu'à créer de nouvelles activités autour de cette enceinte (hôtels, restaurants, magasins, etc.) a été explorée simultanément. En effet, l'environnement du CABCL (commune, supporters, commerçants) était défavorable à une délocalisation du stade, du centre-ville vers la périphérie, en raison des liens historiques entre le club et le Stadium (le CAB y ayant évolué 84 ans sur un siècle d'existence) et d'un risque de fuite de chiffres d'affaires au détriment des secteurs traditionnellement bénéficiaires, au cœur de la cité, des activités du club (cafés, restaurants, boutiques, etc.). Pour faciliter le montage de ce projet, la commune a accepté, en 2008, le principe d'un bail emphytéotique sur cinq hectares, au profit de la SASP CABCL et selon une durée proportionnelle à son investissement. La crise financière de la fin des années 2000, puis le retrait du capital social du club du principal actionnaire, ont conduit à un abandon en 2009 de ces deux hypothèses. Ajoutons que les charges de fonctionnement incombant au futur emphytéote, à savoir le CABCL (600 000 euros par an pour l'entretien et l'exploitation du Stadium jusque-là pris en compte par la commune) ont fini de dissuader toute forme d'initiative privée.

De fait, un projet avec maîtrise d'ouvrage et financement public de 3,2 millions d'euros hors taxes concernant uniquement le Stadium (construction d'une tribune latérale de 1 000 places assises et couvertes, dont 400 avec loges, aménagement d'un espace sportif de 1 500 m² pour la musculation,

---

[2] Un financement mixte (collectivités territoriales et/ou SASP) a été mis en œuvre ces dernières années à Clermont-Ferrand, Perpignan, Biarritz, Agen et Toulouse (INEUM Consulting – Sport – Markt, 2007).

les soins, la vidéo, etc.) a été validé en 2010 par le conseil municipal de Brive pour une réalisation sur trois ans (2011, 2012, 2013), avec la contribution espérée des financeurs classiques (l'Europe avec le FEDER, l'État avec le CNDS ou/et le FNADT, la Région et le Département) complétant la Commune.

Cette recherche de concours privés, alternatifs ou complémentaires aux solutions publiques, lesquelles sont souvent mises en œuvre, compte tenu du non-engagement du secteur marchand, traduit la situation du rugby français des années 2010. La plupart des stades de l'élite ont bénéficié, ou vont en être l'objet, de travaux de rénovation ou d'extension, avec des montages variés (mixtes ou non) leur permettant d'accueillir dans de meilleures conditions un plus large public (Bolotny, 2008). Une des questions centrales sur l'économie du rugby et la configuration des stades est de savoir si l'évolution continue et rapide de la taille du public et de la population des clubs de Top 14 va se poursuivre au même rythme dans les prochaines années (voir le tableau 1).

Tableau 1 – Évolution des affluences, de l'élite et de la population des villes ayant un club de rugby en première division*

Saisons	Nombre de spectateurs moyen par match	Nombre de clubs	Population du club médian**
1976-1977	2 000***	80	20 000***
1994-1995	3 500***	32	44 069
1998-1999	3 932	24	48 158
2002-2003	7 054	16	60 575
2005-2006	9795	14	64 869
2009-2010	13402	14	86 714

Sources : Bourg et Nys [2006], Ligue nationale de rugby.

*La première division a été dénommée différemment selon les périodes (groupe A, Elite, Top 16, Top 14 notamment) et a compris un nombre variable de clubs (de 80 à 14).
**Moyenne arithmétique des deux termes centraux d'une série ordonnée (pour le Top 14 2009-2010, Perpignan, 117 500 habitants et Montauban, 55 927 habitants).
***Estimations.

En effet, le resserrement de l'élite et la nécessité de mobiliser des ressources financières croissantes modifient la géographie du championnat : 19 clubs sur les 32 du groupe A en 1994-1995 étaient implantés dans des villes de moins de 52 000 habitants (60%), seulement 6 clubs sur 14 du Top 14 en 2009-2010 (43%).

Le C. A. Briviste : de l'association loi 1901 à une petite multinationale sportive

Pour résumer la construction institutionnelle du CAB, il est possible de dire qu'en 100 ans, il a utilisé comme support de ses activités quatre formes juridiques distinctes : association non déclarée (1910-1912), association loi 1901 (depuis 1912), SAOS (1998-2001), SASP (depuis 2001) ; ces deux dernières structures pour gérer son secteur professionnel.

Histoire juridique du club

La longévité de la forme associative s'explique par l'absence de lois sur le sport durant une grande partie du XXe siècle définissant de nouvelles entités juridiques pour les clubs dont les activités se sont commercialisées au rythme de la mise en spectacle des compétitions. Elle provient également, de manière plus spécifique au rugby, de la volonté inflexible et durable de l'*International Rugby Board* (IRB), qui régit cette discipline au niveau mondial, de refuser le professionnalisme (1823-1995). Le droit va s'adapter à la perméabilité du sport de haut niveau à l'économie (Bourg et Nys, 2006), certes avec un temps de retard encore plus long pour le rugby : 1901, loi sur les associations à but non lucratif ; 1975, loi sur les sociétés d'économie mixte sportives (SEMS) ; 1984, loi modifiée en 1987 et 1992 sur les SAOS ; 1999, loi sur les SASP.

La SAOS briviste est largement contrôlée par l'association qui l'a créée en 1998 (94%). Ce faisant, l'association concède à la SAOS une multitude de droits notamment incorporels moyennant 400 000 euros par saison : la dénomination, ainsi que tous les signes, sigles, marques, dessins, modèles, couleurs du club et leurs usages ; le droit à l'utilisation et à l'occupation des installations et locaux mis à disposition de l'association par la commune de Brive (le Stadium et ses annexes). Ce mécanisme de solidarité et ce lien organique entre le rugby amateur et le rugby professionnel sont également dus au fait que l'association est l'unique titulaire du numéro d'affiliation auprès des instances fédérales et internationales et que c'est elle qui doit affilier chaque année la structure professionnelle.

En juin 2001, une SASP remplace la SAOS pour répondre aux exigences de la loi de 1999 et aux nécessités financières du club qui a un déficit cumulé en 2000 de 1,2 million d'euros. L'arrivée de Jean-Claude Penauille, PDG du groupe éponyme (nettoyage, sûreté aéroportuaire, intérim…), élu en juillet 2000 Président de la SAOS, sauve le CABCL lors de sa prise de contrôle (71,5% du capital) et de plusieurs augmentations de capital. De fait, l'association ne détient plus que 27% des actions du club.

Le rachat de la société Penauille par le groupe Derichebourg engendre en 2006 un changement de propriétaire. Comme la plupart des autres équipes professionnelles, le club connaît à nouveau des difficultés financières effacées par deux augmentations de capital de 3 millions d'euros en 2006 et 2007[3]. Mais, avec la crise financière de la fin des années 2000, Derichebourg considère que son investissement dans le rugby est moins prioritaire et cède ses parts en juillet 2009 à la société par actions simplifiée constituée pour la circonstance Brive Rugby SAS.

Histoire économique du rugby

Épiphénomène en 1919 (10 000 licenciés) et en 1938 (25 000), ce sport se propage largement à la fin du XXe siècle : 225 000 licenciés en 1995, puis 330 000 en 2009. Un nouveau format du Championnat de France avec une élite restreinte valorise l'attractivité du spectacle (Chaix, 2004) : 80 clubs (1976-1977), 40 (1995-1996), 24 (1998-1999), 21 (2000-2001), 16 (2004-2005) et 14 (2005-2006, avec une poule unique). Le passage du modèle associatif à un modèle marchand est accéléré par les effets de la dérégulation de la télévision, de la révolution des technologies (le système du péage de Canal +, Canal + Sport et Rugby + permettant d'individualiser la facturation pour l'usager et de rémunérer directement le diffuseur) et ceux de la prolifération des chaînes qui se font concurrence pour obtenir les droits, capter de l'audience et les recettes des annonceurs. Le rugby

---

[3] Ainsi, le groupe Derichebourg détient plus de 95% des actions du club. À titre de comparaison, la répartition du capital du Stade toulousain est très différente puisque l'association support de la SASP (50%) et celle des Amis du Stade (30%, également propriétaire du stade Ernest-Wallon) en contrôlent la majorité.

étant un jeu très visuel qui offre des images spectaculaires du combat pour la conquête du ballon, le volume croissant de diffusion des matches (74 heures en 1990, plus de 350 en 2007, source : CSA) attire des partenaires privés. Avec les nouvelles ressources issues de cette évolution (30 millions d'euros de droits de retransmission du Top 14 versés par Canal + en 2009-2010, de 40 à 60% du budget des clubs provenant des sponsors), les chiffres d'affaires moyens augmentent de façon exponentielle ces dernières années : 2,6 millions d'euros en 1998-1999, 5,9 millions en 2002-2003, 8,3 millions en 2005-2006 et 15 millions en 2009-2010[4].

Bien évidemment, l'émergence d'un marché du spectacle sportif, même de taille limitée, fait naître des tensions à partir des années 1950-1960 entre les normes de l'amateurisme et la pratique de haut niveau, laquelle requiert un entraînement plus intensif et engendre des flux financiers conséquents. La comparaison des rémunérations de Robert Arcalis, international français du C. A. Briviste en 1949-1950 (l'équivalent de 338 euros par mois, valeur 2010) et de Johny Wilkinson, international anglais du Racing Club de Toulon en 2010-2011 (80 000 euros par mois) permet toutefois de mesurer le changement de statut des joueurs[5]. Il est vrai que la suppression des restrictions à la libre circulation des sportifs professionnels induite par l'arrêt Bosman de la cour de justice des communautés européennes (CJCE) du 15 décembre 1995 a amplifié le recrutement des joueurs étrangers et stimulé la hausse des salaires (Bourg et Gouguet, 2005, p. 30 et s).

Histoire économique du C. A. Briviste : les trois âges du club

Il est possible de repérer depuis 1910, date de création du CAB, des caractéristiques différentes : objet social, cadre juridique, aire territoriale de compétition, modes de médiatisation et de financement... C'est la conjonction et l'intensité de ces composantes qui définissent et délimi-

---

[4] Cette dernière saison constitue, de ce point de vue, une date marquante puisque, pour la première fois dans l'histoire de ces deux sports, le chiffre d'affaires de certains clubs de Top 14 (Toulouse avec 28 millions d'euros et le Stade français avec 21 millions) devient supérieur à certains clubs de Ligue 1 de football (Boulogne-sur-Mer avec 20 millions d'euros, Auxerre avec 25 millions, Montpellier avec 27 millions), tout en restant largement inférieur au plus élevé (Lyon avec 200 millions d'euros).
[5] Les joueurs du Top 14 gagnent en moyenne 10 000 euros par mois en 2008-2009 (ceux de Ligue 1 de football perçoivent 45 000 euros mensuels). Source : *Les Échos*, 3 avril 2009.

tent trois périodes (voir le tableau 2). Le premier âge couvre un demi-siècle (1910-1960) et peut être qualifié de « coubertinien » dans la mesure où il y a peu d'enjeux économiques. Le rayonnement du CAB est initialement local, puis régional et enfin national, sans pour autant atteindre le plus haut niveau hexagonal. Seule la presse écrite relate l'actualité du club. Le budget de l'association est faible (34 300 euros en 1911-1912, valeur 2010) et évolue lentement sur la période (250 000 euros en 1959-1960, valeur 2010).

Lors de la deuxième période (1960-1995), il y a un changement d'échelle des activités du CAB, mais pas une rupture radicale. C'est une longue transition qui comprend un processus implicite de destruction des anciennes cohérences (amateurisme, bénévolat) et de création de nouvelles procédures préfigurant le modèle contemporain. Il en résulte une coexistence dans la gestion d'un club de rugby de haut niveau de formes héritées du passé et de modalités relevant du professionnalisme ; l'effacement des rigidités, des tabous et de l'état d'esprit des années 1910-1960 demandant du temps.

Tableau 2 – La transformation d'un club local en une petite entreprise multinationale de spectacle sportif : histoire socio-économique du C. A. Briviste (1910-2010)*

Périodes	1910-1960	1960-1995	depuis 1995
Objet	morale, éducation	spectacle	communication
Cadre juridique	association à but non lucratif	association à but non lucratif	société commerciale (depuis 1998)
Aire de compétition	locale, régionale, nationale (champion de France de 2e division 1957)	nationale (trois finales de championnat de France : 1965, 1972, 1975)	nationale (finale du Championnat de France 1996), européenne (champion d'Europe 1997)
Origine géographique des joueurs	locale/régionale	régionale/nationale	internationale (60% d'étrangers en 2009-2010)
Financement	mécènes, spectateurs	spectateurs, subventions	Sponsors, actionnaires
Taille financière**	0,1 million d'euros (1945-1946)	0,9 million d'euros (1976-1977)	15,3 millions d'euros (2009-2010)
Médiatisation	presse écrite « Brive Sports » (1935)	radio (régionale/nationale)	télévision (Canal +, France Télévisions)
Nombre de matches télévisés	0	une trentaine en 34 saisons, ponctuellement et principalement lors des phases finales du championnat de France	32 en 2008-2009 (26 de Top 14 par Canal +, 6 de challenge européen par France 4 et Sky Sports, 15 millions de téléspectateurs)
Président/propriétaire (profession)	**Pierre Lachaud** (avoué, années1910)	Elie Pebeyre (commerçant, années 1970)	Jean-Claude Penauille/Daniel Derichebourg (PDG, années 2000)
Partenaires privés (annonceurs, sponsors)	annonceurs locaux (Battin, Les Nouvelles Galeries…)	entreprises régionales/nationales (Centre Leclerc Brive, Crédit Agricole Centre France, Club entreprises Brive Le Pack…)	sociétés multinationales (Penauille / Derichebourg, Seat, Andros, Pitch, Intermarché, Kappa…)

*Tendance dominante de la période.
**Budgets ou chiffres d'affaires en euros, valeur 2010.

Durant ce tiers de siècle, le rugby devient un véritable spectacle. Aussi, les principes de l'amateurisme ne sont-ils plus respectés, mais le professionnalisme n'est toujours pas reconnu. Le support associatif obligatoire et les règles fédérales interdisant toute rémunération expliquent cette situation ambivalente. Malgré tout, les structures de base du futur CAB se mettent en place : rang sportif national (retour en première division dès 1957-1958), enceinte du Stadium rénovée et agrandie (1960), intérêt croissant des entreprises locales ou régionales, médiatisation audiovisuelle émergente... Durant cette période, le budget est multiplié par six : en euros valeur 2010, 300 000 euros en 1960-1961, 1,73 million d'euros en 1994-1995. La progression est considérable en valeur relative (+ 477%), beaucoup moins en valeur absolue sur une durée aussi longue (1,43 million d'euros, en trente-quatre saisons). Et ce, surtout si on compare cette évolution à celle qui va suivre : + 13,6 millions d'euros entre 1995 et 2010.

Autant la deuxième période a traduit le lent déclin des modes de fonctionnement originels, autant ce « nouvel âge » exprime depuis 1995 toutes les potentialités commerciales demeurées longtemps en gestation. À de nombreux titres, le club change de statut : sportif (champion d'Europe en 1997), juridique (société anonyme en 1998), managérial (PDG d'une entreprise du CAC 40 en 2000), médiatique (diffusion en France et à l'étranger de ses matches), financier (sponsors et actionnaires internationaux)... D'un point de vue sociétal, dans les domaines de sa zone de chalandise directe (le public du Stadium) et indirecte (les téléspectateurs), ou bien encore de celui de l'origine géographique de ses joueurs ou de son actionnariat, la SASP CABCL devient une petite entreprise multinationale de spectacle sportif.

Les trois modèles de financement du club : ASSL, SSSL, SATI

La transformation fondamentale de la structure de financement du club peut être analysée selon trois schémas[6]. Pendant un demi-siècle (1910-1960), le modèle « Adhérents-Spectateurs-Subventions-Local » (ASSL) a prévalu. Les recettes du CAB reflètent sa finalité de club amateur, à savoir rassembler des membres actifs ou honoraires (joueurs, dirigeants, mécènes) désireux de se livrer à une pratique sportive, ou de la gérer et

---

[6] Pour une typologie générale des modèles de financement des clubs sportifs, voir Andreff (2000).

de la soutenir. Exerçant dans une discipline spectaculaire, le club dispose immédiatement d'une seconde ressource provenant du public qui acquitte le prix d'entrée au stade. Cette part devient prépondérante lorsque l'équipe opère à un haut niveau de compétition (première division à partir des années 1950). Sur la période, le rugby obtient des subventions municipales, uniquement de façon discontinue et fluctuante, et en grande partie dédiées au paiement par le club du loyer du stade, à l'entretien de ces installations, ou bien encore au comblement du déficit. De fait, le poids de cette manne publique a varié durant un demi-siècle de 0% (certaines saisons) à 53% (1945-1946), en fonction des problèmes du club, ainsi que selon son degré de reconnaissance par les autorités locales ; le rugby ayant tardé à entrer dans l'agenda politique local.

Le passage au modèle « Spectateurs-Subventions-Sponsors-Local » (SSSL) maintient durant une trentaine d'années (1960-1995) le lien étroit, historique, géographique et économique, entre le club et ses spectateurs, ainsi que ses financeurs publics et privés (voir le tableau 3). Ces trois origines de fonds représentent entre 80 et 90% de son budget (79% pour les spectateurs, 6% pour les subventions et 4,5% pour les sponsors en 1976-1977), mais avec un redéploiement progressif sur la période.

L'épuisement de la marge de croissance des financements classiques des grands clubs de rugby confrontés à des besoins nouveaux liés au poids des salaires dans leurs dépenses justifie l'émergence du modèle « Sponsors-Actionnaires-Télévision-International » (SATI). La structure du chiffre d'affaires change en même temps que son volume qui est multiplié par 7,5 entre 1995-1996 et 2009-2010. Ce faisant, le schéma de proximité ayant caractérisé les deux phases précédentes (1910-1960, 1960-1995) s'efface devant une dynamique marchande globale engendrée par la montée en puissance de deux acteurs économiques majeurs : la télévision, qui élargit l'audience des matches (600 0000 téléspectateurs en moyenne par match de Top 14 diffusé sur Canal + en 2007-2008) ; le sponsor et/ou l'actionnaire, qui entend promouvoir ses produits afin d'augmenter ses parts de marché.

Tableau 3 – Évolution des sources de financement du C. A. Briviste. (en%, en millions d'euros*, 1977-2010)

Origine des recettes	1976-1977	1995-1996	1999-2000	2002-2003	2006-2007	2009-2010**
Spectateurs	79%	47%	27,5%	17%	17,5%	12,5%
Subventions	6%	18%	10,5%	9%	8,5%	5,2%
Sponsors/Publicité	4,5%	30%	43%	52,5%	53%	56,6%
Droits T.V.	0	2%	17%	8%	14%	13,4%
Autres (dons, buvette, produits dérivés, indemnités journalières, indemnités de transfert…)	10,5%	3%	2%	13,5%	7%	12,3%
Total en %	100%	100%	100%	100%	100%	100%
Total en millions d'euros (M€)***	0,89M€	2,04M€	5,16M€	5,70M€	9,54M€	15,33M€

Sources : chambre régionale des comptes, CAB.

* À partir de la saison 1999-2000, les données correspondent au chiffre d'affaires de la société anonyme support du secteur professionnel (SAOS, puis SASP CABCL).
** Il s'agit du chiffre d'affaires prévisionnel de la SASP CABCL.
*** Avec les coefficients de transformation des francs ou des euros des années étudiées en euros, valeur 2010 (source INSEE).

De nouveaux revenus apparaissent donc (les sponsors pour 56,6% et les diffuseurs pour 13,4% en 2009-2010) et, simultanément, la part relative des autres régresse (les spectateurs pour 12,5% et les subventions pour 5,2%)[7]. Ce modèle SATI traduit les effets cumulés de la professionnalisation du rugby, de l'internationalisation de ses enjeux sportifs et de l'exposition télévisuelle de ses compétitions. Aussi, les règles de gouvernance

---

[7] La composition du chiffre d'affaires moyen d'un club de Top 14 en 2008-2009 (14,6 millions d'euros) était plus équilibrée : 47% sponsors, 19% billetterie, 12% droits T.V, 7% subventions, 15% autres produits (merchandising, restauration et buvette, transferts de charges).

des clubs sont-elles définies désormais par les actionnaires qui attendent un retour sur investissement direct (distribution de dividendes) ou, de façon plus réaliste, indirect (augmentation de la notoriété et des parts de marché de leurs sociétés). Au terme d'un siècle d'existence, le CABCL voit son mode de financement s'inverser totalement : quand 90% de ses ressources provenaient des spectateurs et des mécènes privés ou publics locaux durant les années 1910-1940, 70% ont pour origine des sponsors-actionnaires internationaux et des chaînes de télévision françaises ou étrangères en 2009-2010.

Les prises de contrôle ou le parrainage de clubs durant les années 1990 et 2000 par des chefs d'entreprises ou des hommes d'affaires illustrent cette mutation : Max Guazzini (Stade Français), Jean-Claude Penauille/Daniel Derichebourg (C. A. Brive Corrèze Limousin), Mourad Boujellal (Racing Club de Toulon), Jacky Lorenzetti (Racing Métro 92), Serge Kampf (Biarritz Olympique), Alain Afflelou (Aviron Bayonnais)[8].

Les nouvelles tendances définissant le modèle SATI montrent également qu'il n'y a plus de lien automatique ou nécessaire entre la nationalité du club, celle de ses actionnaires et/ou sponsors, celle de son diffuseur, celle de son management ou celle de ses joueurs et de son encadrement sportif[9]. Le CAB des années 1995-2010 représente un modèle mixte composé à la fois de liens locaux (historiques, juridiques, identitaires) et de connexions internationales (gouvernance, financement, effectif). Mais cette évolution soumet les clubs, dont les revenus sont basés sur trois sources principales (l'actionnaire, le sponsor, le diffuseur) à une évaluation et à une sanction du marché qui n'est plus seulement local, mais global. Le passage du modèle ASSL au modèle SSSL, puis au modèle SATI s'est accompagné d'un changement des variables cruciales de la stratégie de financement du club.

---

[8] Les liens historiques entre les groupes Michelin avec l'A.S Montferrand et Fabre avec le Castres Olympique s'expliquent par d'autres raisons liées à la domiciliation de leur siège social dans ces cités, à l'emploi de milliers d'habitants de ces villes, et à leur volonté de valoriser leur ancrage territorial.
[9] En 2009-2010, le CABCL a des actionnaires britanniques, un équipementier italien (Kappa), un diffuseur étranger pour ses matches européens à l'extérieur, une direction générale et un « staff » technique, totalement ou partiellement, anglo-saxons, ainsi qu'une équipe professionnelle comptant onze nationalités (15 français, 7 sud-africains, 5 anglais, 2 argentins et irlandais...).

Durant les années 2000, les sociétés Penauille et Derichebourg ont apporté, par le biais d'augmentations de capital ou d'actions de parrainage, trente-cinq millions d'euros, soit certaines saisons, l'équivalent de 40% des ressources du club. Avec le rachat de Penauille Polyservices en 2006, Derichebourg avait des activités dans 40 secteurs, 31 pays et 4 continents pour un chiffre d'affaires de 4,3 milliards d'euros et un effectif de 54 300 salariés (collecte et recyclage de déchets industriels et ménagers, propreté, sécurité et sûreté, énergie, manutention, intérim, maintenance aéronautique…). En contrepartie de son implication, ce groupe recherchait des gains de notoriété en France et à l'étranger et entendait procéder à une opération de communication interne auprès de son personnel. Mais l'ampleur de la crise économique de la fin des années 2000 (baisse de son chiffre d'affaires de 40% en 2008-2009 par rapport à l'exercice précédent) a conduit le propriétaire du CAB à vendre ses parts en juillet 2009 à la société par actions simplifiée Brive Rugby SAS réunissant plusieurs cadres-dirigeants de grandes entreprises (Vivendi, Saur notamment) autour du nouveau président de la SASP, Jean-Jacques Bertrand, par ailleurs ancien PDG de Pasteur-Mérieux (Rhône-Poulenc), et actuel président du conseil de surveillance des laboratoires Guerbet et de deux sociétés de bio-technologie. De fait, Derichebourg diminue sa contribution au club, qui passe de 6,5 millions d'euros par saison à 2,5 millions pour 2009-2010, sous forme de parrainage.

Les recettes du Stadium

La demande de spectacle sportif est une demande de loisirs qui revêt diverses motivations : la qualité des matches, l'enjeu des rencontres, le prestige des équipes adverses, les conditions climatiques, le jour et l'heure de la rencontre, la structure des prix des billets selon la place dans le stade… La demande de rugby est croissante : durant la période 1910-1960, on dénombrait de 1 000 à 2 000 personnes par rencontre du CAB, avec pour certains matches de 4 000 à 10 000 spectateurs. En 1976-1977, la moyenne était de 2 500 spectateurs, dont 1 000 abonnés, puis de 5 000 en 1995-1996, dont 2 000 abonnés. Les nouvelles formules de championnat plus attractives, la participation et les succès du club en Coupe d'Europe, ainsi que la construction et la location de loges, vont produire des effets sensibles sur les affluences : 6 900 spectateurs en 1998-1999, dont 2 980 abonnés, 8 702 spectateurs en 2008-2009, dont 5 500 abonnés, soit un taux de remplissage du Stadium inédit de 56%.

De fait, les recettes provenant du public passent de 375 000 euros, valeur 2010 en 1993-1994 à 1,65 million d'euros en 1997-1998, valeur 2010. L'impact des résultats sportifs et de la qualité du spectacle peut être illustré par le fait que le chiffre d'affaires exceptionnel de 1997-1998, explicable par le titre (1997) et la finale (1998) de la Coupe d'Europe, est supérieur à celui réalisé en 2006-2007 (1,53 million d'euros), une saison sans performance en Top 14 et sans qualification en *H Cup*. Mais, malgré l'augmentation régulière du nombre de spectateurs, la part de ces recettes décroît de façon continue par rapport au chiffre d'affaires du club : 79% en 1976-1977, 43% en 1997-1998, 17% en 2002-2003, 12,5% en 2009-2010. Les autres types de ressources ont progressé plus rapidement pour couvrir la hausse considérable des rémunérations des joueurs qui représentent désormais une dépense dix fois supérieure au montant de la billetterie, et 56% de l'ensemble des charges du club.

Logiquement, le coût d'accès aux divers stades successifs du club a beaucoup évolué en un siècle : + 48,2 euros entre le billet le plus cher en 2009-2010 (50 euros) et en 1910-1911 (1,8 euro, valeur 2010). Il est vrai que les caractéristiques des places ont été plus amplement différenciées au fur et à mesure des travaux d'extension et de modernisation des tribunes : les prix des billets proposés en 2009 variaient de 400% contre 64% en 1910. Ce qui traduit également la politique commerciale du club tendant à offrir des éléments de confort et de visibilité distincts aux diverses catégories socioprofessionnelles : position centrale, proximité du terrain, moindre exposition aux aléas climatiques (soleil, vent, pluie), absence d'obstacles visuels (poteaux).

Pourtant, le coût de revient des places, pour le CABCL, est le même pour chaque spectateur, puisque le stade est municipal et que le club n'a pas investi dans sa construction. Autrement dit, une gamme de prix conduit à demander à chaque spectateur le prix qu'il est prêt à payer. Cette tendance à sophistiquer l'accueil du public, et à considérer le spectateur comme un client, vient des ligues professionnelles nord-américaines qui diversifient les services pour faire dépenser autrement que par l'achat d'un billet : parking, hôtesses, repas, spectacle avant ou après la rencontre... (Bourg et Nys, 2006, p. 19 et s). Il en est de même pour le CABCL qui, pour augmenter ses prix, a élargi son barème, depuis 1997, avec des loges pour des partenaires qui « profitent d'un espace privatif convivial réservé à leurs clients et collaborateurs » (citation extraite de la plaquette *corporate hospitality* 2009-2010 du club)[10].

La légitimité économique des aides publiques au CABCL

L'organisation et le développement du sport revêtent un caractère d'utilité générale (article L.100-1 du code du sport). Les collectivités locales aident les clubs car le sport est devenu un fait social, un support médiatique et un vecteur économique. L'image d'une équipe professionnelle et la dimension symbolique de ses résultats, ainsi que le rayonnement de ses activités ont un impact sociétal sur un territoire. Le rugby mis en spectacle à Brive est facteur de cohésion (mixité sociale des supporters, ciment d'identification, promotion de la pratique), de valorisation de perception de la collectivité (exposition médiatique nationale et internationale du club) et de dynamisme économique (attractivité de la ville, effets multiplicateurs de l'activité commerciale et de l'animation touristique). Deux séries de données témoignent des contreparties pour les collectivités locales des aides qu'elles réservent au CABCL : les retombées médiatiques, les flux monétaires directs et indirects.

En 2008, le club a engendré 4 361 retombées tous médias confondus valorisées, en termes d'équivalent publicitaire, à hauteur de 7 millions d'euros (articles, entretiens, résultats, reportages, brèves…) se répartissant ainsi : 3 169 pour la presse écrite dans 201 publications, 637 pour la radio sur 36 stations, 555 pour la télévision sur 23 chaînes (source : L'Argus de la presse, 16 mars 2009). Par ailleurs, les 26 matches du CABCL en Top 14 sont retransmis sur Rugby + ou Canal +/Canal + Sport, ainsi que les rencontres de *H Cup* ou de challenge européen diffusés par France Télévisions, Canal + ou *Sky Sports*, soit une audience cumulée voisine de 15 millions de téléspectateurs.

---

[10] La tribune de l'Europe compte 20 loges de 12 places. Le tarif de chacune d'elles intègre 12 sièges, 3 parkings, le visuel de l'entreprise, 12 prestations gastronomiques, un écran plat TV… et ce, pour un montant de 39 000 euros hors taxes, soit 180 euros par personne et par match, 3,6 fois plus que le billet le plus cher dans les tribunes (50 euros), mais avec des prestations différentes.

Au-delà de cette promotion de son territoire, le club exerce un réel et significatif effet d'entraînement sur l'économie locale, départementale et régionale. Une recherche universitaire (Seignolle, 2008) portant sur 2007-2008 a montré que 68% du public étant venu au Stadium sur un total de 150 000 spectateurs environ n'étaient pas brivistes (soit 102 000 personnes), 33% n'étaient pas corréziens (50 000 personnes) et 29% n'étaient pas limousins (44 000 personnes). Le club attire donc une clientèle extérieure, à l'occasion de chaque match à domicile (18 environ par saison) pour le commerce briviste, corrézien et limousin: transports, débits de boisson, restaurants, boutiques... Les dépenses de ces visiteurs non résidents, pour chacun des trois territoires mentionnés, équivalent à une injection nette sur l'année de 532 000 euros pour la région, 606 000 euros pour le département et 1 447 000 euros pour la ville. Ces flux monétaires constituent des revenus entièrement nouveaux pour chaque entité géographique du fait de l'activité du CABCL[11].

Un second impact transite par le club avec son activité économique (sponsors, subventions, actionnaires...) dont l'origine est majoritairement extérieure à la ville (85%), au département (73%) et à la région (68%). Ce qui signifie que le financement du CABCL est local à hauteur de 15%, départemental pour 27% et régional pour 32% (Seignolle, 2008, p. 65). Cette injection résulte donc des échanges du club avec ses partenaires privés/publics et ses fournisseurs/prestataires, ainsi que de la part des rémunérations des joueurs principalement (7 millions d'euros de masse salariale annuelle) consacrée à leurs dépenses effectuées à Brive, en Corrèze ou en Limousin (Seignolle, 2008, p. 71). De fait, ce nouvel impact a pu être calculé : 355 000 euros pour la région, 891 000 euros pour le département et 2 088 000 euros pour la ville. Le niveau de cette seconde injection est lié à la partie du chiffre d'affaires provenant de l'apport extérieur au Limousin du groupe Penauille/Derichebourg que seul le CABCL pouvait mobiliser.

Globalement, et avec les effets induits de la double injection des visiteurs et du fonctionnement du club (direct et indirect), l'impact économique total du CABCL a pu être chiffré avec le multiplicateur (outil classique

---

[11] L'auteur (Seignolle, 2008, p. 57 et s) a évalué un panier moyen de consommation, suite à une enquête lors de plusieurs matches du CAB, qui va de 24,10 euros pour le visiteur extérieur au Limousin (dont 7,76 euros pour le carburant et 6,79 euros pour la nourriture) à 20,94 euros pour le corrézien non briviste (7,01 euros pour la nourriture et 4,38 euros pour le carburant).

des économistes) à 1,6 million d'euros pour le Limousin, 2,4 millions pour la Corrèze et 5 millions pour Brive (Seignolle, 2008, p. 73). Il n'est pas surprenant que les collectivités captent les retombées proportionnellement à leur degré de proximité géographique avec le CAB : 55% pour la ville, 27% pour le département et 18% pour la région.

Toutefois, ce type de mesures est à interpréter avec précaution : difficultés méthodologiques à quantifier les revenus qui entrent ou qui sortent du territoire, estimations ou extrapolations de certaines données, complexité du circuit économique d'un club professionnel, effets de transfert, de substitution ou de fuite de plusieurs flux monétaires mal appréhendés... Malgré ces biais qui en nuancent la portée, cette approche de l'impact d'un club professionnel peut être mise en relation avec les subventions et les prestations payées par les partenaires publics du CAB. Cet indicateur permet ainsi d'apprécier l'efficacité économique d'une aide publique à un projet sportif, puisque ce calcul met en évidence le revenu engendré pour chaque territoire[12].

Bibliographie

ANDREFF W. (2000), L'évolution du modèle européen de financement du sport professionnel, *Reflets et Perspectives de la Vie Économique,* De Boeck Université, Bruxelles, tome XXXIX, n°s 2-3, p. 179-195.

BOLOTNY F. (2008), *L'exploitation des enceintes sportives*, Eurostaf, Paris, Les Échos Études.

BOURG J.-F. (2010), *Lieux et installations : de la Guierle au Stadium* ; *Aspects juridiques : de l'association CAB à la société CABCL* ; *Aspects économiques : genèse d'une petite multinationale sportive* ; dans « 1910-2010 : Rugby au cœur-Cent ans d'histoire au C.A Briviste », co-édition Association CABCL et Amicale des Anciens, Brive, 738 pages, p. 222-231, p. 638-645.

BOURG J.-F. (2007), *Le rugby à l'épreuve du professionnalisme*, Encyclopaedia Universalis, Paris, p. 265-267.

---

[12] Sans entrer dans cette problématique, de façon générale et d'un point de vue scientifique, il conviendrait de raisonner, non seulement en terme d'impact économique, mais aussi en terme d'utilité sociale de chaque investissement public afin d'analyser, de façon comparative, son intérêt dans d'autres domaines alternatifs (éducation, emploi, recherche, santé...) auxquels les collectivités doivent renoncer en subventionnant un club sportif professionnel (Bourg et Gouguet, 2007).

BOURG J.-F. et GOUGUET J.-J. (2007), *Économie politique du sport professionnel – L'éthique à l'épreuve du marché*, Vuibert, Paris, 310 pages.

BOURG J.-F. et NYS J.-F. (2006), *Financement des clubs sportifs et stratégie des collectivités territoriales : nouveaux modèles, nouveaux enjeux*, Presses universitaires du Sport, Voiron, 4ᵉ édition, 229 pages.

BOURG J.-F. et GOUGUET J.-J. (2005), *Économie du sport*, La Découverte, coll. « Repères », 2ᵉ édition, Paris, 128 pages.

CHAIX P. (2004), *Le rugby professionnel en France – enjeux économiques et sociaux*, L'Harmattan, Paris, 280 pages.

INEUM Consulting et Sport-Markt (2007), *Développement du rugby professionnel français*, Ligue nationale de rugby, Paris, 44 pages.

SEIGNOLLE L. (2008), « Impact économique du spectacle sportif régulier », *Mémoire de Master 2,* IAE, Université des sciences sociales de Toulouse 1, 116 pages.

TETARD P. (2007, éd), *Histoire du sport en France,* tome 1- *Du second Empire au régime de Vichy*, tome 2- De la Libération à nos jours, Vuibert, Paris, 470 et 523 pages.

L'évolution des stades, vers la 6ᵉ génération...

Aymeric MAGNE
Consultant Stadia Consulting Group

Si l'archétype de l'amphithéâtre romain se retrouve quelque peu dans les stades d'aujourd'hui, il n'en va pas de même de la gestion de son équipement polyvalent.

Le stade, lieu de réunion de toute une ville, une région, un peuple ; parfois assimilé à un temple, à un lieu saint, à un « lieu de croyance irrationnelle » (Patrick Vassort, Football et politique, Sociologie Historique d'une domination) est le cœur même du football que font battre spectateurs et acteurs du jeu.

Les clubs représentent les premiers foyers de pratique sportive dès la fin du XIXᵉ siècle. Dans son approche sociologique sur l'évolution des clubs, Jean-Paul Callède (Le club de l'an 2000, 1992) distingue le modèle culturel (de 1880 à 1930, valeurs défendues par Pierre de Coubertin), le modèle social (de 1930 à 1970, démocratisation du sport), le modèle segmenté (différentes formes 1970-1990) puis le modèle marchand. Il explique cette évolution par les transformations au niveau des compétitions, de l'encadrement des clubs, de la relation avec les collectivités et des coûts financiers.

Dans ce même ouvrage, Michel Leblanc rappelle que si la compétition sportive implique depuis son origine le spectacle sportif, c'est la télévision qui a réellement apporté une dimension économique à ce phénomène.

Le sport est donc aujourd'hui un spectacle, le stade prend ainsi « une place prépondérante dans la spectacularisation du football » (Vassort). Le sport spectacle porteur d'une plus value s'est associé à un sport finance où le spectacle est devenu lui-même une marchandise. Le football est devenu une industrie à part entière et est comparable dans ses objectifs et son fonctionnement à une quelconque entreprise. Dans cette optique, les clubs suivent les aléas des fluctuations du marché. En effet, l'incertitude liée aux revenus des droits télévisuels, l'augmentation des salaires entraînent les clubs dans une situation économique alarmante, avec des déficits importants.

C'est dans cette « interpénétration croissante du sport et de l'économie » (Andreff, Nys, *Économie du Sport*, « Que sais-je ? », 2001) que le stade peut prendre une place de plus en plus importante par une utilisation optimale des équipements en modifiant sa vocation initiale d'équipement public social au profit de manifestations lucratives (concerts, matches de gala…). En effet, la vie du stade, en privilégiant le rendement et la productivité, peut s'inscrire comme une des ressources structurelles du club. Les recettes des droits télévisuels, des transferts et des compétitions sont aléatoires. C'est donc autour du stade que les activités peuvent se multiplier en vue de dégager des profits à travers des loges, la restauration et les services aux spectateurs… C'est un lieu de valorisation, de création de la valeur ajoutée… c'est donc aujourd'hui un réel secteur à développer.

Les stades étaient historiquement gérés par les collectivités et concédés aux clubs le temps des matches. La gestion du stade apparaît comme un espace où les aspects économiques, politiques, sociologiques, sécuritaires, sportifs et architecturaux s'entrecroisent et interfèrent, comme un levier de développement indispensable pour le club de football professionnel.

La conception des enceintes a évolué à travers les siècles et les décennies, du Colysée de Rome au Dallas Cowboys Stadium, en passant par le Stade Olympique de Munich ou le Stade de France.

Des générations de stades...

Qu'il s'agisse du cirque romain évoqué par Sénèque (Philosophe de l'Antiquité) ou du MMArena au cœur de l'actualité en ce début d'année 2011, le stade a représenté de tout temps le symbole de l'espace sportif qu'il soit destiné aux Jeux olympiques, à l'athlétisme ou au football.

« Le stade semble constituer l'archétype originel de l'équipement sportif. Historiquement il est associé aux Jeux olympiques qui apparaissent dans l'imaginaire collectif comme le mythe fondateur du sport ». (François Vigneau). Qu'y a-t-il de commun entre un stade antique et un stade actuel ? Quelles innovations ont marqué l'évolution de la conception des stades ?

Si les archétypes ont traversé les siècles, tels le stade ou l'arène, ces modèles architecturaux ne sont pas pour autant de simples transpositions de bâtiments antiques. Les stades sont conçus aujourd'hui pour correspondre aux besoins spécifiques des sports modernes, de leurs réglementations, des compétitions internationales, des acteurs, des spectateurs et de leurs multi-activités.

Les stades antiques : des modèles...

Pour les Grecs, le stade désigne *une piste rectiligne et ses tribunes*. Mais c'est à l'origine une distance de course, correspondant selon la légende, à 600 fois la longueur du pied d'Héraclès. Les premiers stades grecs n'offrent des tribunes que d'un seul côté, comme le décrit F. Vigneau, elles sont aménagées sur le relief naturel du terrain. Mais pour accueillir les spectateurs de plus en plus nombreux, des tribunes (talus réalisés en remblai) sont disposées autour de la piste. À Olympie, la piste mesure 192 mètres et des *talus* situés de chaque côté permettent aux spectateurs de suivre les épreuves.

Une nouvelle épreuve, une course (724 av. J.-C.) consistant en un aller-retour de piste après avoir viré autour d'un poteau, entraîne la création d'un *double stade*. La conception du stade vise à favoriser la performance des athlètes : revêtement de la piste (mélange de terre et de sable), cale-pieds pour le départ (deux rainures creusées).

L'apparition de l'hippodrome grec puis du cirque romain opère une première transformation fonctionnelle : *une piste semi-circulaire* apparaît formée de deux lignes droites distinctes jointes par deux virages.

Les architectes romains remplacent les talus par des murs de pierre entre lesquels ils organisent des arches, des escaliers et des déambulatoires. *Le stade devient plus elliptique.*

Pour améliorer la visibilité latérale dans certains stades grecs (Athènes, Delphes…), l'axe des tribunes longitudinales est légèrement incurvé, disposition adoptée par de nombreux stades contemporains (comme le Parc des Princes).

Afin de faciliter l'évacuation du public qui peut atteindre 50 000 spectateurs (au Colisée), les tribunes sont divisées en niveaux et en secteurs, desservies par un réseau d'escaliers et de nombreuses issues (dites vomitoires). Pour éviter les encombrements les places sont numérotées et dès le Ve siècle après J.-C. les groupes supportant les équipes rivales sont séparés pour éviter les conflits.

Dans les amphithéâtres le confort se développe mais s'accompagne d'une hiérarchisation sociale : seuls les dignitaires ont des sièges à dossier, au niveau inférieur des loges sont même proposées. Les spectateurs de certains amphithéâtres (Colisée, Pompéi) sont même protégés du soleil par une immense toile de lin amovible tendue (velarium). On peut même parler de services à Olympie où athlètes et spectateurs peuvent se désaltérer grâce à des bassins d'eau fraîche disposés sur le bord de la piste, et à Rome où échoppes et gargotes se multiplient autour du stade.

Une des particularités des grands amphithéâtres romains était de pouvoir proposer différents types de spectacles tels que des combats de gladiateurs, des chasses d'animaux sauvages ou même des reconstitutions de batailles, voire de batailles navales.

Cet enchaînement de spectacles était permis grâce à un réseau de deux niveaux souterrains constitué de tunnels et de cages situés sous l'arène et dans lesquels se tenaient gladiateurs et animaux avant d'être hissés mécaniquement sur le plancher de l'arène par 80 puits.

Des tunnels spéciaux étaient réservés à l'empereur et aux vestales afin qu'ils puissent rejoindre leur loge sans se mêler à la foule. Autour du Colisée se développèrent une série de locaux annexes tels que des écoles de gladiateurs, l'armurerie, les entrepôts de stockage des machineries ou encore le Sanitarium, où étaient soignés les gladiateurs blessés.

De la période Gallo-Romaine au XIXe siècle, tout laisse supposer que les bâtiments déjà existants étaient laissés à l'abandon ou voyaient leur vocation détournée.

La deuxième génération : XIXe jusqu'aux années 1920

Ce n'est qu'après la Révolution française que le sport commence à se développer en tant que loi, aidé pour cela, par la diffusion des idées des encyclopédistes, plaidant pour une éducation « corporelle » pratiquée par le plus grand nombre.

Au XIXe siècle le modèle amphithéâtral se prête surtout aux manifestations politiques et culturelles, comme l'Aréna de Milan construite en 1807. Les stades inspirés des modèles anciens s'imposent comme des monuments symbolisant l'hygiène, la santé et la morale.

Mais avec le renouveau des Jeux olympiques en 1896, et le développement du football, le stade à vocation sportive se développe au début du XXe siècle, son architecture évolue et s'adapte de plus en plus aux contraintes du sport moderne.

Cette période voit renaître le goût de l'Olympisme. Les bâtiments antiques sont réhabilités et retrouvent pour certains leur vocation première. De nombreux lieux sont construits à travers le monde pour accueillir les jeux sportifs.

- Le stade olympique de Londres, construit en 1908, présente une tribune en élévation sur une superstructure métallique.
- Le stade de Turin, édifié pour l'exposition universelle de 1911, se présente comme un anneau de maçonnerie traité de façon monumentale, rythmé par une série de mâts.

- L'Allemagne n'est pas en reste et voit la création d'une dizaine de stades à la veille de la guerre 1914, dans un esprit de promotion du sport pour les masses.

Aux États-Unis, ce sont les grandes universités qui prennent l'initiative de la construction de stades aux dimensions parfois impressionnantes, très souvent inspirés d'exemples antiques.

La conception des stades est de manière générale simpliste. L'aire de jeux est entourée d'une piste d'athlétisme. Le confort et les services sont primaires pour les spectateurs, qui la plupart du temps sont debout et pas abrités.

La troisième génération

Dans l'entre-deux-guerres, l'utilisation de nouveaux matériaux comme le béton et l'acier permettent des avancées techniques tout en conservant les fonctions symboliques d'ordre et de puissance que représentent les nouveaux stades. En Italie, en Allemagne et en Espagne, les stades sont les décors de parades militaro-sportives.

- Le Reichsportfeld de Berlin aux façades néo-classiques est construit avec des gradins qui permettent à la fois de suivre les manifestations sportives et de voir les tribunes officielles des représentants du pouvoir politique.

Après la Seconde Guerre mondiale, les pays de l'Est construisent des stades dont les façades, les entrées et les tribunes servent des objectifs à la fois politiques et sportifs, symboles du pouvoir et de l'ordre comme le stade de Moscou qui est ainsi construit vers 1950 et réutilisé pour les Jeux olympiques de 1980.

La construction d'un stade peut également être motivée comme le précise J.-P. Augustin, par le souci de renforcer l'unité locale et nationale. Comme au Brésil par exemple où la population est très divisée en groupes ethniques et classes sociales. Profitant de l'engouement pour le football, le plus grand stade du monde, le Macarana, inauguré le 16 juin 1950, devient un patrimoine national. Il a pu accueillir jusqu'à 200 000 personnes.

Les stades aux dimensions beaucoup plus importantes dans lesquels l'objectif est d'accueillir le plus grand nombre de spectateurs possible prennent de plus en plus des formes de cuvettes. Les stades de cette époque intègrent généralement une piste de cyclisme, le stade devient alors le lieu de l'arrivée des grandes courses cyclistes.

Le confort des spectateurs ne s'améliore que légèrement avec de manière générale une partie des tribunes protégée des intempéries par un toit sur pilotis.

La 4e génération

La quatrième génération est caractérisée par deux éléments importants :
- Les évolutions technologiques concernant les matériaux
- La démocratisation de la TV

La maîtrise des matériaux comme la fibre de verre, l'utilisation de couvertures en matières synthétiques favorisent la création de nouveaux concepts de stades qui apparaissent d'abord aux États-Unis.

- Le stade de Houston, l'Astrodome (1965) est recouvert complètement par un toit translucide formé de milliers de plaques de plastique qui protègent 80 000 spectateurs des intempéries, de plus il est doté d'une climatisation et d'une sonorisation.

Certains stades, comme ceux de Munich et Montréal, sont de véritables œuvres d'art et de techniques, mais ils posent de tels problèmes financiers et opérationnels qu'ils incitent à être plus raisonnables et plus rentables.

- Le stade de Munich (1972) propose une forme de conque avec une structure tendue sur câbles et flèches métalliques dessinée par Frei Otto. Ce projet aérien est destiné à inverser l'image des Jeux de Berlin.
- Le stade de Montréal a un toit rétractable de 18 000 m² suspendu à un mât de 168 mètres, il regroupe stade d'athlétisme, piscine et vélodrome.
- Le stade s'inscrit souvent dans une destination globale « sport » avec de nombreux équipements sportifs à proximité.

De plus, l'avènement des médias va permettre d'améliorer les services aux spectateurs. En effet, la télévision s'érige à l'époque comme un concurrent à l'affluence dans les stades. Ainsi, le confort du spectateur tend à s'améliorer avec une volonté de proximité de l'aire de jeux notamment :

- Disparition de plus en plus fréquente des pistes d'athlétisme ou de vélo
- Tribune rectangulaire dite à « l'anglaise »
- Couverture de l'ensemble des tribunes
- Apparitions des premières loges dans leur forme moderne
- Création des Kops dans les virages

La 5e génération

La 5e génération d'enceintes est fortement liée à la sécurisation [des enceintes]. En effet, les drames des années 1980-90, le Heysel (39 morts, 600 blessés), Hillsborough (96 morts), Bradford (56 morts, 260 blessés), le Stade de Furiani (18 morts, 3 000 blessés) ont été les moteurs de nouvelles mesures sécuritaires tant dans l'exploitation que dans la conception des enceintes. Le *Taylor Act* en 1990 en Angleterre impose des normes de conception pour les enceintes. Les places sont ainsi toutes assises, individuelles et numérotées, et l'obligation de mise en place d'une vidéo-surveillance est instituée. La priorité est la sécurité et la sureté des enceintes et donc des spectateurs.

Ces réglementations sécuritaires sont l'occasion d'une nouvelle vague de stades en Angleterre dans un premier temps, qui au-delà des contraintes sécuritaires, créent de nouvelles conditions de confort et d'accueil. La visibilité pour l'ensemble des spectateurs devient un critère important. Les écrans géants font leur apparition afin d'animer l'enceinte. Les sièges à prestations et loges se développent comme nouvelles sources de revenus.

L'explosion des droits de retransmission des compétitions sportives engendre non plus une concurrence mais une exigence de plus en plus accrue dans l'accueil des médias dans l'enceinte.

Le design des enceintes est de plus en plus élaboré, avec une forte volonté d'identification et de signal architectural.

De nouvelles techniques permettent de développer la multifonctionnalité comme les toits ou tribunes rétractables. L'Amsterdam Arena, conçu en 1996, intègre un toit rétractable ayant pour objectif d'optimiser l'utilisation de l'enceinte en dehors des jours de matchs. D'autres stades s'orientent pour leur part sur la multi-activité, avec le développement d'activités connexes, comme l'hôtel incorporé dans le Reebok Stadium.

6ᵉ GÉNÉRATION

Une extension de vie et de ville

La sixième ou génération de stade actuelle est une vraie révolution dans la prise en compte de l'importance du stade dans le cadre du développement des clubs, mais aussi dans sa perception plus globale de l'impact pour la collectivité.

En effet, les stades sont aujourd'hui considérés comme des outils de redynamisation urbaine ou d'extension de ville. Ils deviennent de véritables complexes multi-usages tant sur l'aire de jeu, que sur les espaces intérieurs et extérieurs du stade.

Espace d'excellence sportive pour les clubs… espaces d'animation locale pour la collectivité, ses actions et l'image qu'il dégage en faveur de la communauté… Espaces d'entertainment pour tous à travers ses fonctions de consommation, de loisirs, de business…

Les stades sont fonctionnels, multifonctionnels et multi-activités

Fonctionnel : les stades sont pensés dans leur conception pour optimiser et faciliter le fonctionnement de l'enceinte, pour l'optimisation de la gestion des flux des acteurs, aux spectateurs en passant par les organisateurs, améliorer le confort et les services pour tous.

Multifonctionnel : Que dire du nouveau Grand Stade de Lille ? Ce stade disposera d'un toit rétractable et d'une pelouse semi-rétractable afin de créer une « arena » de 10 000 à 30 000 places dans l'enceinte…

Multi-activités : Des espaces annexes sont développés, cinémas, centres commerciaux, casinos, bureaux, centres sportifs… dans l'objectif de création d'une destination, mais aussi et surtout dans le but d'une participation au financement de l'enceinte.

La multiplication des enceintes, et l'envergure des stades engendrent une conception telle des œuvres d'art uniques et identifiables.

Abandonné le style anguleux, rigide et froid. Les nouveaux stades sont érigés comme des monuments à part entière, participant à l'enrichissement architectural d'une zone, tout en apportant souvent une vision futuriste à l'édifice. Ils s'inscrivent comme de véritables totems de la cité. L'arche du nouveau stade de Wembley, (designer par le célèbre Sir Norman Foster), qui culmine à 147 mètres de haut, n'a aucune fonction « bâtimentaire », mais uniquement un intérêt de signal…, de singularité d'identification.

Le stade est durable

Le Stade est durable. Il s'intègre dans son environnement direct de par son architecture (l'un des projets de redéveloppement du Riazor à la Corogne prévoit une couverture en forme de vague prolongement de la mer qui se situe à proximité) mais aussi de par son éco-conception.

Tout comme les préoccupations de société, l'écologie à travers l'approche « développement durable » dans la conception des enceintes sportives est aujourd'hui une donnée essentielle.

Les normes, règlementation et label « verts » sont intégrés de manière claire dans les cahiers des charges.

La notion de cycle de vie du stade, conception, construction, exploitation, destruction, est prise en compte en amont du projet. Les matériaux utilisés sont de plus en plus « éco-friendly », la conception prévoit une utilisation des énergies naturelles maximisées, les déchets sont valorisés…

La conception du nouveau Stade de Nice s'inscrit en exemple en utilisant le quadriptyque :

- Bois : la conception d'une armature en bois réduisant l'impact carbone du stade ;
- Eau : conçu comme un château d'eau, le stade est doté d'un système de récupération et de distribution d'eau, économe en consommation d'énergie permettant de répondre aux pics intenses de demande en eau lors des pauses pendant les manifestations sportives ;
- Soleil : utilisation maximisée de la lumière grâce au toit translucide et création d'énergie solaire via 16 000m² de panneaux photovoltaïques ;
- Vent : création d'un « mur soufflant » permettant de rafraîchir et ventiler naturellement les espaces du stade en canalisant les vents de la plaine du Var. Ainsi, les besoins énergétiques seront divisés par 3.

...tous ces éléments en faisant un stade à énergie positive...

Le confort est optimal, une expérience

L'art de créer de grands espaces humains est une tradition depuis des siècles. Au fil du temps, les spectateurs ont occupé une place de plus en plus importante dans la conception des enceintes. Le bien-être, l'expérience, la convivialité sont les créneaux des nouvelles enceintes. En effet, trop souvent le stade est anxiogène. La conception même de l'enceinte aujourd'hui doit permettre d'accompagner le public vers le stade dans un lieu de détente et de sécurité, dans une atmosphère conviviale et familiale. Les enceintes et leurs alentours sont pensés avec des espaces de transition tels que des parvis, des espaces verts, des espaces pédestres, des restaurants extérieurs, des zones d'animations sportives... Car la typologie des spectateurs évolue dans les nouvelles enceintes.

Le stade devient une expérience et une destination unique où les spectateurs ne s'y rendent pas uniquement pour assister à un match. Le design, le confort, l'accessibilité, les points de vente, la nourriture, la signalisation, les écrans vidéo sont autant d'éléments travaillés au service du spectateur. L'attractivité du stade doit être forte : tout est mis en œuvre pour créer une ambiance excitante, intimiste, confortable et interactive.

À l'image des évolutions dans les cabines d'avion de ligne, la profondeur et la largeur des sièges évoluent, le nombre de toilettes est augmenté et féminisé. Le stade est équipé des dernières technologies avec des équipements High Tech, des écrans géants, des espaces 3D, des systèmes d'informations interconnectés, de la technologie NFC (*Near Field Communication*), des outils de CRM (*Customer Management Relationship*) et de monétique cashless afin de créer un sentiment de réalité partagée, d'appropriation et d'appartenance.

On fidélise ainsi les spectateurs, créant un lien privilégié avec ceux-ci à travers un vrai « parcours client » du départ du domicile jusqu'à son retour chez lui.

Des lieux privilégiés pour les Relations publiques

L'une des grandes évolutions des stades se situe dans son offre d'hospitalités. En effet, les sièges à prestations, loges et *business seats*, sont de vrais générateurs de recettes pour les clubs et opérateurs d'enceintes.

80% des revenus des matches proviennent ainsi de seulement 20% des places. Signe du changement : il y a quelques années, ces sièges à prestations représentaient 3,5% de la capacité des stades en France. La moyenne sur les nouveaux projets varie désormais entre 7,5% et 12,5%. Elle peut même atteindre 18% à Wembley.

La révolution se fait tant sur le quantitatif que sur le qualitatif… puisque les espaces de loges et de salons sont des espaces luxueux aux services traiteur haut de gamme. Aujourd'hui les salons requièrent des ratios moyens de l'ordre de 1,5 à 2m²/personne alors qu'auparavant les ratios se situaient entre 1 et 1,5m²/personne.

Le coût d'un siège à prestation au match peut ainsi varier de 150 à 500 €.

Des espaces à maintenir et entretenir

Au-delà des investissements initiaux de construction de l'enceinte, le stade s'érige comme un bâtiment qu'il est nécessaire d'entretenir et de renouveler afin de bénéficier d'une enceinte en bon état de marche tout en optimisant son cycle de vie à travers l'ensemble des actions techniques, administratives et de management destinées à le rétablir ou à le maintenir en état pour l'accomplissement de sa fonction.

La maintenance préventive, corrective et le GER (Gros Entretien Renouvellement) sont ainsi des postes de charges non négligeables pour l'opérateur, le club ou la collectivité.

Les consommations et la maintenance tentent aujourd'hui d'être limitées et systématisées à travers des systèmes de GTB (Gestion Technique du Bâtiment) et des Systèmes de GTC (Gestion technique des Courants). Des nouveaux systèmes de gestion globale de l'enceinte (technique, commerciale et opérationnel) sont en cours d'élaboration afin d'uniformiser l'exploitation globale du stade qui comme nous venons de le voir est un bâtiment fonctionnel et technique complexe.

Conclusion

Le stade s'inscrit comme le moteur d'un quartier, d'une ville, pensé pour les générations futures tant en matière d'intégration locale, de développement économique, et urbain, que modèle de préservation de la planète.

Dans sa conception, le stade peut être comparé à une cathédrale de par son aspect iconique, son défi architectural, sa nécessité de créer un bâtiment fonctionnel, sa perception d'espace de culture et de tradition, et comme un lieu de rassemblement et d'émotion.

La France a compris l'enjeu de ces nouvelles enceintes et l'accueil de l'UEFA EURO 2016 est un catalyseur pour de nombreux projets. Aujourd'hui le défi majeur pour tous est l'exploitation intelligente de ces enceintes…

De la difficulté des choix publics en matière de grandes infrastructures sportives

Jean-Jacques GOUGUET
Professeur d'aménagement et d'urbanisme
Directeur scientifique des études économiques
CDES/OMIJ - Université de Limoges

Depuis le Rapport Grands Stades Euro 2016 (Seguin, 2008), on assiste en France à une multiplication de rapports officiels dénonçant tout le retard de notre pays en matière de grandes infrastructures sportives (Constantini, 2010 ; Depierre, 2010 ; Douillet, 2010). Un tel retard expliquerait l'échec de la France lors des réponses à candidature à l'accueil de grands événements sportifs (Jeux Olympiques, Coupes du monde…). Sans en faire une condition suffisante de réussite, tous ces rapports font de la présence de telles infrastructures au moins une condition nécessaire.

Il faut donc s'interroger sur les raisons profondes du retard français en matière d'infrastructures sportives et pour cela analyser les effets de la mise en place de grands équipements sur les territoires d'accueil, mais également les modalités de leur financement. Il est en effet difficile de comprendre la frilosité française pour des constructions nouvelles alors que la plupart des études commandées *ex-ante* prédisent des retombées économiques impressionnantes pour les territoires d'accueil. Cela signifie qu'il faut une réflexion approfondie sur les problèmes posés par la mesure des effets de la présence de grandes infrastructures sportives sur les territoires, mais qu'il faut également des instruments d'aide à la décision pour leur financement.

En effet, devant le désengagement de l'État en matière de financement des grandes infrastructures sportives, la charge principale en revient aux collectivités territoriales et aux acteurs privés que sont les clubs. On est ici à la frontière entre intérêt général et activité purement commerciale, ce qui a entraîné en France de multiples débats, controverses et conflits sur l'opportunité ou non de doter certains territoires de grands stades ou de grandes salles.

Pour éclairer un tel débat sur la difficulté des choix publics en matière de grands équipements, nous structurons le raisonnement en deux temps :

- Dans un premier paragraphe, nous présentons les multiples effets de la présence de grands équipements sur les territoires d'accueil. Si certains effets de nature économique sont relativement faciles à évaluer, d'autres de nature sociale et relevant de la catégorie des externalités (hors marché) sont beaucoup plus difficiles à aborder.

- Dans un deuxième paragraphe, nous analysons la problématique du financement des grandes infrastructures sportives et en particulier nous insistons sur la difficulté des arbitrages à effectuer par les collectivités. Au nom de quels critères et avec quelle méthode peut-on déterminer l'ordre de priorité entre la construction d'un grand stade et l'affectation alternative des fonds à d'autres projets (éducation, santé, social, culture…). Le débat est loin d'être clos en France et il mériterait des recherches académiques plus nombreuses pour l'éclairer.

Des infrastructures aux effets multiples

Si la construction de grandes infrastructures sportives a un impact économique sur les territoires d'accueil, il ne faut pas en rester à ce seul critère d'évaluation qui n'est pas déterminant dans la légitimation du choix, pour apprécier également l'utilité sociale que peut apporter un tel équipement.

Impact économique

Création d'activité

L'impact économique lié à l'accueil de grands événements sportifs fait toujours partie des sujets à controverses qui opposent le plus souvent les économistes universitaires aux bureaux d'études commandités pour mesurer l'ampleur de telles retombées économiques. Deux éléments reviennent en permanence (Barget-Gouguet, 2010a) :

- les bureaux d'études prévoient toujours des retombées économiques très élevées là où les universitaires revoient systématiquement à la baisse de telles évaluations (Baade *et al.*, 2010) ;
- tous ces résultats sont obtenus avec des méthodes différentes appartenant à des paradigmes opposés : approche keynésienne, modèle *input/output* ou modèle général d'équilibre calculable. On sait qu'il est délicat de comparer des résultats obtenus avec des méthodes différentes.

Néanmoins, au-delà de tous ces différends, il semblerait qu'un consensus se soit établi dans la communauté universitaire autour de deux points :

- ces calculs de retombées sont le plus souvent approximatifs voire faux et systématiquement surévalués (voir des exemples in Barget-Gouguet, 2010a). Cela est dû en général à des erreurs grossières de calcul (Barget-Gouguet, 2010b) ;
- ces calculs ne sont pas légitimes pour justifier de l'organisation d'un grand événement sportif. Il faut pour cela un calcul de rentabilité sociale.

Voilà pourquoi nous préconisons que le calcul d'impact soit effectué *ex-post* pour appréhender correctement les retombées économiques non pas à partir de prévisions plus ou moins solides, mais sur la base de ce qui s'est réellement passé. En effet, le calcul des retombées économiques de court terme repose sur trois évaluations : le montant de l'injection brute ; le montant des fuites ; la valeur du multiplicateur (Barget-Gouguet, 2010c). Un tel calcul doit être effectué avec les dépenses d'équipement puis avec les dépenses de fonctionnement de l'événement :

- pour les dépenses d'équipement, le montant de leur impact va dépendre d'une part de l'ampleur du projet qui conditionne souvent le recours à des opérateurs spécialisés extérieurs, et d'autre part du degré d'intégration du territoire d'accueil. Ainsi, plus la région est petite et peu diversifiée, plus les fuites risquent d'être importantes et plus le multiplicateur va être faible. L'injection initiale représente alors l'essentiel de l'impact total de la dépense, les effets induits étant très faibles et le processus de multiplication s'épuisant rapidement ;
- pour les dépenses de fonctionnement, on retrouve le même raisonnement : plus l'économie locale est diversifiée, plus les fuites d'importations sont faibles et la valeur ajoutée locale élevée (et inversement). Dans un territoire de petite dimension faiblement intégré, l'essentiel de l'effet de multiplication risque de se produire par l'intermédiaire des dépenses directes de consommation. Il y aura peu d'effets d'entraînement sur les consommations intermédiaires.

Effets structurants de long terme

À long terme, les conséquences de l'implantation d'un grand équipement sportif peuvent être très importantes du fait de ses effets structurants sur le territoire d'accueil. En effet, de tels équipements entraînent la mise en place d'autres grandes infrastructures complémentaires (transports, logements, commerces…). Or, on sait qu'une autoroute, des lignes TGV, RER, Tramway, modifient radicalement les caractéristiques d'un territoire en termes d'accessibilité, de mobilité, de vitesse généralisée. Il est donc primordial ici de bien penser la localisation de l'équipement, nous y reviendrons.

Tout cela signifie qu'il ne faut surtout pas se contenter d'une analyse de court terme de l'impact de l'équipement sur le territoire d'accueil. Les effets multiplicateurs à court terme ne sont pas nécessairement les plus importants face aux effets structurants ou déstructurants à long terme qui doivent ainsi intervenir dans la prise de décision de l'investissement. En particulier, il ne faut pas négliger les conséquences d'une mauvaise appréciation :

- de la localisation de l'équipement qui doit se penser dans le cadre de l'évolution des formes urbaines et intégrer les problèmes liés à la mobilité et à l'effet de serre ;

- de la taille de l'équipement qui ne doit pas être surdimensionné et présenter à terme des coûts de fonctionnement disproportionnés et un déficit systématique ;
- de la concurrence territoriale d'autres équipements à proximité qui remplissent des fonctions similaires (une arena et un Zénith par exemple).

Ce sont ici des exercices de prospective territoriale qui sont absolument nécessaires. Des instruments cartographiques existent maintenant pour construire des scénarios d'insertion de grands équipements sportifs dans un tissu urbain en évolution permanente.

Utilité sociale

Externalités

Les grandes infrastructures sportives permettent l'organisation de manifestations qui sont à l'origine d'externalités positives et négatives sur les territoires d'accueil.

L'une des principales externalités positives concerne la production de lien social au sens large. Le spectacle sportif améliore la cohésion sociale voire produit de la reconnaissance sociale. Cela signifie qu'au-delà de la seule dimension spectaculaire, le sport peut constituer un facteur d'accélération de mutation en matière d'intégration sociale. Il est en effet porteur de valeurs universelles (respect d'autrui, respect de l'adversaire quelles que soient sa race, sa religion, ses idées…) qui, grâce aux médias peuvent être diffusées à grande échelle et acquérir force d'exemple.

Les autres externalités positives concernent la dynamique territoriale de la communauté d'accueil du spectacle. Il y a tout d'abord les conséquences sociales positives découlant de l'impact économique du spectacle (diminution des tensions liées au chômage, de la délinquance, de l'usage de la drogue…). Il y a ensuite l'amélioration de l'image de marque du territoire, ce qui peut renforcer son attractivité.

À l'inverse, les grands événements sportifs engendrent des externalités sociales négatives comme le hooliganisme, la violence, le dopage, les tricheries… qui sont bien connues. Nous insisterons plutôt sur le coût social que représentent les déplacements forcés de population lors de la mise en place de grandes infrastructures sportives. Les mega-événements sportifs entraînent l'expropriation de résidents et la destruction de quartiers populaires sans qu'il y ait nécessairement une véritable négociation avec les populations concernées. Ce problème a été jugé suffisamment grave pour faire l'objet d'un rapport de l'ONU (Rolnick, 2009). Voilà pourquoi il serait souhaitable, dès le stade de la sélection des villes hôtes, d'exiger une étude d'impact social qui pourrait déboucher sur une négociation entre les parties concernées (citoyens, associations, mouvement sportif, collectivités locales, État).

Il faut également insister, à l'heure de l'effet de serre, sur le problème de la localisation des grandes infrastructures sportives qui peuvent générer des externalités négatives liées à l'augmentation de la mobilité ainsi engendrée. En effet, certaines fonctions urbaines sont fortement productrices de déplacements (surfaces commerciales, équipements scolaires, universitaires, culturels et sportifs). Leur localisation vis-à-vis des axes de transports et vis-à-vis des autres quartiers est donc primordiale. Il faut absolument bien penser l'articulation entre la localisation des grandes infrastructures sportives et le réseau des transports en commun. L'exemple actuel de grands stades montre à l'évidence les problèmes que l'on peut rencontrer en privilégiant le tout automobile.

Identité

Les grands événements sportifs et les structures qui les hébergent permettent de rassembler une communauté autour d'un projet commun et ainsi de renforcer son identité.

- le spectacle sportif peut renforcer le sentiment d'appartenance à une communauté de citoyens ressentant une réelle fierté à accueillir un grand événement. Cela permet également de fédérer des acteurs qui n'auraient pas nécessairement coopéré sans l'enjeu que représente le succès d'un grand événement sportif. Là encore, cela peut renforcer le sentiment identitaire d'appartenance à un territoire performant ;
- le grand stade joue un rôle fondamental dans un tel processus puisqu'il matérialise ce sentiment d'appartenance. Ce type d'équipement peut modifier l'image d'un territoire (voir le Stade de France) en lui

redonnant une légitimité. Cela peut restaurer à la fois l'image du quartier et le sentiment d'appartenance à un espace qui souffrait d'un rejet du fait d'une image dégradée.

Le rapport Augier (2009) a ainsi insisté à juste titre sur l'importance des grands équipements en matière d'identité territoriale dans le succès de l'accueil des mega-événements sportifs. Il faudrait ainsi dépasser trois obstacles :

- régler le problème des grandes infrastructures sportives en France dont la quasi-totalité a plus de 60 ans et qui donne une image passéiste de notre pays ;
- réfléchir sur la culture sportive française et sur la façon de la renforcer pour dépasser la question de l'acceptabilité sociale du financement de nouvelles infrastructures sportives comme pour l'Euro 2016 ;
- améliorer les procédures administratives pour passer du projet à la réalisation d'une grande infrastructure sportive en France. Les exemples actuels de grands stades français sont représentatifs d'une très grande inertie des procédures et révélateurs d'une faible identification de la population locale à ses stades, contrairement à ce que l'on peut observer à l'étranger.

La problématique du financement des infrastructures

Si les grands événements sportifs n'avaient que des effets marchands, on pourrait admettre que leur financement se fasse par l'intermédiaire du marché comme pour tout bien privé. Mais, du fait des externalités que nous venons de décrire, l'État et les collectivités locales doivent intervenir pour financer ce type de bien en partie public. Cela pose alors le problème du choix public et la difficulté des arbitrages. Le débat actuel sur les grandes infrastructures sportives françaises peut ensuite servir d'illustration.

La difficulté des arbitrages

Évaluation des risques

Il existe tout d'abord des risques financiers. En effet, le financement des grandes infrastructures sportives peut entraîner un surcoût de charges fiscales pour la population résidente, une réduction d'autres postes de la dépense publique ou les deux en même temps. De plus, lorsque de gros emprunts sont contractés, cela peut compromettre le développement futur de la collectivité du fait de charges de remboursement considérables qui pèsent trop lourdement sur les budgets et réduisent la capacité à emprunter pour d'autres projets. L'exemple de communes de Haute-Savoie à la suite des J.O. d'Albertville est significatif des contraintes financières de long terme que peut générer un surendettement excessif.

Cela est d'autant plus pénalisant que la commune peut se trouver face à des coûts d'entretien des infrastructures et des coûts de remboursement des emprunts qui ne sont pas éventuellement entièrement couverts par le produit de l'investissement initial. Un tel risque doit être pris en compte dans le calcul économique pour améliorer la prise de décision et éviter des erreurs qui ont coûté très cher à certaines collectivités lors de l'organisation de mega-événements sportifs comme les J.O. de Montréal ou d'Athènes ou la Coupe du monde de football en Afrique du Sud.

Il y a ensuite des risques politiques en fonction de la perception que la population peut avoir de l'ordre des priorités publiques et de la place qu'y occupe la construction d'un grand équipement sportif. En cas de perception négative, les décideurs publics redoutent toujours la contestation qui peut en résulter de la part de la population, surtout en période électorale. Au niveau national, des référendums ont déjà été organisés (par exemple pour les J.O. de Los Angelès) pour éviter tout risque électoral en cas de désaveu. Il faut reconnaître, de façon générale, que depuis une vingtaine d'années, tous les grands projets d'aménagement du territoire font l'objet d'une contestation systématique. Selon le degré d'organisation et de compétence des contestataires, le projet peut être retardé, modifié, voire abandonné.

Dans le champ sportif, devant de tels risques de désaveu, les responsables politiques ont été incités à rechercher des instruments d'évaluation leur permettant d'améliorer la prise de décision. En situation de rareté des ressources, les décideurs doivent tenir compte du fait que les grands équipements sportifs se trouvent en concurrence avec pour leur financement public avec d'autres projets qui peuvent apparaître comme plus prioritaires (santé, éducation, insertion sociale, recherche, environnement…). Le choix ne peut être effectué rationnellement sans disposer d'une modalité de comparaison des effets de la construction d'un grand stade avec les bénéfices qui seraient nés de l'utilisation alternative des ressources.

Méthode de choix

La mesure de l'utilité sociale de la construction d'un équipement sportif repose sur la théorie du bien-être et sur le calcul coûts/bénéfices. De façon générale, le coût du projet comprend toutes les dépenses monétaires et non monétaires engendrées par sa réalisation. Le bénéfice est la somme de toutes les satisfactions ressenties par les individus utilisateurs ou non de l'équipement.

L'analyse coûts/bénéfices permet ainsi de classer des projets concurrents en fonction de leur désirabilité mesurée par le critère du bénéfice social net. L'intérêt principal de cette méthode est de prendre en compte la totalité des effets d'un projet, qu'il s'agisse d'effets tangibles ou intangibles, de bénéfices ou de coûts sociaux.

Sur le terrain, cette méthode a fait la preuve de son opérationnalité. Elle est souvent considérée comme la technique d'évaluation la plus satisfaisante, car la plus complète puisqu'elle permet d'intégrer en particulier les effets intangibles des projets. En dépit des multiples biais qui peuvent affecter la méthode d'évaluation contingente ou la méthode des coûts de transport (Barget-Gouguet, 2010d), les économistes reconnaissent qu'il vaut mieux une méthode imparfaite qu'une absence totale de méthode pour essayer de déterminer la valeur économique totale d'un bien (Barget-Gouguet, 2007).

Cela ne signifie pas que cette méthode permet de prendre toutes les décisions sans ambiguïté. En effet, au-delà des difficultés posées par l'évaluation du projet en question, il faudrait également raisonner en termes de coût d'opportunité. Cela implique de comparer la rentabilité du projet considéré à celle des projets auxquels on a dû renoncer. La rationalité économique impose que l'on ne puisse pas mener un projet si on ne fait pas la preuve que sa rentabilité est supérieure à celle des alternatives auxquelles on doit renoncer : grand stade ou rénovation de quartiers difficiles ou lutte contre l'effet de serre ?

Dans la pratique, un tel calcul en termes de coût d'opportunité n'est jamais effectué. Les décideurs renoncent à commander de telles études qui seraient très longues et très coûteuses et se contentent de justifications plus légères, mais plus contestables. Ce calcul de rentabilité sociale s'efface derrière le calcul d'impact économique utilisé pour justifier de la légitimité du projet, ce qui n'est pas correct. Le calcul de retombées économiques permet seulement de mesurer l'ampleur de l'impact (valeur ajoutée ou emploi) de l'événement sur un territoire donné. Ce calcul ne peut en aucune façon constituer à lui seul un instrument d'aide à la décision. Il y a donc une double insuffisance dans ce type de démarche : d'une part, les calculs de retombées sont souvent faux et généralement surestimés ; d'autre part, l'assimilation d'un calcul de retombées à un calcul de rentabilité est complètement illégitime.

Voilà pourquoi nous avons déjà proposé un test de légitimité pour discuter des points les plus problématiques d'un projet comme par exemple les principales externalités négatives pouvant remettre en cause sa rentabilité sociale. Il ne s'agit pas de réaliser une véritable étude coûts/bénéfices *ex-ante* mais de faire prendre conscience aux décideurs qu'il y a d'autres critères à prendre en compte que le seul impact économique.

L'EXEMPLE FRANÇAIS

Un retard à combler

Selon tous les rapports récemment publiés, le succès de la candidature française à l'Euro 2016 ne doit pas masquer les échecs pour les J.O. 2008 et 2012, les championnats du monde masculins de basketball 2010 et 2014, le Championnat d'Europe masculin de handball masculin 2012, les championnats d'Europe masculins de volleyball 2007 et 2011.

Tous ces échecs s'expliqueraient en partie par l'état des infrastructures trop vieilles et inadaptées aux exigences actuelles de confort et de sécurité. Voilà pourquoi en 2008 la Commission grands stades recensait 39 projets de construction ou de rénovation de grands stades. La désignation de la France pour accueillir l'Euro 2016 en mai 2010 est apparue comme une véritable opportunité pour accélérer un programme de rattrapage et de modernisation du modèle économique du football français autour de ces nouveaux stades.

Pour cela, il faut penser le financement de telles infrastructures qui ne peut relever uniquement du secteur privé. Il faudrait aboutir à un nouveau partenariat entre l'État, les collectivités locales et le club de façon à sortir de la rigidité qui caractérisait le modèle français : financement public, propriété des collectivités, faiblesse de l'association des clubs résidents.

L'important est d'aboutir à des montages financiers qui permettent la mutualisation des risques économico-sportifs très spécifiques qui caractérisent l'activité des clubs professionnels. La question en particulier est de savoir comment justifier la nécessité de l'intervention publique. On pourrait considérer en effet que le sport spectacle relève uniquement de la sphère privée du marché. C'est la présence d'externalités qui vont permettre de légitimer le financement public des grandes infrastructures sportives. Il reste à en déterminer le poids relatif, ce qui relève d'arbitrages politiques souvent difficiles à effectuer.

La notion d'intérêt général

Plusieurs questions méritent débat :

- au nom de quoi peut-on affirmer qu'un grand stade relève de l'intérêt général ?
- quelle doit être la part du soutien public par rapport au financement privé ?
- comment déterminer qu'une telle affectation de fonds publics n'aurait pas une meilleure rentabilité sociale dans un autre secteur (santé, éducation, environnement, quartiers difficiles…) ?

C'est donc le contenu de l'intérêt général qui pose problème aujourd'hui :

- dans la détermination des priorités : faut-il privilégier la création d'emploi ou bien la défense de l'environnement ou bien la lutte contre les inégalités sociales ? Pour le dire autrement, à quel intérêt général faut-il se référer : économique, environnemental ou social ?
- dans le territoire de référence : traditionnellement, l'intérêt général se définissait à l'échelle de la nation. Mais ne pourrait-on considérer l'intérêt général européen, voire planétaire ? Comment organiser la hiérarchie ?

Ces questions complexes permettent de comprendre que la notion d'intérêt général peut facilement être instrumentalisée au service d'intérêts particuliers et il deviendrait alors la résultante d'un rapport de forces. Chacun appellera intérêt général ce qui correspond à ses propres intérêts. Cela est particulièrement perceptible au niveau des territoires qui vont devoir décider de l'implantation de grandes infrastructures sportives qui soulèvent de multiples interrogations à l'origine de très nombreuses oppositions et conflits entre les porteurs de projets et les opposants (associations de défenses de riverains, écologistes…). L'intérêt général de telles installations ne fait pas l'unanimité. La conséquence la plus importante est l'allongement des délais pour faire aboutir un projet de grand stade. Lyon et Lille sont de bonnes illustrations de guérilla juridique menée par des associations face à une tentative de passage en force de la part des porteurs de projets.

C'est toute la question de l'acceptabilité sociale des projets de grandes infrastructures sportives qui devient un enjeu essentiel de la politique française en la matière. La France souffre ici d'un lourd retard en matière de démocratie participative avec des instruments comme l'enquête publique qui ne marche pas et de nouvelles procédures de participation qui ont du mal à se faire reconnaître :

- il existe déjà la Commission nationale de débat public qui pourrait être éventuellement saisie par rapport au dossier grands stades et grandes salles ;
- il existe également des instruments comme les conférences de citoyens qui ont déjà fait la preuve de leur efficacité dans des dossiers très délicats et controversés (vache folle, effet de serre, OGM). Là encore, les grandes infrastructures sportives dans leurs territoires respectifs pourraient faire l'objet de telles conférences de citoyens.

Au final, on en revient toujours à la même question du choix d'instruments d'aide à la décision : les arbitrages entre projets concurrents sont de plus en plus difficiles à effectuer dans un contexte de contraintes budgétaires fortes et d'incertitude quant à l'évolution de tendances lourdes majeures tant environnementales que sociales. Des instruments d'aide à la décision correctement utilisés sont indispensables.

Conclusion

Face à la complexité des multiples effets de la construction de grandes infrastructures sportives sur les territoires d'accueil, l'évaluation de leur impact économique et de leur rentabilité sociale est très difficile à effectuer. Il y a de redoutables difficultés méthodologiques à surmonter ainsi qu'un problème de disponibilité d'informations fiables.

De plus, l'idéal de la rationalité économique voudrait que l'on raisonne en termes de coût d'opportunité c'est-à-dire évaluer la rentabilité sociale des projets auxquels on doit renoncer. Ce calcul n'est pas fait, ce qui n'est pas légitime à l'heure où des arbitrages dans les choix publics s'annoncent de plus en plus délicats.

Il serait souhaitable d'effectuer de nouvelles recherches pour améliorer l'aide à la décision publique en matière de grandes infrastructures sportives. Cela implique l'utilisation rigoureuse d'instruments économiques labellisés à mettre au service d'une véritable négociation entre les différentes parties concernées pour déboucher sur une prise de décision plus démocratique.

Cela est d'autant plus important que des tendances lourdes très inquiétantes rendent l'avenir plutôt sombre. Trois crises s'imbriquent les unes dans les autres : économique et financière ; sociale ; environnementale. Si on retrouve les trois piliers du développement durable, il est nécessaire néanmoins de les hiérarchiser : les finalités sont sociales, la contrainte est écologique et l'économie n'est là que comme simple moyen pour permettre de résoudre au mieux l'équation précédente.

Dans cette optique, une très abondante littérature converge pour démontrer que la continuation de la croissance économique telle que nous la connaissons à l'heure actuelle est une impossibilité absolue dans un monde de 9 milliards d'individus (Jackson, 2009). Un nouveau modèle d'organisation sociale est à inventer (Latouche, 2010 ; Gadrey, 2010), ce qui implique de nouvelles valeurs et de nouveaux comportements. Il va falloir apprendre à donner un sens à sa vie autrement que par la consommation de biens matériels et de spectacles et promouvoir les capacités d'épanouissement des individus. Les grands spectacles sportifs actuels laisseraient leur place à la pratique sportive désintéressée pour le plaisir, la santé, la convivialité… On retrouve les critiques déjà énoncées dans les années 1970 d'une Modernité dans laquelle l'existence de nombreux individus consiste à consommer pour combler un vide existentiel (Castoriadis, 1996).

Il est urgent que des recherches plus nombreuses s'intéressent à discuter des modalités de mise en place d'une alternative sociétale si on veut conserver pour nos petits enfants l'espoir d'une vie authentiquement humaine sur terre (Jonas, 1990).

Bibliographie

AUGIER Ph., 2009, « Pour une politique gagnante des grands événements », *Rapport remis au président de la République*, 24 juillet.

BAADE R., BAUMANN R., MATHESON V., 2010: Slippery Slope? Assessing the Economic Impact of the 2002 Winter Olympic Games in Salt Lake City, Utah. Région et Développement. n°31, 2010, n°spécial: Hosting Mega Events : A Regional Perpective. p. 81-91

BARGET E., GOUGUET J.-J., 2007: Total Economic Value of Sporting Spectacle : Theory and Practice. Journal of Sports Economics. Vol. 8, n°2, April 2007, p.165-182.

BARGET E., GOUGUET J.-J., 2010a : L'accueil des grands événements sportifs : quel impact économique ou quelle utilité sociale pour les régions ? *Région et Développement*, n°31, 2010, n° spécial: Hosting Mega Events : A Regional Perpective, p. 93-117

BARGET E., GOUGUET J.-J., 2010b : La mesure de l'impact économique des grands événements sportifs : l'exemple de la Coupe du monde de rugby, *Revue d'Économie Régionale et Urbaine*, n°3. 2010, (avec E. Barget), p. 379-408

BARGET E., GOUGUET J.-J., 2010c : De l'évaluation des grands événements sportifs. La Coupe du monde de Rugby 2007 en France (en collaboration avec E. Barget), PULIM, Limoges, 2010.

BARGET E.-GOUGUET J.-J., 2010d : Événements sportifs : impact économique et social (en collaboration avec E. Barget). De Boeck, Bruxelles, 2010.

CASTORIADIS C., 1996, *La montée de l'insignifiance*. « Les carrefours du labyrinthe IV », Seuil, Paris.

CONSTANTINI D., 2010, *Arenas 2015*, rapport de la commission grandes salles à Mme la Secrétaire d'État chargée des sports, Mars.

DEPIERRE, 2010 : rapport d'information en conclusion des travaux de la mission sur les grandes infrastructures sportives. Assemblée Nationale, n°2711, 7 juillet.

DOUILLET D., 2010, L'attractivité de la France pour l'organisation des grands événements sportifs. Rapport au Président de la République.

GADREY J., 2010, Adieu à la croissance, *Alternatives économiques*, Les petits matins, Paris.

JACKSON T., 2010, *Prospérité sans croissance*, De Boeck, Bruxelles.

JONAS H., 1990, *Le principe responsabilité. Une éthique pour la civilisation technologique*, Éditions du Cerf, Paris.

LATOUCHE S., 2010, *Sortir de la société de consommation*, Éditions Les Liens qui libèrent.

ROLNICK R., 2009, Report of the special rapporteur on adequate housing as a component of the right to an adequate standard of living and on the right to non discrimination in this context, United Nations, General Assembly, Human Rights Council, Thirteenth session, 18 December.

SEGUIN Ph., 2008, Rapport au premier ministre de la Commission Grands Stades Euro 2016, novembre.

Les installations sportives.
Instrument majeur du renouvellement
des politiques sportives territoriales

Pierre ARNAUD
UFRAPS / Université Joseph Fourier Grenoble
Président de l'Entente Athlétique Grenoble
Membre du Conseil de Développement
de l'Agglomération Grenobloise

Les installations sportives, condition première du développement des pratiques physiques et sportives pour tous, constituent une question vive pour les communes aujourd'hui : propriétaires à 90% du parc sportif, elles se voient de plus en plus confrontées à des problèmes de gestion et de maintenance, mais aussi d'arbitrages entre rénovation, reconstruction et nouvelles constructions, dans un contexte de crise économique et d'incertitudes financières locales fortes. Travailler cette question n'est pas simple et n'appelle pas de réponses directes ou immédiates, celle-ci se trouvant pour le moins au carrefour de trois logiques qui s'entrecroisent et se télescopent : des installations qui vieillissent, une demande sportive qui bouge, des pratiques qui ne s'arrêtent pas aux portes des communes. La première partie de l'article aura pour objectif de présenter et discuter ces logiques et de montrer les interrogations des personnes publiques quant aux conduites à tenir.

Dans le même temps, ce moment difficile pourrait se révéler être un formidable levier pour renouveler les politiques publiques sportives, d'une part en inscrivant résolument la question des installations sportives dans un projet de territoires, d'autre part en remettant les équipements sportifs à leur véritable place : des moyens au service d'une politique. Toute réflexion sur les installations sportives ne peut ainsi faire l'économie d'un travail préalable, notamment sur les directions à prendre quant au développement des activités physiques et sportives, et dont les équipements ne constituent qu'une réponse. La deuxième partie de l'article tentera de montrer les conditions de cette réflexion articulant nécessairement aujourd'hui intérêt communal et intérêt communautaire.

Cet article souhaite simplement ouvrir la discussion et traduire la réflexion d'un acteur engagé depuis longtemps dans les actions sportives de l'agglomération grenobloise, notamment en tant que président de club et membre du Conseil de Développement de Grenoble Alpes Métropole.

Une question à la croisée de trois logiques

Les installations sportives ne sont pas des fins en soi mais des réponses à des problèmes ou à des volontés politiques qui se posent à un moment donné. Ignorer ces problèmes ou ces volontés, ainsi que leur contexte d'apparition et leurs évolutions actuelles, confine à ne pas comprendre le sens des installations et rend difficile toute réflexion à leur propos. Dans ce cadre, il semble que nous soyons aujourd'hui au carrefour de trois logiques, qui ne sont pas sans conséquence pour les personnes publiques.

Des installations qui vieillissent

Construire des installations, c'est s'inscrire dans le temps et les choix faits à un moment donné pèsent durablement. Les installations actuelles sont le produit d'une histoire dont un des temps forts est certainement le développement intensif de programmes de constructions sportives dans les années 1960 et 1970 afin de résorber le retard français pris en la matière. Au-delà des aspects de gestion et de maintenance, les municipalités se trouvent aujourd'hui confrontées à des problèmes de rénovation, de mise en conformité, voire de remplacement d'installations existantes, télescopant de fait les politiques d'investissement. Les piscines de l'agglomération grenobloise en sont un parfait exemple : sur les treize bassins d'hiver et onze bassins d'été existant, seuls cinq sont aux normes de 1981 et dix-neuf sont à rénover ou reconstruire, pour un coût total estimé entre 80 et 100 millions d'euros. Le problème n'est pas mince pour les communes, d'autant plus que l'investissement consiste ici plus à colmater qu'à créer, ce qui est moins séduisant que construire un équipement de prestige, on en conviendra.

Le vieillissement des installations ne s'arrête pas aux questions de vétusté : le modèle sur lequel elles ont été construites est tout aussi déterminant et questionne dans le temps la pertinence ou l'obsolescence des installations au regard des demandes sociales d'activités physiques et sportives actuelles. Dans ce cadre, la réflexion ne peut pas faire abstraction du fait que le modèle de référence des installations construites dans les années 1960 et 1970 est clairement le modèle sportif compétitif avec un cahier des charges retenant essentiellement les normes fédérales. Ce modèle reste certes encore très prégnant, quantitativement comme qualitativement, et la demande du monde fédéral très importante. Mais il est aujourd'hui bousculé par d'autres valeurs, inscrites parfois dans une contreculture sportive, qui montrent de nouvelles formes de pratiques utilisant différemment les installations sportives existantes ou ne se déroulant pas forcément dans les espaces sportifs traditionnels. Nous entrons là dans une autre logique : celle d'une demande sportive qui bouge.

Une demande sociale sportive qui bouge

Il est aujourd'hui commun de dire que les souhaits des Français en matière d'activités physiques et sportives ont grandement évolué. De nombreuses enquêtes montrent la massification et la diversification des pratiques au cours des deux dernières décennies, avec une pratique associative qui certes reste majeure (15,8 millions de licenciés dans les différentes fédérations en 2008) mais aussi des pratiques autonomes qui se développent de plus en plus, accompagnées d'un phénomène de « seniorisation » et de féminisation des pratiques ainsi que d'un éclatement des mobiles qui poussent les gens à pratiquer. Pour faire simple, on peut dire qu'aujourd'hui, sport ne rime plus seulement avec jeunes et que l'on assiste à une segmentation des pratiques jeunes-adultes-seniors, que sport ne rime plus seulement avec associatif et que l'on observe une diversification des modes de pratiques dans le cadre de structures associatives, commerciales ou de façon autogérée, que sport ne rime plus seulement avec compétition et que l'on perçoit un éclatement des mobiles qui poussent les gens à pratiquer dans des perspectives de détente, de santé, d'intégration ou de spectacle. Cette demande qui bouge n'est pas sans conséquence pour appréhender la question des installations sportives : construites majoritairement dans les années 1960 et 1970 sur le modèle « jeune-associatif-compétition », les installations se révèlent aujourd'hui, sinon obsolètes, pour le moins pas toujours en adéquation avec la demande sociale.

Cette demande sociale ne s'arrête pas aujourd'hui à la seule pratique : le spectacle sportif prend une part de plus en plus grande, notamment dans le cadre d'un sport professionnel fortement médiatisé et mobilisateur d'un public important (plus de 20 000 spectateurs en moyenne sur les matchs de Ligue 1 en football par exemple). Porteur de lisibilité du territoire et d'identité de ses habitants, ce spectacle sportif nécessite des enceintes particulières permettant à la fois l'accueil des spectateurs et la rentabilité des clubs résidents. Dans ce cadre, on ne peut passer sous silence les demandes de grands stades ou de grandes salles, dont l'Euro 2016 de football est une traduction concrète. Les investissements nécessaires vont obligatoirement se télescoper avec les demandes sociales liées aux pratiques et demander des arbitrages compliquant sérieusement la réflexion : tenir tous les bouts de la pratique sportive pour tous, du rayonnement du territoire et du lien social que crée le sport (qu'il se fasse ou qu'il se regarde) mérite débat quand il s'agit de définir une politique.

Des pratiques qui ne s'arrêtent pas aux portes des communes

Une autre dimension de la réflexion concerne la mobilité des pratiquants. Le pourcentage d'habitants extérieurs à une commune qui vient s'inscrire dans un club, compétitif ou non, de cette commune est une source récurrente de débat au regard de l'usage des finances communales : est-ce de la responsabilité d'une commune d'accueillir ces éléments extérieurs alors qu'ils ne paient pas leurs impôts sur cette commune et bénéficient pourtant des équipements et subventions données aux clubs ? Une étude menée en 2007 avec des étudiants du Master 2 « Stratégies Économiques du Sport et du Tourisme » sur l'agglomération grenobloise, montre que ce pourcentage est quasi identique quelle que soit la commune : 55% d'habitants de la commune pour 45% d'extérieur, montrant ainsi le degré de mobilité des pratiquants qui vont en priorité dans une structure pour des raisons de proximité et non d'affichage communal. La question des installations sportives se trouve réinterrogée : alors que la construction et la gestion des équipements sportifs sont essentiellement communales, les pratiques des habitants ne connaissent pas les frontières. Est-il alors tenable de continuer à raisonner à l'échelle communale pénalisant les habitants quels qu'ils soient ?

Trois exemples peuvent illustrer cette problématique : en premier lieu, le cas des personnes en situation de handicap, dont on sait l'importance de la pratique physique et sportive pour des raisons physiques, psychologiques et sociales, et dont l'ancrage des pratiques dans un cadre strictement communal est impossible. En second lieu, le développement de plus en plus important des clubs intercommunaux, notamment pour des raisons d'accès au haut niveau, traduisant cet usage intercommunal des installations sportives et montrant que, si l'intercommunalité reste difficile à construire, elle existe dans les faits. Enfin, si l'on admet que la question des installations sportives concerne toutes formes de pratiques, le maillage des territoires devient une urgence afin de permettre à chacun de pouvoir se déplacer au quotidien en privilégiant des modes doux de déplacement dans une perspective de santé publique et d'action sur l'environnement.

> Au regard de cette complexité, les personnes publiques s'interrogent : devant la vétusté des installations sportives et la diversification des demandes sociales, quels choix faire ? Tout est-il acceptable et à soutenir au titre de l'intérêt général dans les demandes actuelles ? Devant la mobilité des pratiquants qui invite à penser en intercommunalité et la forte valeur identitaire du sport qui invite à raisonner en communalité, quels compromis trouver au mieux des intérêts de chacun ? Devant la promotion du spectacle sportif, qui nécessite la construction d'un certain type d'équipements, et le développement d'une pratique physique et sportive pour tous, qui demande un dispositif de proximité, quelles orientations donner ?
>
> Les réponses semblent osciller aujourd'hui entre un repliement communal visant notamment à privilégier les habitants de sa commune et une intercommunalité de gestion visant à transférer à l'intercommunalité tout ou partie du parc sportif. Dans tous les cas, il s'agit plus d'un puzzle dont on n'aurait pas l'image terminale et qui juxtapose des politiques plus qu'il ne les coordonne. On sent pourtant que l'on est à un moment charnière où la question des installations sportives peut devenir un instrument majeur de renouvellement des politiques publiques sportives : les coûts générés par les équipements et les contraintes budgétaires des collectivités locales invitent à travailler collectivement les questions soulevées précédemment et à s'inscrire résolument dans un projet de territoires.

S'inscrire dans un projet de territoires

Le « s » mis à territoires n'est pas un hasard. Au regard des installations sportives, il ne s'agit pas d'inventer un nouveau territoire mais de coordonner des territoires, dans le respect de l'histoire et des prérogatives de chacun... mais aussi avec la volonté de mettre en place une intercommunalité de projet dépassant l'intercommunalité de gestion : l'enjeu doit être de travailler et d'intégrer des projets de territoire dans un projet de territoires.

L'affaire n'est pas simple, le sport étant chargé d'une forte valeur identitaire communale et à ce titre, les élus ne souhaitant pas s'en défaire. Elle est d'autant moins simple qu'elle ne peut être réduite aux seuls équipements sportifs traditionnels : si les pratiques scolaires et les pratiques associatives consomment prioritairement ceux-ci, les pratiques autonomes et au-delà les pratiques quotidiennes en explorent d'autres.

Ceci dit, définir une intercommunalité de projet ne se décrète pas mais se construit. Des conditions sont nécessaires et en premier lieu une vraie volonté politique. Pour initier et faire vivre cette volonté, trois nécessités sont certainement à prendre compte : se donner un cadre commun de directions ; se doter de véhicules appropriés ; s'équiper d'un système de pilotage. Le carburant « installations sportives » ne prendra de sens et de réalité qu'après. Tel est l'objet de ce qui suit.

Se donner un cadre commun de directions

Faute d'orientations clairement définies et reconnues par tous, le risque est grand de se perdre en route ou d'aller vers une destination non souhaitée, ce qui est rarement gage d'efficacité. Il est ainsi incontournable de se donner un cadre organisateur d'orientations susceptibles d'être poursuivies par les politiques publiques en matière d'activités physiques et sportives, au nom de l'intérêt général et support de choix partagés. Ce cadre pourrait se définir autour de trois enjeux pour les politiques publiques :

- le développement de la pratique des APS est un *enjeu d'épanouissement personnel* : qu'elles se déroulent dans un cadre compétitif ou dans une volonté de simple détente, les pratiques physiques et sportives permettent en premier lieu de s'épanouir, de se révéler, de se dépasser. Cette perspective constitue l'axe majeur et historique des pratiques physiques et sportives. *Dans ce cadre, l'intérêt général pour les personnes publiques est de contribuer au bien-être physique, mental et social des personnes, au « bon usage de soi » par le moyen des activités physiques et sportives.* Le but pour les politiques publiques est de donner la possibilité à chacun, quels que soient son âge et ses raisons, de pratiquer une activité physique et sportive régulièrement et à proximité de son domicile, dans des conditions de sécurité et d'encadrement compétent. Le pari est de prendre en compte la diversité des pratiques qui existe, d'un double point de vue : du débutant au plus haut niveau dans le cadre compétitif ; de la variété des raisons qui poussent les gens à rentrer et à s'installer durablement dans la pratique des APS ;

- le développement de la pratique des APS est un *enjeu de société* : qu'elle vise l'éducation, la prévention, l'insertion ou la santé, la pratique des activités physiques et sportives est ici considérée comme un moyen de développer des valeurs d'entraide et de solidarité, de donner le sens de la responsabilité et de la citoyenneté. Elle permet de répondre, à certaines conditions, à des problèmes sociaux forts aujourd'hui. *L'intérêt général est alors de contribuer à créer de la mixité et du lien social, à participer activement à la construction d'un habitus santé et civilité.* Dans ce cadre, le but pour les politiques publiques est de créer les conditions permettant à tous, et à tous les âges de la vie, de s'éduquer physiquement, de s'insérer socialement et d'entretenir ou développer son capital santé. Le pari est de contribuer aux grands enjeux de société actuels que constituent les incivilités, les communautarismes, les exclusions, le coût individuel et social de la santé ;

- le développement de la pratique des APS est un *enjeu de territoire* : qu'elle vise le sport de haut niveau, le spectacle sportif ou le tourisme sportif, la pratique des activités physiques et sportives est ici considérée comme un lieu d'identité et de promotion du territoire. Elle concerne le « sport de quelques-uns » pour le haut niveau, le « sport qui se regarde » pour le spectacle sportif, le « sport vecteur d'économie locale » pour le tourisme sportif. *L'intérêt général est de contribuer à la lisibilité du territoire, à son développement économique et à l'identité de ses habitants.* Dans ce cadre, le but pour les politiques publiques est de montrer et de promouvoir le territoire comme un lieu d'attractivité et de pratiques sportives spécifiques à celui-ci.

Cette proposition de cadre organisateur n'est peut-être pas pertinente. D'autres modèles sont évidemment possibles et à construire au regard des particularités locales. Ce construit est toutefois obligatoire pour entrer dans une intercommunalité de projet basée sur des orientations explicitées, discutées et partagées. Il reste à déterminer avec quels véhicules et quel pilotage.

Se doter de véhicules appropriés

La mise en œuvre de ces orientations ne peut pas être le fait d'un seul acteur ou d'une seule forme de pratique : elle demande l'action concertée et coordonnée de différents partenaires, qu'ils soient publics, privés ou associatifs, et se traduit par des piliers de pratiques à conforter ou développer selon leur histoire. Dans ce cadre, quatre piliers de pratiques sont à prendre en compte, les deux premiers historiquement installés étant à conforter, les deux derniers porteurs de préoccupations plus récentes étant à développer :

- le pilier des pratiques scolaires, périscolaires et extrascolaires : l'éducation physique et sportive des jeunes est un point de départ obligé pour la construction d'un habitus physique et sportif tout au long de la vie. Au-delà de leurs obligations légales concernant la mise à disposition d'installations sportives pour l'EPS, la volonté des communes doit être clairement de soutenir l'action des écoles installées sur leur territoire dans la perspective d'une éducation physique et sportive pour tous et de favoriser les actions liées au temps périscolaire et extrascolaire dans la perspective d'une pratique physique et sportive pour le plus grand nombre ;

- le pilier des pratiques associatives, compétitives ou non : les clubs sportifs et les Offices Municipaux des Sports ont depuis longtemps un rôle de premier ordre, qu'il convient de conforter, dans le développement des activités physiques et sportives, notamment par la quantité et la qualité de leurs bénévoles. Au-delà du secteur sportif, et dans la perspective d'une pratique physique pour tous et à tous les âges, la volonté doit être aujourd'hui de soutenir l'ensemble des associations produisant de l'activité physique, touchant d'autres publics souvent plus âgés et/ou plus féminins ;

- le pilier des pratiques autonomes : un troisième socle de pratiques physiques et sportives se dégage aujourd'hui et concerne aussi bien les personnes que les familles ou le réseau amical. Fondées sur d'autres valeurs, notamment de liberté de temps et d'espace, elles contribuent au bon usage de soi tout au long de sa vie ainsi qu'à la solidarité intergénérationnelle et, à ce titre, ne se confondent pas avec l'individualisme auquel on les réduit trop souvent. Ces pratiques demandent d'autres espaces, d'accessibilité plus simple, que ce soit sur le territoire urbain (cas des city park ou des piscines) ou naturel (chemin de randonnées par exemple). Le fait que ces pratiques ne soient pas institutionnalisées ne signifie pas que les institutions ne doivent pas s'en préoccuper ;

- le pilier des pratiques quotidiennes : un dernier socle devient essentiel au regard des modes de vie actuels et concerne le quotidien. On sait les conséquences d'une pratique physique journalière sur le bien-être et la santé. On sait aussi l'urgence qu'il y a à travailler la question des déplacements dans une perspective environnementale. Ces pratiques quotidiennes relèvent bien sûr d'une attitude personnelle, mais demande aussi un vrai travail d'incitation, d'éducation… et de maillage des territoires sur le plan des équipements, notamment dans le cadre de modes doux de déplacements.

Ces différents piliers représentent autant de véhicules permettant d'atteindre les orientations souhaitées et ils sont certainement tous à développer. Avec quelles priorités et dans quelles proportions : le débat est ouvert et nécessite de penser le pilotage des politiques publiques, à l'articulation de l'intérêt communal et de l'intérêt communautaire.

S'ÉQUIPER D'UN SYSTÈME DE PILOTAGE

Les enjeux décrits ci-dessus sont a priori complémentaires : les acteurs sportifs locaux, s'ils reconnaissent ce cadre de lecture, devraient poursuivre les trois. Dans la réalité, ces directions se trouvent souvent en tension : suivant la conception de l'intérêt général et l'engagement financier souhaité par les personnes publiques, suivant les attentes du mouvement sportif associatif et plus largement de la population, le même poids ne sera pas forcément accordé à chacune d'elles. Faut-il mettre sur un même plan ou privilégier le sport qui se fait et celui qui se regarde ? Le sport pour tous et le sport de haut niveau ? Les problèmes sociaux ne sont-ils pas suffisamment importants pour que l'on mette une valence forte sur les aspects éducation, intégration et santé ?

C'est évidemment aux élus de décider. Mais c'est aussi aux différents acteurs de s'exprimer. Si l'on veut que la démarche et les décisions soient partagées, il convient de mettre en place une instance de réflexion et de coordination rassemblant l'ensemble des acteurs de toutes les dimensions de l'activité physique ou sportive, compétitive ou non, associative ou autonome. Cette instance est aujourd'hui à créer, dans sa diversité, sa représentativité et son expression, au regard d'une échelle de territoire qui ne peut être que l'intercommunalité, ne serait-ce qu'au nom de la solidarité. Sa fonction serait de proposer et de veiller à la bonne mise en œuvre des orientations négociées et choisies collectivement, en s'appuyant sur un triple fondement de dialogue permanent et de cohérence des discours, de négociation des actions à entreprendre et d'échanges de pratiques, d'observation et d'évaluation des dispositifs mis en place. L'enjeu est que les priorités définies aient une valeur d'usage et non de discours.

Nous sommes ici au cœur de l'intercommunalité de projet. Il ne s'agit pas tant de discuter *a priori* de la prise ou non d'une compétence sport par l'intercommunalité : la discussion est souvent stérile et confine à l'enfermement plus qu'à l'ouverture. Il s'agit plutôt de définir les contours d'une politique sportive d'agglomération se traduisant, *in fine*, par la distinction de ce qui relève d'un intérêt communal et d'un intérêt communautaire et dont la prise de compétence ne serait qu'une réponse, au même titre que les équipements sportifs. Entre pratiques quotidiennes et pratiques de haut niveau, entre sport qui se pratique et sport qui se regarde, il existe une gamme d'installations et un maillage territorial dont on perçoit bien le sens de réponse à des volontés et des problèmes qui demandent un large travail au long cours.

Dans ce cadre, la culture de la participation et de la négociation nécessaire pour un diagnostic et des décisions partagés ne doit pas occulter celle de l'évaluation : la première est incontournable pour l'adhésion de tous et ainsi ne laisser personne sur le bord de la route, la deuxième est indispensable pour vérifier si l'on va bien dans la direction choisie. Les politiques sportives souffrent généralement d'un déficit d'évaluation : celle-ci relève plus souvent d'une culture du verbe (on pense, on affirme, on postule) que de celle des faits. Il en va pourtant de la crédibilité des actions engagées et de leur efficacité, d'autant plus dans un moment de difficulté économique et dans le domaine du sport à qui l'on attribue des vertus et des effets qu'il conviendrait de mieux identifier.

> Au regard de cette diversité, les personnes publiques ont la responsabilité de travailler ensemble et avec tous les acteurs concernés. La question des installations sportives doit en être un révélateur, un catalyseur et un rénovateur. Soit l'on continue à naviguer chacun sur son bout de mer et les réalités économiques vont constituer un frein majeur au regard des valeurs et des fonctions attribuées aux activités physiques et sportives : soit on navigue de concert en faisant le pari que « l'intercommunalité partagée » sera source d'économie, de solidarité et de développement.
>
> L'enjeu n'est pas mince. La question des équipements sportifs ne se résume plus aux seules enceintes habituellement dédiées aux pratiques physiques et sportives, mais impacte tout l'urbanisme aux différentes échelles du quartier, de la ville et de l'intercommunalité. Elle concerne différents types d'espaces sportifs, qu'ils soient dédiés, aménagés, naturels ou quotidiens. Elle renvoie à la solidarité des territoires et doit trouver des réponses dans le cadre d'une véritable intercommunalité de projet, respectueuse de chacun mais ancrée dans un maillage sportif permettant à toutes et à tous de pratiquer en sécurité, à proximité de son domicile, quelles que soient ses raisons de le faire, du sport détente au spectacle sportif.
>
> Dans la construction de ce projet, les obstacles et les points de tension seront nombreux : les équipements dits de prestige en font partie, qu'il s'agisse des grands stades ou des grandes salles dont la France manque cruellement dans une perspective de rayonnement international et de spectacle sportif. Leur construction et leur gestion ne seront pas sans conséquence sur les collectivités locales, à la fois par leur implication financière directe et par la part prise sur les crédits CNDS. Quand on resitue cette question dans le cadre organisateur des orientations que peuvent se donner des communes, quel choix faire : abandonner cette direction au profit des autres ? La prendre dans une perspective d'attractivité du territoire ? Transférer au privé tant pour la construction que pour la gestion ? On mesure là combien la question des installations sportives n'est pas une fin en soi mais un instrument majeur de rénovation des politiques publiques sportives locales, qui présupposent des décisions et des mises en œuvre partagées.

L'évolution du poids et du rôle des collectivités dans la construction des stades : le stade, le service public et l'intérêt général

Éric DE FENOYL
Avocat
Taj Société d'Avocats

« *Certes, si toutes les manifestations qui y sont organisées étaient du genre de celles qui s'y passent annuellement à l'occasion de l'arrivée du Tour de France, lequel, indépendamment de son caractère commercial et publicitaire, s'apparente plus aux jeux du cirque de la Rome impériale, qu'à un spectacle sportif, nous hésiterions beaucoup à couvrir une telle marchandise du pavillon de service public.*

Il y a heureusement, sur la pelouse et sur la piste, d'autres épreuves pour attirer la foule sur les gradins. Ce sont pour l'essentiel des championnats auxquels il est difficile de trouver beaucoup à redire et qui répondent aux besoins de distractions collectives du public parisien, lequel n'est pas tout entier porté à prendre le chemin du Musée du Louvre le dimanche après-midi ».

(Conclusions Bertand sous CE 26 février 1965, *Société du Vélodrome du Parc des Princes*)

Stade sportif et service public : mutation des stades et permanence de la jurisprudence

Le stade a longtemps été présenté comme une dépendance du domaine public compte tenu de son affectation au service public[1].

Cette qualification « évidente » se fondait sur l'arrêt *Ville de Toulouse*[2], et en fait sur une lecture parfois erronée de cet arrêt. Car si dans cet arrêt le Conseil d'État a considéré que le Stadium de Toulouse appartenait au domaine public du fait de son affectation au service public c'est au regard de considérations d'espèces particulières qui ont peu à peu disparu avec l'évolution des stades et de leur utilisation.

Le service public auquel était affecté le Stadium ne réside pas dans l'utilisation par le club sportif professionnel (club résident), le Toulouse FC. Au contraire, l'affectation est indépendante, voire exclusive de cette utilisation puisque le Conseil d'État a considéré :

- que le Stadium avait été édifié « *en vue de permettre le développement d'activités sportives et d'éducation physique présentant un caractère d'utilité générale* » et qu'il en résultait une affectation à un service public ;
- que les conditions de location au Toulouse FC – dont le caractère non exclusif est relevé et souligné à travers la faculté réservée à la Ville d'organiser d'autres manifestations – n'avaient pas « *pour résultat de modifier la destination principale dudit stade* »[3].

Ce n'est donc pas parce qu'il est le lieu d'un spectacle sportif professionnel que le Stadium est affecté au service public mais plutôt, nonobstant le fait qu'il soit le lieu d'une telle appropriation privative, parce qu'il subsiste une appropriation grand public – amateur.

---

[1] Sous réserve bien entendu qu'il appartienne à une personne publique ce qui est très majoritairement le cas en France à l'exception, pour les stades de football professionnel, du Stade Abbé Deschamps d'Auxerre et du Stade François Coty d'Ajaccio.
[2] CE 13 juillet 1961, *Ville de Toulouse*, n°48792.
[3] La qualification ainsi retenue a été contestée : le chroniqueur de l'AJDA indiquait : « *on pouvait hésiter à admettre qu'il y eût affectation au service public* » (AJDA 1961, Doctrine, *Promenades publiques, terrains de sport et domaine public*, p.467 et suivantes).

Dans l'arrêt d'Assemblée du 26 février 1965, *Sté Vélodrome du Parc des Princes*[4], le Conseil d'État avait l'occasion de se prononcer sur cette question de droit au regard de l'évolution de la vocation des stades. Cette affaire portait en effet sur l'application de la qualification de service public à un stade exclusivement affecté aux compétitions sportives (à la différence du Stadium dans l'arrêt *Ville de Toulouse*). Le commissaire du gouvernement, M. Bertrand, avait invité le Conseil d'État :

- à faire évoluer la jurisprudence *Ville de Toulouse* et à clairement se prononcer sur la qualification de service public s'agissant de l'organisation de compétitions sportives ;
- à défaut à fonder la compétence administrative sur l'existence dans le contrat de clauses exorbitantes du droit commun[5].

En retenant ce second fondement, l'Assemblée du Conseil d'État n'a pas entendu admettre que l'organisation de compétitions sportives puisse être intrinsèquement qualifiée de service public. Mais il ne saurait néanmoins en résulter que cette qualification soit définitivement écartée, l'arrêt ne portant que sur le moyen des clauses exorbitantes[6].

La jurisprudence a ensuite longuement hésité sur la qualification à appliquer s'agissant des stades sportifs professionnels[7].

Ce qu'il est possible de retenir de cette jurisprudence antérieure à l'arrêt « *Jean Bouin* » du 3 décembre 2010[8] c'est que la qualification de service public (et son corollaire l'appartenance au domaine public) est :

---

[4] CE, Ass., 26 février 1965, *Société du Vélodrome du Parc des Princes*, n°65.549.
[5] Conclusions M. Bertrand, Revue de Droit Public, 1965, pages 506 et suivantes.
[6] Si son commissaire du Gouvernement l'invitait en priorité à faire évoluer la jurisprudence et à défaut à la confirmer pour in fine aboutir au même résultat, il ne saurait être exclu que l'économie des moyens ait porté sur l'économie du débat puisque le second moyen (subsidiairement proposé) soulevé moins de questions que le premier.
[7] CAA Paris, 5 novembre 1998, *Sté Coquelicot Promotion*, n°98PA01876 (Parc des Princes) et CE 24 septembre 2003 *Sté Coquelicot Promotion, Mme Belhassen*, n°203268) ; CAA Paris, 11 avril 2006, *Commune de Papeete*, n°02PA03952 (Stade Willy Brambidge) ; CAA Lyon, 12 juillet 2007, *Ville de Lyon*, n°06LY02105 et 06LY02106 (Stade Gerland) ; pour les nombreux jugements et arrêts concernant le Grand Stade (devenu « *Stade de France* ») : équipement sportif d'intérêt national par détermination de la loi (n°93-1435 du 31 décembre 1993 relative à la réalisation d'un grand stade à Saint-Denis en vue de la Coupe du monde de football de 1998)
[8] CE 3 décembre 2010, *Ville de Paris et Association Paris Jean Bouin*, n°338272.

- soit davantage admise comme un postulat que réellement discutée au regard des considérations de fait (jurisprudences relatives au Parc des Princes et au Stade de Gerland) ;
- soit effectivement constatée parce que l'appropriation populaire reste une composante essentielle (Stade Willy Brambridge à Papeete) ;
- soit enfin déduite de la qualification que la collectivité a expressément entendu conférer au stade et à la procédure qu'elle a, à cet effet, retenue : tel est le cas des concessions de service public pour le Grand Stade de la Coupe du monde (ensuite devenu Stade de France) et pour le projet de Grand Stade de Nice qui avait fait l'objet d'une concession conclue par la ville en 2006 avant d'être suspendue puis annulée par le juge administratif[9].

La situation pouvait ainsi se résumer : la qualification de service public était soit par habitude retenue, soit exogène (décidée par la collectivité) mais très rarement endogène (résultant des considérations particulières de l'espèce et notamment de la vocation effective du stade).

Après des rebondissements erratiques dont le monde de l'ovalie a le secret, l'affaire Jean Bouin est venue apporter une réponse dont le caractère retentissant (indépendamment de la médiatisation qui a entouré cette affaire) réside moins dans le caractère novateur de la solution que dans la conviction avec laquelle elle est affirmée par le Conseil d'État.

L'affaire a donné lieu à un premier jugement du Tribunal administratif de Paris qui le 31 mars 2009 qualifiant la convention conclue entre la Ville de Paris et l'association Paris Jean Bouin (ex CASG) de délégation de service public. La demande de sursis à exécution de ce jugement présentée par l'association et la Ville de Paris avait, dans un premier temps, été rejetée par la Cour administrative d'appel de Paris (24 juin 2009) avant d'être acceptée par le Conseil d'État (13 janvier 2010), ce dernier admettant qu'il existait un doute sérieux sur cette qualification. Le Conseil d'État s'étant prononcé, certes par ordonnance, lorsque l'affaire

---

[9] Le contrat de concession conclu en 2006 pour le précédent projet avait été suspendu (TA Nice, 2 août 2006, *Préfet des Alpes-Maritimes*, n°0603524 ; CAA Marseille, 6 octobre 2006, *Ville de Nice, sociétés GSN-DSP et Cari*, n°06MA02372 et 06MA02514) puis annulé (TA Nice, 22 décembre 2006, *Préfet des Alpes-Maritimes et M. Knecht c/ Commune de Nice*, n°0603528 et 0601427, BJCP 2007, p. 151, concl. F. Dieu).

arrivait en appel, c'est en formation plénière que la Cour confirmait, le 25 mars 2010, le jugement du Tribunal administratif en se livrant à une analyse exhaustive des relations entre la Ville de Paris et l'association pour relever que celles-ci opéraient délégation de la première à la seconde d'une mission de service public. Dans son arrêt du 3 décembre 2010 le Conseil d'État annule cet arrêt en affirmant que la qualification de service public fait défaut. Le considérant est clair et dénué d'interprétation : « *Considérant que la seule présence d'un club de rugby professionnel sans autres contraintes que celles découlant de la mise à disposition des équipements sportifs ne caractérise pas à elle seule une mission de service public* »[10].

Quarante ans après l'arrêt Toulouse, le Conseil d'État rappelle ainsi que l'utilisation par un club sportif professionnel ne constitue pas une affectation à un service public. Il est aujourd'hui possible de résumer ainsi la situation en résultant :

- le Stade historique (celui du Baron Pierre de Coubertin) est affecté à un service public dans lequel « *l'important c'est de participer* » (au sens participation du grand public participe s'appropriant l'aire de jeu) ;
- le stade sportif professionnel qui s'est développé depuis les années 1930 (émergence du professionnalisme) en reléguant progressivement le grand public du rôle d'acteur à celui de spectateur, relégation s'accompagnant d'une translation de l'aire de jeu aux gradins, a vu s'estomper le service public.

S'il ne nous appartient évidemment pas de nous prononcer sur cette évolution des pratiques, nous pouvons regretter qu'à l'occasion de l'arrêt Jean Bouin l'occasion n'ait pas été saisie de se prononcer sur l'intérêt général du spectacle sportif dont pouvait être déduite la qualification de service public.

Les salles de spectacles sont souvent considérées comme affectées à un service public, il restait un pas à franchir pour considérer que le spectacle sportif présentait un intérêt général au même titre qu'un concert de variétés[11]. Ce pas n'a pas été à ce jour franchi et la jurisprudence reste sur une dichotomie un peu anachronique entre appropriation populaire du sport amateur et utilisation par le sport professionnel.

---

[10] CE 3 décembre 2010, *Ville de Paris et Association Paris Jean Bouin*, n°338272.
[11] Stades intérêt général et compétitivité, AJDA 2009, p. 393.

Un financement public du stade professionnel

Si en droit français l'intérêt général des stades sportifs professionnels n'est pas, en l'état actuel du droit évidente, au regard du droit européen la situation n'est pas plus limpide.

Le sport professionnel est qualifié par la Cour de justice de l'Union européenne (CJUE) d'activité économique relevant du Traité. Cette qualification a été retenue par la Cour notamment dans les arrêts *Walrave et Koch*[12] et *Bosman*[13] : « *compte tenu des objectifs de la Communauté, l'exercice des sports relève du droit communautaire dans la mesure où il constitue une activité économique au sens de l'article 2 du Traité* ».

S'agissant tout particulièrement du football professionnel, la position de la Commission était ainsi exprimée par Mario Monti en 2003 : « *Les clubs de football professionnels engagés dans des activités économiques telles que le transfert de joueurs, la conclusion de contrats publicitaires et de parrainage et la distribution d'articles de marchandisage doivent être considérés comme des entreprises au sens des règles de concurrence du traité CE. Dès lors, aux fins de l'application des articles 87 et 88 du traité CE, les clubs de football professionnels sont en principe soumis au même régime que les autres entreprises* »[14].

Il en résulte que le régime des aides d'État s'applique aux infrastructures exclusivement dédiées au sport professionnel. Ce régime est défini aux articles 107 et 108 du Traité européen. L'article 107 énonce l'interdiction en les termes suivants : « *sauf dérogations prévues par les traités, sont incompatibles avec le marché intérieur, dans la mesure où elles affectent les échanges entre États membres, les aides accordées par les États ou au moyen de ressources d'État sous quelque forme que ce soit qui faussent ou qui menacent de fausser la concurrence en favorisant certaines entreprises ou certaines productions* ». L'article 108 définit la procédure d'examen par la Commission européenne de la compatibilité des aides.

---

[12] CJCE, 12 décembre 1974, *Walrave et. Koch contre UCI*, Affaire 36-74.
[13] CJCE 15 décembre 1995, *Bosman*, C-415/93.
[14] Question écrite E-0537/03 posée par Erik Meijer (GUE/NGL) à la Commission. Subventions communales à des clubs de football commerciaux, qui exaspèrent la concurrence et donnent lieu à des paiements excessifs. Journal officiel n° C 280 E du 21/11/2003 p.0065-0066.

La notion d'aide d'État s'applique également aux aides apportées par les collectivités territoriales, directement (subvention) ou indirectement[15]. Tel peut être le cas de la non-répercussion au club du coût d'un stade public ou encore du coût des infrastructures publiques desservant exclusivement un stade privé.

Les subventions aux clubs sportifs : la position de la Commission européenne sur le décret du 4 septembre 2001

S'agissant des aides apportées directement le projet de décret relatif aux subventions aux clubs sportifs[16] avait fait l'objet d'une notification pour avis à la Commission européenne. La Commission avait alors considéré que ces subventions ne constituaient pas des aides d'État en relevant :

- l'objet éducatif (formation des jeunes) et social (animation dans les quartiers et prévention de la violence) de ces subventions susceptibles d'être octroyées aux « *clubs sportifs professionnels possédant des centres de formation de jeunes agréés par les pouvoirs publics* » ;
- l'engagement des autorités françaises de procéder à « *un contrôle adéquat de l'affectation des subventions* », ce contrôle devant éviter « *toute surcompensation du coût net de la formation et donc toute subvention croisée* »[17].

Il n'est pas évident que toutes subventions octroyées aux clubs sportifs sur le fondement du décret respectent aujourd'hui ces conditions …

Les aides au financement des stades : l'affaire du Stade d'AZ Alkmaar

Les aides apportées indirectement et, pour ce qui nous intéresse ici, tout particulièrement celles résultant des conditions de financement, de réalisation et/ou de mise à disposition des stades sont également soumises au régime des articles 87 et 88 du Traité.

---

[15] La distinction traditionnellement opérée en droit français entre aides directes (réglementées) et aides indirectes (libres) a au demeurant disparu : ces deux catégories d'aides sont soumises aux règles du Traité.
[16] Décret n°2001-828 du 4 septembre 2001.
[17] Décision de la Commission du 25 avril 2001, aide d'État n°118/00, SG (2001), D/288165.

Si elle est peu connue, l'affaire du stade d'AZ Alkmaar (Pays-Bas) illustre la position de la Commission européenne sur les aides ainsi octroyées pour le financement des stades. La commune d'Alkmaar s'était engagée à vendre à AZ Alkmaar, pour un prix symbolique, quatre terrains dont le terrain d'assiette du stade existant. L'opération avait pour objet la réalisation du nouveau stade et d'un projet immobilier (locaux commerciaux, 150 appartements). Saisie de plaintes la Commission avait décidé d'ouvrir une procédure d'examen de compatibilité en application de l'article 88 du Traité en indiquant qu'il « *était douteux que l'aide en faveur d'AZ (...) fût compatible avec le traité CE* ». La cession entre la commune et AZ Alkmaar ayant été suspendue par les juridictions néerlandaises, de nouvelles négociations sont intervenues pour déterminer le prix de cession des terrains après évaluation par un expert indépendant. C'est sur le fondement d'une telle renégociation du prix de cession que la Commission a mis fin à la procédure[18].

La position de la Commission dans cette affaire illustre :

- d'une part que la réalisation d'un stade sportif destiné à un club sportif professionnel ne saurait être exonérée des règles relatives aux aides d'État,
- d'autre part que l'octroi de l'aide de manière indirecte, notamment au moyen d'une cession foncière pour un prix symbolique, est sans incidence sur l'application ou non du régime.

Au-delà du stade d'AZ Alkmaar il est également parfois fait état de plaintes qui auraient été déposées en 2003 s'agissant des infrastructures publiques de desserte du Stade de Munich en vue de la Coupe du monde 2006[19]. La commission semble néanmoins ne pas avoir donné suite à ces plaintes pas plus qu'elle n'en avait donné concernant les plaintes relatives à l'extension du Stade de Hanovre[20].

---

[18] 2006/743/CE: Décision de la Commission du 25 janvier 2006 concernant l'aide d'État mise à exécution par les Pays-Bas en faveur de AZ et de AZ Vastgoed BV [notifiée sous le numéro C(2006) 80].

[19] *Cf.* notamment *Le respect du droit européen des aides d'Etat dans le sport*, Gauthier Ervyn, http://www.infosport.be/info-dirigeants/afficher_article.php?id=79&id_article=38.

[20] Aucune décision d'ouverture et/ou de clôture de procédure d'examen de l'article 88 du Traité n'apparaît sur le site de la Commission alors que les plaintes ont été déposées en 2002 (Stade de Hanovre) et 2003 (Stade de Munich). Dans son article *Stadiums for FIFA World Cup Germany 2006 and European Law on State Aid : A case of Infrastructures Measures ?* The International Sports Law

Quelle évolution du cadre juridique communautaire en matière de financement des infrastructures sportives professionnelle : vers un Service d'Intérêt économique Général (SIEG) ?

L'affaire AZ Alkmaar démontre que contrairement à une idée reçue la Commission européenne ne devrait pas hésiter à analyser la compatibilité des aides octroyées directement ou indirectement aux clubs sportifs professionnels dans le cadre du financement, de la réalisation et de la mise à disposition des Grands Stades.

S'il avait pu être imaginé que les grandes infrastructures sportives professionnelles échappent au régime des aides d'État, la position de la Commission dans cette affaire met un terme à une telle illusion qui reposait sur une interprétation assez audacieuse de plusieurs prises de position de la Commission :

- dans la réponse adressée en juillet 2002 par la DG Concurrence de la Commission au Gouvernement des Pays-Bas, la Commission semblait admettre la compatibilité des aides concourant soit au système éducatif soit à la réalisation d'infrastructures[21],

- dans sa réponse (précitée) du 14 avril 2003, le Commissaire européen Mario Monti indiquait dans le même sens : « *les cas auxquels la Commission a été confrontée à ce jour lui ont fait reconnaître que, dans certaines circonstances, un financement peut ne pas constituer une aide d'État au sens de l'article 87, § 1, du traité CE, à savoir lorsque les aides d'État contribuent à un objectif éducatif (…) ou lorsque le financement a été consenti pour la construction de stades qui peuvent être considérés, dans certaines conditions bien déterminées, comme des infrastructures générales* ».

Journal, 2003/1, Michael Gerlinger relevait ainsi : « *The commission, however, denied any intention to question the compatibility of the financing with the European Community rules on State aid* ». Voir également dans le même numéro de la revue : *State aid to Professional Football Clubs: Legitimate Support of a Public Cause*, Marjan Olfers.

[21] « *Under certain conditions financial aid to professional football clubs could be something other than state aid. This could be the case when the aid is granted in the context of the national system of education or when the aid may be regarded as funding for infrastructure* ».

Dans cette réponse les stades ne sauraient être considérés comme des infrastructures d'intérêt général que sous « *certaines conditions bien déterminées* ». Or cette notion d'infrastructure d'intérêt général est restrictive dans la jurisprudence communautaire[22].

Certes dans l'affaire de la Piscine de Dorsten en Allemagne, la Commission a considéré qu'une subvention d'exploitation ne constituait pas une aide d'État au motif qu'elle n'était pas susceptible d'affecter les échanges intracommunautaires. Elle relevait à cet effet que les installations étaient « *utilisées par les habitants de la ville et des communes voisines* »[23].

En définitive compte tenu de son caractère d'activité économique soumis au Traité, le sport professionnel ne devrait pas pouvoir bénéficier d'aides publiques aux infrastructures autres que celles utilisées dans le cadre des activités de formation. Il sera sur ce point indifférent que l'aide soit octroyée directement (sous forme de subventions) ou indirectement (rabais sur le prix de cession des terrains[24]/recettes tirées d'une exploitation multifonctionnelle du stade).

À l'instar de la conclusion à laquelle nous aboutissions s'agissant de la qualification de service public en droit français, il nous semblerait pertinent que l'intérêt général du spectacle sportif puisse fonder une évolution du droit européen. Et il n'est pas interdit de rêver que cette évolution intégrant l'intérêt général du spectacle sportif puisse à la fois se traduire par un service public en droit français et un service économique d'intérêt général en droit européen.

---

[22] 2000/194/CE: Décision de la Commission, du 14 juillet 1999, relative à des aides de l'Allemagne en faveur de Weida Leder GmbH (Weida), Thuringe [notifiée sous le numéro C (1999) 3441], JO n° L 061 du 08 mars 2000. Une station d'épuration servant exclusivement au traitement des eaux usées de Weida constitue une aide d'État.
[23] Décision du 15 décembre 2000, IP/00/1509. Le même raisonnement a été retenu s'agissant des ports de plaisance d'Enkhuizen et de Nijkerk aux Pays-Bas compte tenu de la faible dimension et zone de chalandise des ports en question et du faible niveau de l'aide : 2004/114/CE, Décision de la Commission, 29 octobre 2003 relative aux mesures d'aide mises à exécution par les Pays-Bas en faveur des ports de plaisance sans but lucratif aux Pays-Bas [notifiée sous le numéro C(2003) 3890], JO n° L 34 du 6 février 2004.
[24] Le même raisonnement devrait s'appliquer à un stade qui serait mis à disposition du club moyennant un loyer substantiellement éloigné de la valeur locative.

Quelles évolutions en droit interne ?

Les difficultés résultant de l'insuffisante prise en compte de l'intérêt public du stade tant en droit interne s'agissant de la notion de service public qu'en droit européen s'agissant du régime des aides d'État ont suscité plusieurs propositions d'évolution dont certaines sont aujourd'hui intégrées ou en cours d'étude.

La question de la qualification de service public était pertinemment posée dans le Rapport ARENAS2015, Rapport de la Commission Costantini (Commission « Grandes Salles ») et faisait l'objet d'une préconisation n°11 ayant pour objet de permettre le recours au contrat de partenariat indépendamment de la qualification de service public. La question des aides publiques au financement des stades figurait à la fois dans le Rapport Seguin, Rapport de la Commission « Grands Stades – Euro 2016 », (recommandation n°2 du Rapport) et dans le Rapport ARENAS2015 (préconisation n°6 du Rapport). Ces deux rapports soulignaient enfin l'importance d'un assouplissement des règles relatives aux relations entre les collectivités et les clubs sportifs professionnels afin de permettre aux collectivités de favoriser un tel financement (préconisation n°10 du Rapport ARENAS2015 concernant les garanties d'emprunts/recommandation n°2 du Rapport Seguin s'agissant du plafonnement des aides).

La principale évolution à ce jour intervenue figure à l'article 28 de la loi du 22 juillet 2009[25] qui permet la déclaration d'intérêt général des enceintes sportives et dans le prolongement aux collectivités territoriales et à leurs groupements de « *réaliser ou concourir à la réalisation des ouvrages et équipements nécessaires au fonctionnement et à la desserte* » de ces enceintes et de leurs équipements connexes. Sur la base de ces dispositions les projets de rénovation du Stade Bollaert à Lens et de réalisation de l'ARENA92 à Nanterre ont fait l'objet d'une déclaration d'intérêt général (respectivement les 2 juillet et 26 août 2010), des demandes étant en cours pour les projets de grand stade de l'OL et de rénovation du Stade François Coty à Ajaccio.

---

[25] Loi n°2009-888 du 22 juillet 2009 de développement et de modernisation des services touristiques.

La seconde importante évolution pourrait résulter de la proposition de loi de M. Bernard Depierre relative à l'organisation du Championnat d'Europe de football de l'UEFA en 2016 (proposition n°3149 du 4 février 2011).

Impact de la qualification sur les schémas juridiques de financement, de réalisation et d'exploitation

Nonobstant les incertitudes qui entourent la qualification applicable au stade sportif professionnel, les projets de stades font aujourd'hui majoritairement l'objet de partenariats public, privé (au sens large intégrant outre le contrat de partenariat, la concession et le bail emphytéotique administratif) :

- contrat de partenariat pour le nouveau stade de Lille Métropole, pour la rénovation du Stade Vélodrome de Marseille, la réalisation de Nice Stadium ou encore celle du grand stade de Bordeaux ;
- concession pour le MMArena ;
- bail emphytéotique administratif pour les stades de Bollaert (Lens), Parc des Princes et Marcle Picot (Nancy).

Sur les onze projets de création ou de rénovation en vue de l'UEFA EURO 2016 il est ainsi possible de constater que seuls deux projets, Stadium de Toulouse et Stade Geoffroy Guichard à Saint Étienne, prévoient à ce jour une gestion publique plus ou mois partagée avec le club. Les 9 autres projets sont mis en œuvre dans des schémas externalisant l'exploitation : 4 en contrat de partenariat (Lille, Marseille, Nice et Bordeaux), 3 en bail emphytéotique administratif (Lens, Nancy et Paris), 1 en « projet privé » (Lyon) et 1 en concession (Stade de France).

Il est sur ce point possible de noter qu'en l'absence de qualification de service public la mise en œuvre de tels schémas pourrait être fragilisée. Ainsi, le contrat de partenariat a été conçu dans l'ordonnance du 17 juin 2004 comme un contrat procurant au service public les moyens de son fonctionnement. L'article 1er de l'ordonnance (pour l'État et ses établissements publics) comme l'article L.1414-1 du code général des collectivités territoriales (pour ces dernières et leurs établissements) définissent le contrat de partenariat comme « *un contrat administratif par lequel [la personne publique] confie à un tiers, pour une période déterminée en fonction de la durée d'amortissement des investissements ou des modalités de financement retenues, une mission globale ayant pour objet la construction ou la transformation, l'entretien, la maintenance, l'exploitation ou la gestion d'ouvrages, d'équipements ou de biens immatériels nécessaires au service public, ainsi que tout ou partie de leur financement à l'exception de toute participation au capital* ». Ainsi que le relevait à juste titre la Commission Costantini dans le rapport ARENAS2015, il résulte du caractère indécis de la jurisprudence, une incertitude sur la possibilité de recourir au contrat de partenariat en vue de la réalisation d'un stade qui serait essentiellement affecté aux besoins d'un club sportif professionnel.

Les pérégrinations du projet de contrat de partenariat en vue de la réalisation du Grand Stade de Bordeaux illustrent la difficulté en résultant. La première évaluation préalable présentée au conseil municipal de Bordeaux en janvier 2010 indiquait expressément, dans une spontanéité touchante de naïveté, que le stade ne serait pas le siège d'activités de service public. C'était oublier que le contrat de partenariat avait légalement pour objet de fournir des moyens au service public. Un recours ayant été introduit contre la délibération sur ce fondement il a fallu au conseil municipal délibérer à nouveau en mai 2010 au vu d'une nouvelle évaluation préalable.

Concernant le projet de Grand Stade de Nice, l'avis de la Mission d'appui à la réalisation des contrats de partenariat, MaPPP, sur l'évaluation préalable qui lui était soumise souligne les différences d'approche relatives à la qualification de service public.

Si la Mission indique que « *le Conseil d'État a reconnu la qualification de service public s'agissant d'une activité d'organisation de rencontres sportives professionnelles, dès lors que cette activité est le fait d'une personne publique* »[26] elle reconnait que les conclusions des analyses du rapport d'évaluation préalable (c'est-à-dire les variations sur la qualification envisageable pour que le projet s'imprègne d'un service public permettant de recourir au contrat de partenariat) « *semblent bénéficier d'une certaine sécurité juridique* ».

Dans les projets de la dernière génération de stade, c'est à la faveur d'une utilisation multifonctionnelle du stade que le service public « *revient dans*

---

[26] Sans, et pour cause, citer la jurisprudence qui aurait conclu de manière aussi claire à une telle qualification.

l'arène ». Car si l'appropriation sportive professionnelle peine aujourd'hui encore à bénéficier d'une qualification d'intérêt général du spectacle qu'elle procure, l'évolution vers la multifonctionnalité permet d'accumuler des indices d'intérêt général en vue d'une qualification de service public.

La nouvelle génération de stades français érige ces enceintes, au-delà du sport professionnel, en arènes de spectacles populaires (sportifs ou non), en palais de congrès, en espaces de réceptions, de séminaires d'entreprises… Autant d'activités que le juge a déjà su reconnaître d'intérêt général.

Ainsi au terme d'une évolution paradoxale le stade a perdu son label de service public quand la professionnalisation du sport a relégué le grand public de l'aire de jeu aux gradins. Et il pourrait retrouver cet intérêt général parce que ce public, depuis ces mêmes gradins, assiste à d'autres spectacles auxquels le juge reconnaît plus facilement le caractère de service public.

Le stade sportif a perdu sa qualification de service public quelque part dans l'évolution des stades et des pratiques dont ils sont le siège entre le Stade Olympique (celui du Baron Pierre de Coubertin) et le stade professionnel du Vélodrome du Parc des Princes. C'était à une époque ou le professionnalisme succédait à l'Olympisme. Ce même stade sportif pourrait, à la faveur de la multifonctionnalité que permettent les exigences du cahier des charges de l'UEFA EURO 2016 et à cause des coûts induits qu'il convient de couvrir par une multi-exploitation, retrouver sa qualification de service public. Paradoxe des paradoxes, lorsque Michel Platini jouait au football, il évoluait à Nancy ou Saint-Étienne dans des stades qui avaient alors probablement perdu la qualification de service public. Maintenant qu'il est Président de l'UEFA les contraintes qu'il impose en vue de l'UEFA EURO 2016 pourraient faire revenir ces stades dans le giron du service public.

Mais il serait quand même plus sain que la qualification ne provienne pas de l'accessoire qu'est l'utilisation alternative et qu'enfin l'accueil de compétitions sportives dans un stade puisse, nonobstant le caractère professionnel de ces compétitions, être intrinsèquement qualifié de service public. Il suffirait à cet effet de reconnaître au spectacle sportif le caractère d'intérêt général qui soulève dans la jurisprudence administrative moins de réticences pour des activités telles que les congrès ou les concerts de variétés.

Financement des équipements sportifs : de la maîtrise d'ouvrage publique aux partenariats public/privé

Franck LAGARDE
Avocat, Membre du Centre de Droit
et d'Économie du Sport

Introduction

Plusieurs rapports récents ont pointé du doigt le retard de la France – tant du point de vue quantitatif que qualitatif – dans le domaine des grands équipements sportifs (Rapport Besson, *Accroître la compétitivité des clubs de football professionnel français*, nov. 2008 ; Rapport Seguin, *Commission Grands Stades Euro 2016*, nov. 2008 ; Rapport Costantini, *Commission Grandes Salles Arenas 2015*, mars 2010, Rapport d'information de la commission des affaires culturelles et de l'éducation de l'Assemblée nationale, *Les grands équipements sportifs*, juillet 2010). Selon les auteurs de ces rapports, le décrochage de la France constituerait une menace pour la compétitivité de nos clubs professionnels sur la scène européenne, ainsi que pour l'organisation, sur notre sol, de grandes compétitions internationales. À cette problématique particulière s'ajoute celle, plus générale (mais moins médiatisée), du vieillissement du parc des équipements sportifs de proximité.

Comment dès lors favoriser l'émergence de nouveaux équipements sportifs, plus modernes, dans un contexte – probablement durable – de restrictions budgétaires généralisées ? Telle est la difficile équation à laquelle sont et seront confrontés à l'avenir les maîtres d'ouvrage publics.

D'autant que la construction ou la rénovation d'équipements sportifs peut se heurter à d'autres freins d'ordre politique ou juridique : réticences de certains élus locaux à réaliser des équipements coûteux affectés principalement à la pratique du sport professionnel, réticences des riverains qui voient dans ces projets avant tout une source de nuisances, rareté du foncier constructible dans certaines agglomérations, règles d'urbanisme relativement contraignantes, montée en puissance du droit de l'environnement, montages juridiques complexes et pas toujours adaptés à la problématique spécifique des enceintes sportives (positionnement du club résident, notion de service public…), etc. Bref, le chantier de la modernisation des équipements sportifs ne s'annonce pas comme un long fleuve tranquille !

Le recours, par les collectivités territoriales ou leurs groupements, à des montages juridiques permettant d'externaliser tout ou partie du financement, ainsi que la maîtrise d'ouvrage de certains projets, apparaît dès lors quasi incontournable. Le choix du montage juridique permettant de faire appel à des financements privés demeure toutefois une question délicate, et pose en tout état de cause de manière quasi systématique la question de la place du club (professionnel) résident dans ces montages complexes.

L'essoufflement du modèle de financement traditionnel

En France, la plupart des équipements sportifs ont été et sont encore aujourd'hui réalisés en maîtrise d'ouvrage publique (Loi n°85-704 modifiée du 12 juillet 1985 relative à la maîtrise d'ouvrage public et à ses rapports avec la maîtrise d'œuvre privée). Dans ce modèle « classique », la personne publique (commune, groupement de communes, département, région) conçoit, finance et réalise l'équipement, dans le respect du code des marchés publics, avec l'objectif de répondre aux besoins de la population locale.

Une fois réalisé, l'équipement peut être exploité selon différentes modalités. La gestion directe (en régie) est, de très loin, le mode de gestion le plus courant. La collectivité publique gère l'équipement (entretien, maintenance, gardiennage, animation…), avec ses propres moyens, et le met généralement à la disposition d'un club local avec lequel elle passe une convention d'occupation temporaire du domaine public (convention de mise à disposition)[1]. Le club se trouve alors dans la situation juridique d'un simple locataire (d'un occupant privatif) de l'équipement soumis aux règles contraignantes de la domanialité publique (caractère personnel, précaire et révocable du titre d'occupation)...

La collectivité peut également opter pour une gestion déléguée. Elle confie alors l'exploitation de l'équipement à un tiers, le plus souvent une personne privée, dans le cadre soit d'une convention de délégation de service public (DSP) de type affermage ou régie intéressée, soit d'un marché public d'exploitation de service public de type gérance. Dans le premier cas, le cocontractant exploite l'équipement à ses risques et périls, dans le respect du cahier des charges fixé par la collectivité ; il se rémunère par la perception de redevances auprès des usagers, de sorte qu'un tel mode de gestion ne saurait être envisagé en pratique que pour des équipements sportifs offrant une certaine rentabilité économique (piscines aqua-récréatives, golfs, bases de loisirs multi activités, centres équestres...). Dans le second cas (plus rare), le titulaire du marché exploite l'équipement pour le compte de la collectivité moyennant un prix que lui verse cette dernière, et donc sans assumer le risque d'exploitation.

Même s'il ne fait guère de doute que le modèle de la « MOP-gestion directe avec convention de mise à disposition » a encore de beaux jours devant lui (on ne voit pas en effet d'autres options possibles pour la réalisation et l'exploitation d'équipements sportifs de proximité), il est aujourd'hui de plus en plus discuté, sous la pression conjuguée de deux facteurs conjoncturels : le contexte de restriction budgétaire, mais aussi la revendication des clubs professionnels de pouvoir exploiter de manière plus efficience leur « outil de production » (ce que ne permet pas leur statut juridique actuel d'occupant privatif du domaine public), afin notamment de réduire leur dépendance vis-à-vis des droits de télévision.

---

[1] Dans un arrêt *Ville de Toulouse* du 13 juillet 1961, le Conseil d'État a jugé qu'un stade municipal érigé « *en vue de permettre le développement d'activités sportives et d'éducation physique présentant un caractère d'utilité générale* » et spécialement aménagé à cet effet est affecté à un service public et fait partie, en conséquence, du domaine public communal. Le Conseil d'État a précisé dans cette affaire que la location de l'équipement au Toulouse Football club, à titre non exclusif, n'avait pas pour résultat de modifier la destination principale dudit stade qui restait affecté à la pratique des sports et continuait à répondre à un besoin d'utilité publique.

La solution passe par le recours à des techniques contractuelles permettant à des opérateurs privés – qui peuvent être les clubs professionnels eux-mêmes – de financer ou de préfinancer tout ou partie de l'opération de construction ou de rénovation d'un équipement sportif, assorti du droit d'exploiter celui-ci pour une longue durée. La plupart des projets actuels de construction ou de rénovation de grands stades s'inscrivent dans cette voie d'un financement privé ou mixte…

Le recours à des montages juridiques faisant intervenir un financement privé ou mixte

Les techniques contractuelles de partenariat public privé qui peuvent être mobilisées par les collectivités territoriales ou leurs groupements sont, pour l'essentiel, les suivantes : le bail emphytéotique administratif, la concession de service public ou de travaux publics et le contrat de partenariat.

Le bail emphytéotique administratif (BEA)

Le BEA est régi par les articles L. 1311-2 à L. 1311-4-1 du CGCT. Il s'agit d'un contrat administratif par lequel une collectivité territoriale concède à un opérateur (privé en général) un droit d'occupation de son domaine public pour une durée comprise entre 18 et 99 ans, ainsi qu'un droit réel sur les terrains d'assiette du bail et les ouvrages qu'il réalise. En contrepartie, le preneur (l'emphytéote) s'engage à construire ou rénover un ouvrage, qu'il peut ensuite exploiter pour son propre compte pendant toute la durée du bail[2].

Un BEA ne peut être conclu que pour l'accomplissement, pour le compte de la collectivité, d'une mission de service public, ou en vue de la réalisation d'une opération d'intérêt général relevant de sa compétence. Depuis la loi n°2009-179 du 17 février 2009 pour l'accélération des programmes de construction et d'investissements publics et privés, il est

---

[2] Le Conseil d'État admet qu'un BEA (ou qu'une AOT constitutive de droit réel) puisse également être utilisé pour la réalisation d'un ouvrage destiné à être loué ensuite en tout ou partie à la collectivité bailleresse, avec ou sans option d'achat (CE, Sect., 25 février 1994, *SOFAP Marignan*, req. n°144641 ; Avis n°356960 du 31 janvier 1995). La doctrine parle dans ce cas de « montage en boucle ».

toutefois possible de conclure un BEA spécialement en vue de la réalisation d'enceintes sportives et d'équipements connexes nécessaires à leur implantation. Le législateur a ainsi souhaité sécuriser le recours à ce montage juridique, en particulier pour les projets de modernisation d'enceintes sportives initiés et portés par des clubs professionnels. La création d'un BEA spécial « enceintes sportives » permet en effet de contourner les deux finalités alternatives évoquées ci-dessus, à savoir l'accomplissement d'une mission de service public ou la réalisation d'une opération d'intérêt général.

Le BEA comporte de nombreux avantages susceptibles de répondre aux aspirations des clubs professionnels (droit d'occupation de longue durée ; droit réel immobilier conférant au club les mêmes prérogatives qu'un propriétaire ; possibilité pour le club, grâce à ce droit réel, de souscrire une hypothèque pour garantir ses emprunts en vue de financer les travaux envisagés, loyer relativement faible car tenant compte des investissements réalisés ; réalisation du projet dans des délais plus courts que s'il était réalisé en maîtrise d'ouvrage publique…), mais aussi à celles des collectivités publiques (travaux financés sur fonds privés ; transfert du risque construction-exploitation ; retour des ouvrages dans le patrimoine de la collectivité à l'issue du bail et donc valorisation du domaine public…).

Il existe d'ailleurs des précédents avec le BEA conclu en 2003 entre la ville de Lens et le RC Lens pour le stade Bollaert, ou encore celui conclu entre la ville de Biarritz et la SASP Biarritz Olympique pour le stade Aguiléra.

Il est à noter que les collectivités territoriales ou leurs groupements peuvent également, depuis l'entrée en vigueur de l'ordonnance n°2006-460 du 21 avril 2006 relative à la partie législative du code général de la propriété des personnes publiques (CGPPP), délivrer des autorisations d'occupation temporaire (AOT) de leur domaine public constitutives de droits réels. Ces autorisations sont régis par les articles L. 1311-5 à L. 1311-8 du CGCT. Leur régime juridique est très proche de celui du BEA, si ce n'est leur durée qui ne peut excéder 70 ans.

Les concessions de service public ou de travaux publics

La concession de service public est une convention de délégation de service public (DSP) régie par les articles L. 1411-1 à L. 1411-19 du CGCT. Il s'agit d'un contrat administratif « *par lequel une personne morale de droit public confie la gestion d'un service public dont elle a la responsabilité à un délégataire public ou privé, dont la rémunération est substantiellement liée aux résultats de l'exploitation du service* ».

On distingue traditionnellement deux types de DSP : la concession (lorsque le délégataire est chargé tout à la fois de réaliser les investissements initiaux et de gérer le service public) et l'affermage (lorsque la collectivité finance et réalise les ouvrages et délègue ensuite la gestion du service public à un tiers, *cf. supra*).

La durée d'une concession de service public est variable. Elle est fonction de la durée normale d'amortissement des ouvrages réalisés par le concessionnaire.

La concession de service public est le modèle qui a été retenu pour la construction et l'exploitation du Stade de France. C'est également le modèle qui a été retenu pour la construction et l'exploitation du nouveau stade du Mans (le « MMArena »).

La concession de travaux publics est régie quant à elle par les articles L. 1415-1 à L. 1415-9 du CGCT. Il s'agit d'un contrat administratif « *dont l'objet est de faire réaliser tous travaux de bâtiment ou de génie civil par un concessionnaire dont la rémunération consiste soit dans le droit d'exploiter l'ouvrage, soit dans ce droit assorti d'un prix* ».

Contrairement à la concession de service public, la concession de travaux publics n'a pas pour objet de confier à l'opérateur la gestion d'une mission de service public. Son objet principal porte sur la réalisation de travaux commandés par la collectivité. Elle se distingue d'un marché public de travaux par le fait que la rémunération du concessionnaire provient ici pour l'essentiel de l'exploitation de l'ouvrage construit.

À titre d'exemple, la ville de Paris a opté pour des concessions de travaux publics pour la réhabilitation de la piscine Molitor et la rénovation d'une partie du complexe sportif Jean Bouin dans le 16e arrondissement.

LE CONTRAT DE PARTENARIAT

Le contrat de partenariat est régi par les articles L. 1414-1 à L. 1414-16 et D. 1414-1 à D. 1414-9 du CGCT. Il s'agit d'un contrat administratif *« par lequel une collectivité territoriale ou un établissement public local confie à un tiers, pour une période déterminée en fonction de la durée d'amortissement des investissements ou des modalités de financement retenues, une mission globale ayant pour objet la construction ou la transformation, l'entretien, la maintenance, l'exploitation ou la gestion d'ouvrages, d'équipements ou de biens immatériels nécessaires au service public, ainsi que tout ou partie de leur financement à l'exception de toute participation au capital »*. Il peut également avoir pour objet *« tout ou partie de la conception de ces ouvrages, équipements ou biens immatériels ainsi que des prestations de services concourant à l'exercice, par la personne publique, de la mission de service public dont elle est chargée »*.

Le contrat de partenariat est un contrat intermédiaire entre la DSP concession et le marché public. Il s'apparente à la concession de service public par sa durée et par la globalité des missions confiées au cocontractant. Il s'en distingue par les modalités de rémunération de ce dernier, celui-ci étant principalement rémunéré par un « loyer » que lui verse la collectivité pendant toute la durée du contrat[3]. Il s'en distingue également par le fait que son objet ne porte pas sur l'exécution d'une mission de service public en tant que telle, le partenaire ne faisant qu'éventuellement « concourir » à l'exercice de la mission de service public gérée par la personne publique[4]. Cette dernière peut néanmoins donner mandat au

---

[3] Le partenaire privé tire également sa rémunération de recettes annexes liées à l'exploitation des ouvrages qu'il a réalisés (hors service public). Le partenaire peut être autorisé à consentir des baux dans les conditions du droit privé, en particulier des baux à construction ou des baux emphytéotiques, pour les biens qui appartiennent au domaine privé, et à y constituer tous types de droits réels à durée limitée. Avec l'accord de la personne publique, ces baux ou droits peuvent être consentis pour une durée excédant celle du contrat de partenariat (CGCT, art. L. 1414-16). La possibilité pour le partenaire de percevoir des recettes annexes permet de réduire d'autant le montant de la rémunération qui lui est versée par la collectivité.

[4] Sur la frontière entre les conventions de délégation de service public et les contrats de partenariat, voir Rép. min. n° 95948, JOAN du 27 juin 2006, p. 6843.

partenaire pour encaisser, en son nom et pour son compte, les recettes provenant de l'exploitation du service public.

Le paiement public du partenaire apparente le CP à un marché public, de même que ses règles de passation. La principale différence entre les deux tient au fait que, dans le CP, le paiement public est différé (il s'étale tout au long du contrat), ce qui n'est pas possible dans un marché public[5].

Le recours au CP est subordonné à un certain nombre de conditions. Il doit ainsi donner lieu à une évaluation préalable précisant les motifs de caractère économique, financier, juridique et administratif qui conduisent la personne publique à engager la procédure de passation d'un tel contrat. Un CP ne peut au demeurant être conclu que si cette évaluation fait ressortir que le projet présente soit un caractère de complexité, soit un caractère d'urgence, soit, à défaut, que le recours à un tel contrat, compte tenu des caractéristiques du projet ou des exigences du service public, « *présente un bilan entre les avantages et les inconvénients plus favorables que ceux d'autres contrats de la commande publique* ». Ces conditions confèrent au CP un caractère dérogatoire par rapport aux autres outils de la commande publique.

Le choix du CP a été fait par exemple pour la rénovation d'une partie de l'INSEP (projet porté par l'État, *cf.* Avis de la MAPPP n° 2005-01 du 31 octobre 2005), ou pour la réalisation du grand stade de Lille (projet porté par la Communauté urbaine de Lille Métropole, *cf.* Avis de la MAPPP n° 2006-13 du 8 novembre 2006).

Le choix du montage juridique

Un choix difficile et parfois risqué

Le choix du montage juridique pour la construction ou la rénovation et l'exploitation d'un équipement sportif dépend de plusieurs considérations : nature, complexité ou encore urgence du projet, volonté ou non de la collectivité d'affecter l'équipement à un service public et de gérer elle-même ou non ce service, incidences fiscales, risques juridiques liés à

---

[5] L'article 96 du Code des marchés publics interdit l'insertion dans un marché de toute clause de paiement différé.

la construction et/ou à l'exploitation du futur équipement, recherche de l'efficience économique, etc.

Le choix opéré par la collectivité doit être mûrement réfléchi et traduire en tout état de cause sa réelle intention. Les frontières entre les différents contrats publics décrits ci-dessus sont en effet assez ténues, de sorte que la qualification du contrat pour laquelle les parties ont optée peut parfois être contestée et remise en cause par la voie contentieuse.

Ainsi, une simple convention d'occupation temporaire du domaine public ne doit pas avoir pour objet ou pour effet de confier à l'occupant (le club résident) la gestion d'une activité de service public, sous peine de requalification en convention de délégation de service public[6]. Dans une concession de service public ou de travaux publics, le concessionnaire doit supporter le risque d'exploitation, sous peine de requalification en marché public de service ou de travaux[7]. Dans un BEA, l'initiative et la définition des travaux incombent au preneur (à l'opérateur privé), et non à la collectivité, sous peine de requalification en marché ou en concession de travaux publics[8], etc.

---

[6] La cour administrative d'appel de Paris a annulé la convention d'occupation du stade Jean Bouin conclue en 2004 entre la ville de Paris et l'association Paris Jean Bouin pour non-respect des règles de publicité et de mise en concurrence prévues aux articles L. 1411-1 et suivants du CGCT. La cour a estimé que ladite convention était en réalité une convention de délégation de service public et non une simple convention d'occupation temporaire du domaine public (CAA Paris, 25 mars 2010, *Association Paris Jean Bouin et ville de Paris*, req. n° 09PA01920). A cette occasion, la cour a précisé qu'« *indépendamment des cas dans lesquels le législateur a lui-même entendu reconnaître ou, à l'inverse, exclure l'existence d'un service public, une personne privée qui assure une mission d'intérêt général sous le contrôle de l'administration et qui est dotée à cette fin de prérogatives de puissance publique est chargée de l'exécution d'un service public ; même en l'absence de telles prérogatives, une personne privée doit également être regardée, dans le silence de la loi, comme assurant une mission de service public lorsque, eu égard à l'intérêt général de son activité, aux conditions de sa création, de son organisation ou de son fonctionnement, aux obligations qui lui sont imposées ainsi qu'aux mesures prises pour vérifier que les objectifs qui lui sont assignés sont atteints, il apparaît que l'administration a entendu lui confier une telle mission* ».
[7] Un contrat de régie intéressée conclu pour l'exploitation d'un centre nautique et de loisirs doit être qualifié de marché public et non de convention de délégation de service public dans la mesure où l'opérateur privé n'encourt que des risques limités (TA Besançon, 26 novembre 2001, AJDA 2002, p. 338, note O. Raymundie).
[8] Le projet de BEA de la ville de Paris concernant la réhabilitation de la piscine Molitor dans le 16e arrondissement a été requalifié en concession de travaux publics au motif que les travaux envisagés portaient sur un ouvrage répondant aux besoins de la ville (TA Paris, ord. du 2 février 2009, *Sté Ken Club*, req. n° 0900393).

Le choix du montage juridique doit au demeurant tenir compte d'un paramètre incontournable, à savoir la présence d'un club résident qui souhaite pouvoir exploiter pour son compte l'équipement, au minimum les jours de matchs.

La problématique du club résident

Comme nous l'avons déjà évoqué, les relations contractuelles entre les communes ou les groupements de communes et les clubs professionnels sont le plus souvent formalisées dans le cadre de conventions d'occupation temporaire du domaine public. Rappelons qu'il s'agit-là de contrats administratifs par lequel une personne publique, tout en demeurant propriétaire et gestionnaire de l'équipement, confère à un club le droit d'utiliser celui-ci, à des fins privatives, et souvent de manière prioritaire, moyennant le paiement d'une redevance calculée en tenant compte de la valeur locative des lieux, mais aussi des avantages de toute nature procurés par le titre d'occupation[9].

Un tel schéma est considéré aujourd'hui par les clubs professionnels comme ne permettant pas d'optimiser les recettes d'exploitation de l'équipement. L'autorisation consentie au club via une simple convention d'occupation temporaire du domaine public est, il est vrai, par nature personnelle, précaire et révocable. Le club ne peut ainsi développer une politique commerciale efficiente dans la mesure où ses possibilités d'exploitation (location de loges, d'emplacements publicitaires, buvettes, etc.) sont strictement encadrées et généralement limitées aux jours de match. Le club est au demeurant peu enclin à financer des travaux de modernisation de l'enceinte qu'il occupe, dès lors qu'il ne dispose d'aucun droit réel immobilier lui permettant de mobiliser plus facilement des prêts bancaires (à défaut de droit réel, le club ne peut pas constituer une hypothèque pour garantir les emprunts qu'il contracte en vue de financer les travaux qu'il souhaite réaliser, ni recourir au crédit-bail immobilier…)[10]…

---

[9] Il a été jugé que les avantages tirés de l'occupation d'un complexe sportif s'apprécient notamment au regard des recettes tirées de son utilisation telles que la vente des places et des produits dérivés aux spectateurs, la location des emplacements publicitaires et des charges que la collectivité publique supporte telles que les amortissements, l'entretien et la maintenance calculés au prorata de l'utilisation d'un tel équipement (CAA Lyon, 12 juillet 2007, *Ville de Lyon*, n°06LY02105).

[10] La jurisprudence admet l'existence d'un droit de propriété privée de l'occupant privatif sur les ouvrages qu'il réalise à ses frais sur le domaine public. Ce droit est toutefois précaire, à l'image du titre

Si l'une des solutions pour conférer davantage de prérogatives aux clubs peut être trouvée dans le recours à des montages juridiques alternatifs (BEA, concession, contrat de partenariat), il n'en reste pas moins que la mise en œuvre de tels montages se heurte, en l'état du droit, à un certain nombre d'obstacles juridiques, dont certains peuvent s'avérer rédhibitoires.

Le premier obstacle majeur à un changement des relations contractuelles entre communes ou groupements de communes et clubs professionnels tient au fait que tous les contrats publics favorisant l'intervention du secteur privé doivent respecter les grands principes de la commande publique, lesquels sont guidés par le souci de transparence et de bonne gestion des deniers publics. Dans un arrêt « Telaustria » du 7 décembre 2000, la Cour de justice des Communautés européennes a estimé que l'obligation de transparence consiste, pour le pouvoir adjudicateur, à *« garantir, en faveur de tout soumissionnaire potentiel, un degré de publicité adéquat permettant une ouverture du marché des services à la concurrence ainsi que le contrôle de l'impartialité des procédures d'adjudication »*. Dans une décision du 23 juin 2003, le Conseil constitutionnel a reconnu une valeur constitutionnelle aux « *principes de la liberté d'accès à la commande publique, d'égalité de traitement des candidats et de transparence des procédures* »...

Il est ainsi impossible – sauf à prendre le risque d'une annulation contentieuse – de conclure une concession de service public ou de travaux publics ou encore un contrat de partenariat sans respecter le formalisme procédural propre à chacun de ses contrats. La collectivité ne saurait par conséquent passer ce type de contrat de gré à gré avec le club résident. Certes, rien n'empêche ce dernier de se porter candidat à de tels contrats, mais la collectivité pourrait alors se voir taxer de favoritisme en retenant la candidature du club résident plutôt qu'une autre…

Dans ce paysage, le BEA fait figure de cas particulier, d'où d'ailleurs son attractivité du moment. En droit interne, le BEA n'est pas considéré en effet comme un marché public de travaux, même si son objet porte sur la réalisation d'une opération de construction (CE Section 25 février 2003[4], *SA Sofap-Marignan immobilier* : req. n°144641). La raison en est que les travaux ne sont pas réalisés sous la maîtrise d'ouvrage de la

---

d'occupation du domaine public sur lesquels ces ouvrages sont construits, lequel peut être résilié unilatéralement et à tout moment par la collectivité propriétaire pour un motif d'intérêt général…

collectivité, mais sous celle de l'opérateur privé titulaire du bail. La collectivité peut donc conclure un BEA avec l'opérateur de son choix sans avoir à respecter les règles du code des marchés publics. Le BEA n'est pas non plus une DSP, tout au moins lorsqu'il est conclu pour la réalisation d'une simple opération d'intérêt général. Il n'est pas non plus considéré comme une concession de travaux publics, à condition que les travaux ne répondent pas aux besoins du pouvoir adjudicateur. Il est cependant conseillé, lorsque le montant des travaux prévu dépasse un certain seuil, de procéder à une publicité au niveau communautaire en application de la directive 2004/18/CE du 31 mars 2004. Cette obligation s'impose à partir d'un seuil de travaux fixé actuellement à 4 850 000 euros et consiste à publier un avis de marché ou de concession de travaux au journal officiel de l'Union européenne. On notera toutefois que certaines juridictions du fond n'hésitent pas à exiger, sous couvert du droit communautaire et plus particulièrement du principe de non-discrimination, le respect d'une procédure de publicité et de mise en concurrence préalablement à la conclusion d'un BEA, et ce, quel que soit le montant des travaux envisagés[11]. Ce courant jurisprudentiel pourrait bien compromettre à l'avenir la passation de BEA, de gré à gré, avec les clubs professionnels…

À cela, il faut ajouter que le régime dérogatoire des aides publiques applicables aux clubs professionnels s'oppose au versement de subventions publiques qui ne seraient pas strictement affectées aux missions d'intérêt général prévues par la loi (C. sport, art. L. 113-2 et R. 113-2. Or, les subventions d'investissement pour la construction ou la rénovation d'enceintes sportives n'entrent pas dans le cadre de ces missions d'intérêt général, de sorte qu'un club ne saurait *a priori* prétendre, dans le cadre d'un montage juridique lui confiant la maîtrise d'ouvrage du projet, à bénéficier d'un concours financier de la part des collectivités territoriales et de leurs groupements. C'est l'une des raisons pour lesquelles le législateur a adopté, dans la loi n°2009-888 du 22 juillet 2009 de développement et

---

[11] Voir notamment TA Versailles, 5 janvier 2010, *Guyard*, req. n° 0612329, AJDA 2010, p. 1196, déclarant irrégulière la conclusion d'un BEA de 30 ans entre une commune et une société pour l'exploitation d'un terrain de golf, faute pour la commune d'avoir procédé à une mesure de publicité et de mise en concurrence. Selon le tribunal, « *même si les dispositions de l'article L. 1311-2 du CGCT ne soumettent pas la signature d'un BEA à une exigence spécifique de publicité et de transparence, la signature d'un tel contrat n'est pas pour autant exclue du champ d'application des règles fondamentales posées par le Traité de l'Union européenne qui soumettent l'ensemble des contrats conclus par les pouvoirs adjudicateurs aux obligations minimales de publicité et de transparence propres à assurer l'égalité d'accès à ces contrats.* »

de modernisation des services touristiques, une disposition visant à reconnaître le caractère d'intérêt général des « *enceintes sportives figurant sur une liste fixée par arrêté du ministre chargé des sports, destinées à permettre l'organisation en France d'une compétition internationale ou à recevoir, à titre habituel, des manifestations sportives organisées par une fédération sportive délégataire ou une ligue professionnelle* ». Ce dispositif permet non seulement de légitimer l'intervention des collectivités publiques dans le cadre de projets d'enceintes sportives réalisées en maîtrise d'ouvrage privée (notamment le financement des équipements connexes), mais également de sécuriser les procédures de déclaration d'utilité publique nécessaires à la mise en œuvre de ces projets.

Enfin, une collectivité publique peut-elle raisonnablement contracter avec un club professionnel en lui confiant l'exploitation de l'enceinte sportive pour plusieurs dizaines d'années, sachant que ce dernier se trouve soumis à l'aléa sportif d'une rétrogradation qui peut bouleverser son économie et donc sa capacité à exploiter l'équipement ?...

Le financement et la gestion des équipements sportifs à usage professionnel : quels liens entre les collectivités territoriales et les clubs ?

Philippe JUEN
Maître de conférences en Droit public
Faculté de Droit et de Sciences politiques de Dijon

LA VILLE DE LYON doit aujourd'hui davantage sa notoriété sur la scène internationale aux exploits européens de l'Olympique Lyonnais qu'à son saucisson chaud et Jean-Michel Aulas a détrôné depuis plusieurs années Guignol à la tête des personnalités lyonnaises les plus connues. Cette traduction, certes imagée, des déclarations faites devant la Cour des comptes par Gérard Collomb, maire de Lyon et président du Grand Lyon, explique parfaitement la tentation des collectivités locales à s'investir dans le sport professionnel, quitte parfois à outrepasser leurs compétences, mettre à mal leurs finances ou flirter avec les limites de la légalité.

L'article L.100-2 du code du sport pose un principe de partage de la compétence sportive dans lequel l'État joue un rôle important à côté des collectivités territoriales et du mouvement sportif. Toutefois, la pratique quotidienne étant essentiellement locale, les collectivités sont depuis longtemps des acteurs majeurs du sport, qu'il s'agisse de leur soutien à l'éducation physique et sportive, de l'aide aux associations ou des équipements. Alors même que les lois successives de décentralisation ont négligé la politique sportive, les élus locaux ont su utiliser la clause générale de compétence, multipliant par trois leur investissement dans ce domaine au cours des deux dernières décennies. Ainsi, les communes et leurs groupements sont propriétaires de la grande majorité des équipements sportifs[1]. En la matière, les collectivités sont confrontées à diverses questions juridiques, en terme de construction, de financement, d'entretien, de gestion, de mise à disposition ou de responsabilité. L'équipement sportif est en effet un objet juridique complexe : s'il est un facteur indéniable du développement local, il se heurte à un nombre impressionnant de contraintes juridiques, issues tantôt du droit de l'urbanisme, tantôt du droit de l'environnement, tantôt des règlementations fédérales, tantôt du droit des contrats, tantôt du droit du domaine public, sans que cette rapide énumération n'ait une ambition d'exhaustivité[2]. Parmi ces difficultés juridiques, les relations entre les communes et les clubs sportifs professionnels constituent un thème central, à la fois sensible et actuel. Il est sensible puisque les rapports entre la collectivité-propriétaire et le club-occupant sont parfois difficiles à organiser dans le parfait respect des procédures juridiques, comme le souligne récemment la Cour des comptes[3]. Il est actuel au sens où le partenariat entre collectivités et sociétés privées n'a jamais été aussi nécessaire pour améliorer le parc d'équipements sportifs. Alors que la personne publique a été le financeur quasi exclusif des équipements jusqu'au début du siècle, les déficits rendent aujourd'hui incontournable le recours au financement privé. Certes, le secteur privé a déjà investi des domaines spécifiques, finançant des structures à la rentabilité commerciale assurée par la fréquentation d'un public plus large que les seuls licenciés : piscines, patinoires, golfs. Mais cette participation est aujourd'hui souhaitée pour des équipements plus classiques, du type stades omnisports, dont le recensement officiel a mis en évidence les graves déficiences. Au sein de ce parc d'équipements sportifs, la question des stades de football est devenue prioritaire compte tenu de l'obtention par la France de l'organisation de l'Euro 2016. L'insuffisance des enceintes nécessaires a été mise en évidence par la commission Grands Stades et ce

---

[1] Communes 76,7% ; groupements 3,1% ; départements 1,9% ; régions 1,7% ; établissements privés commerciaux 5,8% ; autres 10,8%. Source : Min. en charge des sports, Recensement national des Équipements sportifs, espaces et sites de pratiques (RES), mai 2006, données portant sur 250 690 équipements (hors espaces et sites de sports de nature).
[2] Pour des études globales sur ces questions : G. Simon (dir.), *Le stade et le droit*, Dalloz, 2008, 204 p. ; Dictionnaire permanent du droit du sport, *Politiques sportives locales*, 2008, p. 2401 ; F. Jolit, *Équipements sportifs*, Lamy Droit du sport, 2004, étude 190.
[3] Laquelle relève « subterfuges » et « relations bancales » : Cour des comptes, *Les collectivités territoriales et les clubs sportifs professionnels*, décembre 2009, 109 pages.

constat a été, depuis 2008, confirmé par de nombreux rapports, ce qui témoigne de l'importance des enjeux[4]. Le retard pris sur nos voisins est invariablement souligné, de même que la vétusté et le caractère monofonctionnel de stades français trop dépendants de la fréquentation des seuls supporters et donc peu attractif pour les capitaux privés.

Il s'agit donc de résoudre cette équation : assurer une plus grande implication des sociétés privées, dont les clubs professionnels, tout en protégeant, parfois contre elles-mêmes, les intérêts des collectivités territoriales. Il est vrai que, compte tenu de l'importance du sport comme vecteur d'image et de lien social, les élus prennent parfois quelques libertés avec la prudence financière ou l'orthodoxie juridique, que ce soit en cédant à la tentation ou à une certaine contrainte dictée par les circonstances[5]. Ceci est plus évident en matière de subventions, lesquelles apparaissent clairement en comptabilité, mais c'est aussi le cas au niveau des équipements, qui constituent un moyen moins flagrant mais tout aussi important du soutien au sport[6]. Il faut alors distinguer entre les situations où l'ouvrage est, ou a été, entièrement financé par la collectivité et les situations dans lesquelles il est fait appel à l'initiative privée dès l'étape de la construction ou pour une rénovation. Il apparaît en effet un mouvement inverse : alors que la simple mise à disposition d'un équipement se voit davantage encadrée afin de protéger l'investissement public (I), les montages juridiques encourageant les financements privés se montrent plus attractifs (II).

---

[4] P. Seguin, Rapport au nom de la commission Grands Stades-Euro 2016, La Documentation Française, 2008, 141 p. ; D. Constantini, F. Besnier, Rapport au nom de la commission Grandes Salles-Arena 2015, La Documentation Française, 2010, 95 p. ; D. Douillet, L'attractivité de la France pour l'organisation de grands évènements sportifs, Rapport au PR, La doc. française, 2010, 32 p. ; B. Depierre, Rapport au nom de la commission des aff. culturelles et de l'éducation et en conclusion des travaux de la mission sur les grandes infrastructures sportives, Rapport AN n°2711, 13e législature, La Documentation Française, 2010, 68 p.
[5] Cour des comptes, *op. cit.*, pp. 16-25.
[6] Comme l'indique la Cour des comptes, « les collectivités […] omettent souvent de prendre en compte les aides indirectes, telle que la mise à disposition d'équipements sportifs » : *ibid.* p. 26.

I. Une surveillance accrue des rapports entre collectivités et clubs concernant les équipements sportifs réalisés en maîtrise d'ouvrage publique

Le droit offre plusieurs types de convention lorsqu'il s'agit de confier le seul usage d'un équipement sportif à une association ou une société privée, chacun avec ses avantages et inconvénients (A). Cette marge de manœuvre offerte aux acteurs ne doit cependant pas conduire à contourner les règles de passation de contrats ou à négliger la valorisation du domaine (B).

A. Un choix ouvert entre différents modes de gestion

La plupart des grands équipements sportifs français ont été financés et réalisés de manière traditionnelle, c'est-à-dire directement par la personne publique. L'intervention des collectivités était alors logiquement mue par l'objectif de satisfaire l'intérêt général en assurant l'existence des structures nécessaires aux activités sportives des usagers. La maîtrise d'ouvrage publique (MOP) est donc un choix classique. Il est toutefois toujours d'actualité comme l'illustre le programme lié à l'Euro 2016 (sur les 16 projets de travaux, hors Stade de France, 6 seront réalisés selon ce modèle). Certes, ce mode est surtout utilisé pour les rénovations (c'est le cas pour ces 6 projets, sur un total de 11 rénovations, dont 4 relèvent du bail emphytéotique administratif et 1 du contrat de partenariat), alors que les constructions *ex nihilo*, qui nécessitent des financements plus lourds, explorent des voies plus originales (sur les 5 constructions prévues, 3 s'appuient sur le contrat de partenariat et 2 sont entièrement privées). Mais la construction en MOP n'est donc pas derrière nous et marque souvent la volonté d'une collectivité d'inscrire clairement un équipement sportif dans une politique plus globale d'aménagement, de développement et de communication, et donc de maîtriser l'opération au maximum[7]. Les seuls rapports entre la personne publique et la sphère privée au moment de la construction se situent alors dans la relation entre le maître d'ouvrage, pour qui l'ouvrage est édifié, et le maître d'œuvre privé ou autres

---

[7] À l'exemple du futur stade du Havre, « le Grand Stade de la CODAH », entièrement financé par des deniers publics (État, département région et agglomération) et réalisé sous la maîtrise de la communauté de l'agglomération havraise.

entrepreneurs susceptibles de participer à la réalisation[8]. Cette phase préalable au choix du mode de gestion ne sera pas développée ici[9]. Une fois l'équipement réalisé, il s'agit de le gérer, la première question étant de savoir si la collectivité souhaite le gérer elle-même ou confier cette responsabilité à un tiers.

La gestion directe, en régie, est le principal mode de gestion des équipements sportifs puisque leur grande majorité n'a pas vocation à dégager de bénéfices commerciaux et est destinée à accueillir une grande variété d'activités sportives selon une logique de service public. Elle est donc incontournable pour les structures ne dégageant aucune rentabilité, tels que les équipements sportifs de proximité (gymnases, stades municipaux, piscines traditionnelles…). Les moyens financiers sont alors prélevés sur le budget de la collectivité, l'exécutif de cette dernière est l'ordonnateur des recettes et des dépenses, et ce sont les agents territoriaux qui sont chargés de faire fonctionner ce service. L'institution de régies de recettes et d'avances, de budgets annexes, voire d'une régie autonome pour des activités commerciales ou industrielles, peut permettre une certaine forme d'individualisation comptable, bien utile pour l'exploitation de certains ouvrages (piscines par exemple), mais dans tous les cas, la régie est la marque d'un contrôle fort de la collectivité publique. Dans ses rapports aux sociétés privées, celle-ci aura éventuellement recours à deux types de contrats. D'une part, elle peut s'adresser à des entreprises privées pour assurer l'entretien ou la surveillance de l'ouvrage, dans le cadre classique des marchés de prestations de service. D'autre part, elle doit contractualiser ses relations avec le ou les clubs occupant l'équipement sportif à travers une ou plusieurs conventions d'occupation du domaine public (appelée également concession domaniale)[10], selon que la structure est le siège d'un club résident qui dispose d'une exclusivité d'usage ou qu'elle accueille plusieurs activités. En pratique, l'équipement sportif peut ne pas être mis directement à disposition des clubs : une personne privée intermédiaire (société ou association) peut passer convention avec la collecti-

---

[8] À l'exemple de la société Vinci qui assure la conception/réalisation du stade du Havre.
[9] Ici s'appliquera le régime défini par la loi n°85-704 du 12 juillet 1985 modifiée relative à la maîtrise d'ouvrage publique et à ses rapports avec la maîtrise d'œuvre privée. Pour plus d'éléments sur les différents montages et possibilités de financements publics : F. Lagarde, Financement et réalisation d'un équipement sportif : quels montages juridiques ? : *Rev. jur. eco. du sport* juillet/août 2010, p. 20. V. aussi H. Lannoy, P. Novat, L'élargissement du champ d'application de la conception-réalisation : *ACCP* n°100, juin 2010, p. 127.
[10] V. Cochi, L'évolution des concessions domaniales : *ACCP* n°100, juin 2010, p. 115.

vité publique pour ensuite louer les installations au(x) club(s). Toutefois, une concession domaniale ayant un caractère personnel, cela suppose la signature d'autres conventions d'occupation, condition qui n'est en pratique pas toujours remplie et qui amène à des situations d'occupation sans titre[11]. La concession domaniale est le mode le plus souvent observé (à l'image de 90% des clubs de Ligue 1 de football). Non pas qu'il soit le plus avantageux pour le club, ni en terme d'adéquation de l'équipement puisque le club n'a aucun contrôle sur sa conception et son évolution, ni en terme de stabilité puisque ce type de concession est précaire et révocable, ni en terme d'exploitation compte tenu du régime de domanialité publique et de l'absence de droits réels immobiliers[12], mais il correspond à une situation de préexistence d'ouvrages publics qui permet de ne pas supporter les coûts d'investissement et il évite toute procédure de publicité et de mise en concurrence.

La collectivité propriétaire d'un équipement sportif peut également faire le choix d'une gestion déléguée. Dans ce domaine comme ailleurs, il est possible de déléguer à un établissement public, administratif ou industriel et commercial, mais il est plus usuel de confier la gestion de telles structures à une personne privée, par le biais d'une convention de délégation de service public (DSP). Lorsque l'ouvrage public existe déjà, il existe trois formes principales de délégation, que ce soit au club directement ou à un intermédiaire : l'affermage, la gérance et la régie intéressée. L'affermage est le mode le plus fréquent : la société privée exploite l'équipement en se rémunérant sur l'usager et verse en contrepartie une redevance à la collectivité propriétaire (c'est ainsi par exemple qu'est géré le Parc des princes, qui accueille le Paris-Saint-Germain). La régie intéressée et la gérance limitent les risques pour l'exploitant en terme de rémunération, mais restent des formules résiduelles. La DSP, quelle que soit sa forme, présente pour l'exploitant certains inconvénients, comme le nécessaire respect des procédures de publicité et de mise en concurrence, comme le risque financier, accentué dans ce domaine par l'évident aléa sportif, comme les obligations de services et d'entretien imposées par la collectivité, ou encore comme l'absence de propriété des équipements et de droits réels immobiliers. Toutefois, ce type de contrat évite à l'exploitant

---

[11] Cour des comptes, *op. cit.*, p. 36.
[12] La notion de droits réels renvoie aux prérogatives du propriétaire, lesquelles permettent donc la valorisation par sous-location, hypothèque, crédit-bail…

d'avoir à financer les lourds investissements de départ tout en accordant une plus grande liberté dans l'administration de l'équipement, avec la possibilité offerte au gestionnaire de tirer de plus grands bénéfices en cas de bonne gestion, et une plus grande stabilité qui lui permettra de développer plus facilement des activités commerciales annexes.

Les modes de gestion qui viennent d'être brièvement rappelés sont communs à l'ensemble des services publics et il n'y a ici aucun particularisme propre à la gestion des équipements sportifs. Toutefois, la forte dimension sociale et politique d'un club sportif peut amener la collectivité à prendre dans ce domaine quelques libertés avec la règle.

B. Un choix qui ne peut s'affranchir de certaines contraintes juridiques

Bénéficiant d'une totale liberté contractuelle, les parties ont donc le choix entre convention de DSP et convention d'occupation du domaine public. Les deux modes sont opérants et les deux modes sont d'ailleurs fréquemment utilisés pour la gestion des équipements sportifs. Toutefois, si leur usage est courant, il ne va pas sans poser quelques difficultés d'application, de respect des procédures préalables d'abord, de valorisation du domaine public ensuite. Il s'agit ici tout autant de sauvegarder l'intérêt des administrés, lesquels ont droit au meilleur service possible, que des collectivités, lesquelles doivent suivre une logique patrimoniale.

Le non-respect des procédures de passation par les collectivités et leurs partenaires est non seulement préjudiciable en terme de contenu contractuel, mais il est aussi une source d'insécurité pour les différents acteurs, puisque le contrat peut dès lors être remis en cause. Or, la jurisprudence témoigne que cette situation n'est pas rare, que les parties aient volontairement mis de côté quelques contraintes de procédure ou que la confusion soit de bonne foi, la frontière étant parfois ténue entre une convention de DSP et une concession domaniale. Il s'agit en effet de deux contrats pouvant porter occupation du domaine public. Seul leur objet diffère.

Une DSP a pour vocation principale de confier la gestion d'un service public à un tiers et, si elle emporte une occupation du domaine public, c'est que cette occupation est nécessaire pour mener à bien la mission confiée par la collectivité ; l'occupation n'est donc qu'un élément secondaire de ce contrat[13]. À l'inverse, la concession domaniale a pour but unique de permettre une occupation privative dudit domaine. Il s'agit généralement pour la personne publique de valoriser financièrement ses biens en les mettant à disposition d'un tiers contre le paiement d'une redevance, même si la gratuité n'est pas totalement écartée[14]. Malgré ces différences, la qualification du contrat n'est pas toujours aisée, puisque de la même façon que la convention de DSP peut inclure une occupation du domaine, la concession domaniale peut en réalité comprendre une délégation de service. C'est ainsi lorsque les biens concédés sont le siège d'activités qui présentent un lien direct avec l'intérêt général : pratiques ou spectacles artistiques, sportifs, de loisirs... S'appuyant sur un faisceau d'indices (nature de l'activité, contrôle de la part de la collectivité, clauses exorbitantes du droit commun[15]), le juge peut alors requalifier le contrat en contrat de DSP[16], ce qui peut en entraîner l'annulation pour irrespect des procédures de passation : en effet, si la personne publique peut conclure librement une concession domaniale, une convention de DSP est soumise à une procédure de publicité et de mise en concurrence exigée depuis la loi n°93-122 du 29 janvier 1993 relative à la prévention de la corruption et à la transparence de la vie économique et des procédures publiques[17]. L'enjeu s'est montré par le passé particulièrement vif en matière de mobilier urbain[18] et est apparu récemment en matière d'équipements sportifs à propos de l'occupation du stade Jean Bouin à Paris. Cette espèce a donné lieu à un enchaînement de jugements relatifs à la légalité de la décision du maire de signer un contrat autorisant l'occupation privative sans publicité ni mise en concurrence d'un complexe sportif[19] relevant du domaine public de la ville par l'association Paris Jean Bouin pour une durée de 20 ans. Les divergences de la Cour adminis-

---

[13] C. Lavialle, Délégation de service public et domanialité publique : *Dr. adm.* fév. 1998, chron. n°3, p. 4.
[14] *CG3P*, art. L. 2125-3.
[15] Les références jurisprudentielles sont classiques : CE, 28 juin 1963, *Narcy* : *Rec.* p. 401 ; CE, 20 juillet 1990, *Ville de Meulin* : *Rec.* p. 220 ; CE, 22 février 2007, *APREI* : *Rec.* p. 92.
[16] A l'image des concessions de plage : CE, 21 juin 2000, *SARL plage « Chez Joseph » et Fédération nationale des plages restaurants* : *RFDA* 2000, p. 797, concl. C. Bergeal.
[17] *CGCT*, art. L.1411-1 et s. Sachant que la collectivité doit informer les candidats des critères de sélection : CE, 23 décembre 2009, *Établissement public du musée et du domaine de Versailles* : *Contrats-Marchés publ.* 2010, comm. 83, note Ph. Rees.
[18] P. Godfrin, M. Degoffe, *Droit administratif des biens* : Sirey, 9e éd., 2009, p. 148.
[19] L'enceinte comprend notamment le stade Jean Bouin qui accueille Le Stade français, l'un des deux clubs professionnels de rugby de la capitale.

trative d'appel de Paris[20], saisie au fond, et du Conseil d'État[21], qui s'est, avant la Cour administrative d'appel, prononcé à l'occasion de l'appel du sursis à exécution et qui a, cette fois-ci après la Cour administrative d'appel en tant que juge de cassation, confirmé sa première interprétation[22], témoignent des incertitudes entourant la contractualisation des rapports entre les collectivités et les gestionnaires des équipements sportifs, qu'ils soient clubs, associations ou sociétés commerciales. La jurisprudence est en effet ambiguë, reconnaissant traditionnellement le caractère de service public de la gestion d'un équipement sportif par une personne publique[23] et le refusant lorsque cette gestion est le fait d'une personne privée[24]. Dans l'affaire Jean Bouin, le juge administratif se montre à nouveau assez réticent à cette idée. Si le Conseil d'État s'est dans un premier temps heurté à l'obstination de la Cour administrative d'appel de Paris, laquelle s'est prononcée sur le fond après la première décision du juge suprême[25], la haute juridiction a finalement pris en cassation le soin de démonter un à un les arguments du juge d'appel pour conserver en l'état la jurisprudence. Là où les indices sont suffisants pour la Cour administrative d'appel (intérêt général de l'activité, intention des parties de poursuivre une collaboration précédemment fondée sur une DSP, rémunération substantiellement liée aux résultats de l'exploitation, subventionnement par la ville, pouvoir de contrôle sur la gestion, les investissements, les activités…), ils ne caractérisent pas une DSP pour le Conseil d'État (pas d'intention des parties, des contrôles qui relèvent classiquement du respect de l'affectation du domaine public, donc caractéristiques d'une concession domaniale, absence de clause imposant la mise à disposition aux établissements d'enseignement, absence d'éléments constitutifs prévus au CG3P tels qu'une rémunération substantiellement tirée de l'activité ou la fixation de tarifs…). Qu'il y ait des désaccords entre une Cour administrative d'appel et le Conseil d'État ne doit pas surprendre, c'est même

---

[20] CAA Paris, 25 mars 2010, *Association Paris Jean Bouin* et *Ville de Paris*: *Contrats Concurrence Consommation* 2010, n° 6, comm. 16, note C. Prebissy-Schnall ; TA Paris, 31 mars 2009, *Société Paris Tennis*: *AJDA* 2009, p. 1149, note J.-D. Dreyfus.
[21] CE, 13 janv. 2010, *Ass. Paris Jean Bouin* et *Ville de paris*: *JCPA*, 15 février 2010, n°7, com. 2069, concl. L. Olléon, note C. Devès ; *AJDA* 2010, p. 731, note G. Mollion.
[22] CE, 3 décembre 2010, *Ville de paris, Ass. Jean Bouin*, req. n°s 338272, 338527.
[23] CE, 13 juillet 1961, *Ville de Toulouse*: *Rec.* p. 513 ; CE, 4 avr. 1990, *Ass. Pétanque Hermitage et Pétanques Sud c/ Cne Saint-Martin d'Hères*, req. n°100833.
[24] CAA Marseille, 5 février 2001, *Préfet des Alpes-Maritimes*: *Rec. tab.*, p. 952 ; TA Paris, 7 juillet 2006, *Racing club de France*: *AJDA* 2007, p. 954.
[25] Pour une présentation de la succession des décisions juridictionnelles : P. Pintat, L'affaire du stade Jean Bouin : *ACCP*, n°98, avr. 2010, p. 51.

tout l'intérêt de la structure juridictionnelle, mais il est peu satisfaisant que ces différences d'interprétation soient aussi nombreuses et portent sur les mêmes indices (rémunération et contrôle notamment, qui sont des indices essentiels). Ce flou juridique peut avoir pour conséquence l'application de régimes très différents selon les collectivités et les équipements, et peut aboutir à confier la gestion d'ouvrages importants sans procédure préalable puisque le Conseil d'État, dans ces mêmes décisions des 13 janvier et 3 décembre 2010, maintient le principe de l'absence d'obligation de publicité ou de mise en concurrence en matière de concession domaniale. Si la distinction entre les conventions de DSP et d'occupation du domaine public est complexe et prête à débat en tant qu'elle dépend d'un faisceau d'indices, la position tendant à exclure toute procédure préalable est surprenante. Il n'était en effet pas saugrenu de penser que le Conseil d'État profiterait de l'occasion pour imposer au moins une « publicité adéquate », comme le réclame le Conseil de la concurrence[26] et comme le laisse entendre la jurisprudence communautaire et française[27], voire une procédure garantissant un accès transparent, équitable et non discriminatoire comme l'induit la directive n° 2006/123/CE, relative aux services dans le marché intérieur, pour les occupations domaniales indispensables à une exploitation commerciale[28]. Au contraire, pour le Conseil d'État, ces procédures ne sont imposées par aucun texte pour les conventions ayant « pour seul objet l'occupation d'une telle dépendance » et « il en va ainsi même lorsque l'occupant de la dépendance domaniale est un opérateur sur un marché concurrentiel »[29]. La différence en terme de procédure entre les DSP et les concessions domaniales est donc toujours aussi marquée. Voilà qui renforce l'importance d'établir une distinction plus claire entre les deux types de contrats, sauf à ce que le juge accepte finalement de faire évoluer sa jurisprudence dans un futur proche, de façon spontanée ou contrainte. Dans l'intervalle, et dans le doute, les parties pourraient utilement prendre soin

---

[26] Avis n° 04-A-19, 21 oct. 2004 relatif à l'occupation du domaine public pour la distribution de journaux gratuits où le Conseil estime que : « En l'absence de texte, la collectivité doit organiser sa propre procédure pour la délivrance d'autorisations domaniales à des opérateurs économiques. À ce titre, une publicité préalable est recommandée afin d'informer les opérateurs susceptibles d'être intéressés.
[27] CJCE, 7 décembre 2000, *Telaustria Verlags GmbH* : *Rec. CJCE* 1998, I, p. 10745 ; TA Nîmes, 24 janvier 2008, *Sté des trains touristiques G. Eisenreich* : *RLC* 2008/17, n°1145, note G. Clamour.
[28] M. Karpenschif, Les collectivités locales et la directive « services » : entre contraintes nouvelles et espoirs déçus : *JCP A 2010*, n° 36, étude 2256.
[29] CE, 3 décembre 2010, *Ville de paris, Ass. Jean Bouin*, req. nos 338272, 338527.

de suivre une procédure de publicité et de mise en concurrence, même pour les seules conventions d'occupation, ce qui permettrait d'éviter des annulations en cas de requalification. C'est d'ailleurs ce que le Conseil d'État lui-même semble inviter les acteurs à réaliser, puisqu'il rappelle de manière très explicite, dans cette même décision du 3 décembre 2010, que la collectivité publique peut décider de mettre une telle procédure en place dans le silence des textes.

Outre la question du respect des procédures préalables, se pose également celle de la valorisation du domaine, c'est-à-dire de la rémunération dont peut, nous devrions dire doit, bénéficier la collectivité pour cette mise à disposition de biens publics. L'autorisation d'occupation du domaine public, quelle que soit sa forme, est subordonnée au versement d'une redevance[30]. Ce caractère onéreux se justifie d'abord par le souci d'une bonne gestion du patrimoine collectif, ensuite par l'atteinte induite aux droits d'accès des usagers évincés, enfin par la légitime contrepartie des avantages procurés au bénéficiaire de l'occupation. Les exceptions au principe de non gratuité sont définies de manière restrictive[31], d'autant plus depuis la loi n° 2009-526 du 12 mai 2009 de simplification et de clarification du droit et d'allègement des procédures qui supprime la possibilité de gratuité pour le bénéficiaire de l'autorisation qui n'occupait pas le domaine public à des fins commerciales. Le CG3P ne reconnaît aujourd'hui cette exception que pour les associations à but non lucratif qui concourent à la satisfaction d'un intérêt général, ce qui correspond à une pratique traditionnellement fondée sur l'article L.2144-3 du code général des collectivités territoriales. Néanmoins, la Cour des comptes relève encore de nombreuses irrégularités concernant des sociétés commerciales, qui vont de l'occupation sans titre du domaine public à l'absence ou symbolisme de la redevance[32].

---

[30] CG3P, art. L.2125-3 ; CE, 10 juin 2010, *Soc. des autoroutes ESCOTA*, req. n°305136 : JCP A, n°25, 21 juin 2010, act. 492 ; CE, 11 février 1998, *Ville de Paris c/ Association pour la défense des droits des artistes peintres sur la place du Tertre* : Rec., p. 46.

[31] CG3P, art. L.2125-1 : soit lorsque l'occupation ou l'utilisation est la condition naturelle et forcée de l'exécution de travaux ou de la présence d'un ouvrage, intéressant un service public qui bénéficie gratuitement à tous ; soit lorsque l'occupation ou l'utilisation contribue directement à assurer la conservation du domaine public lui-même.

[32] Des situations sont mêmes parfois cocasses comme celle de la SASP Football Club de Sochaux-Montbéliard qui bénéficie d'une mise à disposition gratuite mais qui n'hésite pas à réclamer à l'association éponyme le paiement d'un loyer, en qualité de sous-locataire : Cour des comptes, *op. cit.*, pp. 35 et s.

En matière d'équipements sportifs, le juge a pourtant eu l'occasion de rappeler clairement les collectivités à leurs obligations à propos du stade de Gerland, qui héberge l'Olympique Lyonnais : « *les redevances [...] doivent être calculées en tenant compte des avantages de toute nature qu'elle procure à son bénéficiaire et, le cas échéant, à titre indicatif, de sa valeur locative* », et « *les avantages tirés de l'occupation d'un complexe sportif s'apprécient notamment au regard des recettes tirées de son utilisation comme la vente des places et des produits dérivés aux spectateurs, la location des emplacements publicitaires et des charges que la collectivité publique supporte, telles que les amortissements, l'entretien et la maintenance, calculés au prorata de l'utilisation d'un tel équipement* ». La redevance est au final calculée à partir de la valeur locative de l'ouvrage, des frais restant à la charge de la collectivité et du chiffre d'affaires réalisé grâce à l'équipement[33]. De fait, la nouvelle convention d'occupation conclue à Lyon le 16 novembre 2007 prend en compte un ensemble d'éléments permettant d'atteindre un meilleur équilibre économique : un loyer minimum garanti, mais tenant compte des contraintes pour le club (précarité, absence d'exclusivité), un loyer additionnel conditionné à la fréquentation, remboursement des coûts variables d'exploitation et des interventions de la commune, participation aux charges d'amortissement des travaux réalisés depuis 10 ans.

À défaut d'une appréciation exhaustive des bénéfices, coûts et sujétions des uns et des autres, la politique des collectivités s'apparente plus à un soutien inconditionnel des clubs sportifs phares de l'agglomération qu'à une volonté de valorisation domaniale. Certes, ces dernières années, un effort de réévaluation des redevances a été constaté, mais le mode de calcul reste encore souvent imparfait et certaines collectivités font le choix de compenser cette hausse des redevances par une augmentation de leurs subventions pour missions d'intérêt général ou de leurs achats de prestations[34]. Les contraintes psychologiques (importance politique et sociale du sport) ou techniques (mise aux normes fédérales des ouvrages) pèsent donc encore fortement sur les collectivités territoriales et seul un strict contrôle du juge peut mettre un frein véritable à ces pratiques[35].

---

[33] CAA Lyon, 12 juillet 2007, *Ville de Lyon* : *AJDA* 2007, p. 2312, concl. D. Besle. Pour plus de détails sur l'évaluation de la redevance, *cf.* P. Bayeux, B. Clavagnier, Clubs sportifs professionnels, un financement à réinventer : *JurisAssociation* n°377, 15 avril 2008, p. 13.
[34] Cour des comptes, *op. cit.*, pp. 46-49.
[35] Toutes les collectivités publiques ne cèdent cependant pas à ces tentations comme l'illustre la ville de Nantes qui a choisi de ne pas accueillir de match de l'Euro 2016, le cahier des charges de l'UEFA supposant des travaux de rénovation extrêmement coûteux du stade de la Beaujoire.

Si le soutien apporté par les collectivités aux clubs grâce aux équipements sportifs existants est bien réel, il s'agit donc de plus en plus d'un soutien sous surveillance. Le droit, de manière incitative, semble aujourd'hui offrir davantage d'opportunités, pour les clubs et les collectivités, dans des montages juridiques intégrant des financements privés.

II. Un développement des rapports entre collectivités et clubs concernant les équipements sportifs réalisé en maîtrise d'ouvrage privé

Compte tenu des difficultés financières des collectivités et de l'impossibilité du paiement différé dans le cadre du marché public, il est aujourd'hui plus séduisant de réaliser de nouveaux équipements sportifs en maîtrise d'œuvre privée, notamment pour les ouvrages, plus onéreux, destinés à accueillir le haut niveau. Par exemple, compte tenu des coûts, le mode de réalisation du nouveau stade du Mans est passé de la MOP à la concession de service public par délibération de la commune du 31 mai 2007. Les formules aujourd'hui les plus courantes sont celles qui associent les acteurs publics et les acteurs privés. Elles assurent aux collectivités de conserver un certain contrôle sur le devenir de l'équipement sportif et même d'en récupérer l'usage, immédiatement ou en fin de contrat. Elles leur permettent surtout de pouvoir soutenir de manière régulière l'activité sportive en choisissant parmi toute une gamme de montages juridiques (A). Toutefois, on observe également des projets entièrement privés, notamment en matière de football, sport générant le plus de ressources financières. Mais ici encore, étonnamment, la contribution des collectivités à la réalisation d'un ouvrage qui n'appartiendra qu'à une société privée n'est pas qu'anecdotique (B).

A. La variété des outils juridiques visant à associer personnes publiques et privées dans la construction et la gestion d'un équipement sportif

Trois procédures sont aujourd'hui privilégiées pour permettre la réalisation d'équipements sportifs en associant des investisseurs privés : un outil classique, à savoir la concession de service public, et deux outils plus novateurs, le bail emphytéotique administratif (BEA) et le contrat de partenariat (CP)[36]. Ces montages juridiques présentent tous, par rapport à la MOP, l'avantage de la globalité (conception, financement, réalisation, exploitation, entretien) et donc le fait d'éviter la dissociation du projet en différentes phases. Comme en matière de simple gestion, le partenaire privé de la collectivité n'est pas toujours le club directement. Au contraire même, le plus souvent, le contrat lie la collectivité à un financeur/constructeur qui est lui-même en rapport contractuel avec le club résident. D'ailleurs, même s'il importe que le club résident soit associé à la procédure par la collectivité, il est délicat que celui-ci puisse candidater directement compte tenu de l'obligation, dans la plupart des cas, du respect des règles de juste concurrence. Pour que le club ait une plus grande part dans la prise de décision et la gestion de l'équipement, il peut être créée une société spécifique, souvent appelée société de projet, avec comme actionnaires des investisseurs financiers, des sociétés de bâtiments et travaux publics, et des clubs. C'est le cas du futur stade du Man qui fait l'objet d'une concession entre la commune et la société Le Mans Stadium, laquelle réunit le club de football de la ville et la société de construction Vinci ; et c'est cette société Le Mans Stadium qui assure la construction et l'exploitation de l'ensemble des équipements, dont les équipements annexes (hôtels, restaurants… que ce soit directement ou par des sous-concessions) et qui est liée au Football Club Le Mans par une convention d'utilisation et de prestation. Cette solution offre de nombreux avantages : le club est le premier utilisateur des installations et la maîtrise de la conception, de la réalisation et de la gestion lui permet donc d'exprimer ses exigences ; si le club supporte en partie les risques d'exploitation, il en tire également les bénéfices ; cela crée une communauté d'intérêts qui est évidemment bénéfique pour la maximisation des recettes d'exploitation (politique commerciale, naming…).

La concession de service public est l'une des formes classiques de DSP mais elle se distingue par son utilité en terme de création d'un ouvrage : ce qui est ici confié au délégataire, c'est non seulement la gestion d'un service public et de la structure dédiée, mais la réalisation de ladite struc-

---

[36] Pour plus de détails sur les procédures, *cf.* L. Givord, N. Nahmias, E. Sacksick, A. Le Goff, Fiches pratiques pour la construction et/ou la gestion d'équipements sportifs : *ACCP* n°38, avril 2010, p. 77 ; O. Monna, Les différentes sources de financement des équipements sportifs - Panorama : *Rev. jur. éco. du sport*, juillet-août 2010, p. 18.

ture[37]. Le concessionnaire pourra ensuite amortir son investissement en se rémunérant substantiellement sur les résultats d'exploitation de l'équipement durant une durée adéquate déterminée dans le contrat (30 ans pour le Stade de France par exemple). Il s'agit donc d'un montage juridique orienté vers la recherche de la performance et ce mode de rémunération distingue la concession des autres formules (BEA et CP), qui permettent plus largement le paiement d'un prix par la collectivité à travers une rémunération mixte. Cela induit donc un transfert du risque vers l'opérateur privé. Les ouvrages principaux, qualifiés de biens de retour, entrent dès l'origine dans le patrimoine du concédant, mais le concessionnaire dispose sur ces biens d'un droit exclusif de jouissance pour la durée de la concession. Ce procédé suit les procédures de passation des DSP et permet à la collectivité d'éviter de financer l'investissement, même si des subventions[38], voire des garanties d'emprunts, accompagnent généralement le dispositif, ces dernières n'étant pas soumises aux limitations prévues à l'article L.113-1 du code du sport lorsqu'elles sont accordées pour une opération d'intérêt général réalisée dans le cadre d'une DSP[39].

L'exploitant finance l'investissement et paie une redevance à la collectivité, mais il peut ainsi mieux maîtriser la conception et maximiser ses profits au regard de son exploitation. À ce titre, pour limiter l'impact de l'aléa sportif, il semble préférable de réaliser des enceintes multifonctionnelles afin de ne pas être trop dépendant des résultats d'un club résident. En effet, la concession est moins bien adaptée à la réalisation de recettes annexes que d'autres types de contrats, même si elle permet désormais aux partenaires privés de donner à bail des parcelles du domaine privé de la collectivité pour une durée supérieure au contrat de concession[40]. Cela ne peut se faire qu'avec l'accord expressément formulé de la personne publique et ces autorisations, ainsi que les baux et droits réels qui en résultent, constituent des accessoires à la convention de DSP qui

---

[37] Il importe de bien distinguer ce type de concession de la concession de travaux, voisine, mais qui a pour objet principal la construction de l'ouvrage et qui, dorénavant, sous l'impulsion du droit communautaire, relève d'un régime plus strict depuis l'ordonnance n°2009-864 du 15 juillet 2009 (*CGCT*, art. L.1415-1 à L.1415-9).
[38] Le futur stade du Mans est ainsi financé à hauteur de 49 millions d'euros (sur un total de 102) par des subventions publiques.
[39] CAA Nantes, 11 avril 2008, *Sté Auxifip*, req. n°07NT00284 : *Dr. adm.*, n° 12, déc. 2008, comm. 162.
[40] Loi n°2009-179 du 17 février 2009 pour l'accélération des programmes de construction et d'investissements publics et privés ; *CGCT*, art. L.1411-2.

seront, à l'issue de la durée de la convention principale, transférés à la collectivité.

Ces dernières évolutions renforcent l'intérêt du contrat de concession, mais celui-ci souffre toujours des aléas juridiques et économiques entourant la notion de rémunération substantielle, avec le risque de requalification en marché public, et sont marqués par une forte dimension de service public, pas toujours appréciée des investisseurs privés[41]. C'est pourquoi les formules du BEA et du CP sont attrayantes, notamment en ce qu'elles permettent de réduire les incertitudes et de mieux partager les risques.

Le BEA est le contrat par lequel une collectivité, propriétaire d'un bien immobilier, confère à un tiers le droit d'occuper ce bien pour une longue durée en vue de l'accomplissement, pour le compte de la collectivité, d'une mission de service public ou en vue de la réalisation d'une opération d'intérêt général. Une commune détenant une propriété peut ainsi confier à une société privée la réalisation ou la réhabilitation d'un équipement sportif. Ce montage est celui choisi, par exemple, pour la rénovation du Stade Bollaert de Lens et du Parc des princes à Paris. Comme pour la concession, il s'agit donc de faire réaliser un bien public par un opérateur privé, soit que celui-ci exploite l'équipement contre redevance, soit que l'équipement est remis à la collectivité contre loyer (celle-ci exploitant ensuite l'ouvrage en régie ou par une délégation). Les avantages pour le partenaire privé sont assez nombreux. Cette modalité permet déjà une réalisation plus rapide qu'en MOP, l'éventuelle redevance est généralement assez faible, et la garantie d'emprunt par la collectivité semble être possible sur les mêmes bases que pour les DSP. Surtout, le BEA confère au tiers, appelé emphytéote ou preneur, des droits réels immobiliers analogues à ceux d'un propriétaire, y compris sur le domaine public, et ce, pour une longue durée, comprise entre 18 et 99 ans.

L'avantage pour la collectivité est que le BEA permet un préfinancement privé du stade avec un paiement public étalé dans le temps, et il permet de dissocier l'aspect construction de l'aspect gestion du service public,

---

[41] Les principes généraux doivent être respectés et les contraintes sont au final plus importantes. Par exemple, le contrat doit prévoir la politique tarifaire vis-à-vis des usagers sous peine d'annulation (TA Nice, 22 déc. 2006, *Préfet des Alpes-Maritimes et a. c/ Cne de Nice*, req. n°0603528).

qui peut se faire par exemple en régie directe. Ce type de contrat accorde également une latitude plus importante en terme de partage des risques financiers entre la société privée et la collectivité publique, laquelle peut par exemple assurer une rémunération mixte avec un loyer correspondant à un minimum de fréquentation. En outre, le BEA n'est en principe soumis à aucune obligation de publicité et de mise en concurrence. Toutefois, des risques de requalification en concession ou marché existent en cas de travaux importants[42] et le régime des DSP sera en réalité applicable si le BEA s'accompagne d'une convention d'exploitation de l'équipement par laquelle la collectivité impose des obligations de service public[43]. Mais cette formule laisse quoi qu'il en soit une marge de manœuvre assez importante aux partenaires. Ce type de contrat est d'ailleurs caractérisé par le faible encadrement juridique de son contenu. Les quelques doutes émis par le rapport de la commission Grands stades à propos de l'adéquation entre le BEA et l'investissement sportif ont été récemment levés grâce à la loi du 17 février 2009, précitée, qui institue un BEA spécifique aux équipements sportifs. Il est désormais reconnu la faculté pour les collectivités territoriales de conclure ce type de baux « en vue de la réalisation d'enceintes sportives et des équipements connexes nécessaires à leur implantation »[44]. La création d'un BEA « équipement sportif » améliore donc la sécurité juridique des acteurs souhaitant avoir recours à ce type de montage même si, on l'a vu, le statut actuel laisse tout de même quelques incertitudes sur les conditions de passation du contrat.

Le contrat de partenariat (CP) est un contrat administratif par lequel une personne publique confie à un tiers, pour une période déterminée en fonction de la durée d'amortissement des investissements ou des modalités de financement retenues, une mission globale ayant pour objet la construction ou la transformation, l'entretien, la maintenance, l'exploitation ou la gestion d'ouvrages, d'équipements ou de biens immatériels nécessaires au service public, ainsi que tout ou partie de leur financement

---

[42] La requalification en concession ou marché de travaux est en effet envisageable, avec les obligations procédurales s'y rapportant, en cas d'opération emportant des travaux réalisés pour le compte de la collectivité ou visant exclusivement à réaliser un équipement pour le compte de celle-ci : T. Rouveyrant, Enceintes sportives : pourquoi choisir le bail emphytéotique administratif ? : *ACCP* n°98, avril 2010, p. 42.
[43] TA Paris, 3 février 2009, *Sté Ken Club* : *Mon. TP*, 13 février 2009, p. 27.
[44] *CGCT*, art. L1311-2.

à l'exception de toute participation au capital ; il peut également avoir pour objet tout ou partie de la conception de ces ouvrages, équipements ou biens immatériels ainsi que des prestations de services concourant à l'exercice, par la personne publique, de la mission de service public dont elle est chargée[45]. Concrètement, à la différence de la concession, l'équipement est remis à la collectivité, qui s'en sert pour ses missions de service public et qui le met à disposition du club professionnel contre redevance, pendant que le partenaire touche des loyers de la part de la collectivité et exploite les activités annexes[46]. La recherche de la performance n'est pas oubliée puisque cette rémunération peut être liée à des objectifs à atteindre, mais cela permet surtout à la collectivité, comme en BEA, d'obtenir un équipement en étalant le financement dans le temps, contournant ainsi l'interdiction du paiement différé propre aux marchés publics. C'est par exemple la voie retenue pour la réalisation du grand stade de Lille, du futur stade de Bordeaux ou encore de la rénovation du stade Vélodrome de Marseille. Avec le CP, il ne s'agit pas, comme dans les modèles précédents de confier des missions de service public, lesquels restent de la responsabilité de la personne publique : en la matière, le partenaire ne peut effectuer que des prestations pour le compte de la collectivité. Il existe en outre des conditions restrictives à l'usage de ce type de contrat : complexité, urgence ou lorsque le bilan entre les avantages et les inconvénients est plus favorable que ceux d'autres contrats de la commande publique. Toutefois, en la matière, l'urgence peut être reconnue, résultant par exemple de l'accession d'un club dans la division supérieure avec la nécessité de disposer d'un stade aux normes. De même, la complexité d'un équipement de grande capacité et qui se voudrait multifonctionnel est évidente.

Le CP offre les mêmes privilèges que le BEA en terme de partage des risques ou de garantie d'emprunt, mais son avantage concurrentiel se situe surtout au niveau de la perception de recettes annexes (multifonctionnalité de l'équipement et programmes immobiliers complémentaires comme des hôtels, restaurants, bowlings, cinémas, agences de voyages, salles de

---

[45] *CGCT*, art. L.1414-1. Pour plus de précisions, *cf.* M. Noël, Le contrat de partenariat est-il adapté aux équipements sportifs : *ACCP* n°98, avril 2010, p. 45 ; D.-A. Camous, Ingénierie des partenariats public-privé : *Ann. voirie* 2009, n°135, p. 17 ; R. Jaidane, Partenariat public-privé et infrastructures sportives : *Rev. jur. éco. sport*, n°89, déc. 2008, p.7.
[46] M. Rochereau, G. Basle, P. Bayeux, Programmation et gestion d'équipements sportifs : quel renouveau ? : *ACCP* n°98, avril 2010, p. 30.

fitness…). Ainsi, les activités annexes peuvent recouvrir l'exploitation des ouvrages mais aussi du domaine privé et des biens immatériels, et la société privée peut y constituer des droits réels et consentir des baux pour une durée supérieure au contrat principal[47]. Au final, les possibilités d'activités annexes sont presque sans limites, que ce soit en terme de nature (sauf activité de service public) ou de montant, et elles peuvent profiter tout autant à l'exploitant privé qu'à la personne publique, qui pourra voir sa contribution réduite. Surtout, elles permettent de limiter l'impact de l'aléa sportif qui peut être très dommageable dans d'autres types de contrats. Toutefois, les conditions d'accès à ce montage sont, on l'a vu, restrictives, et les obligations de contenu et de procédure sont plus fortes que pour les contrats précédents (appel d'offre, marché négocié ou dialogue compétitif)[48].

B. LA PERSISTANCE DE LA PARTICIPATION DES COLLECTIVITÉS PUBLIQUES DANS LES PROJETS D'ÉQUIPEMENTS SPORTIFS ENTIÈREMENT PRIVÉS

La participation de la personne publique à la conception, réalisation et gestion d'un ouvrage sportif n'est pas une obligation. Les collectivités territoriales ont des impératifs de service public mais, au-delà, lorsqu'il s'agit d'enceintes sportives destinées à accueillir le sport de haut niveau, voire le sport professionnel, elles peuvent tout à fait se retirer du jeu et laisser le secteur privé prendre le relai pour réaliser des équipements entièrement privés, c'est-à-dire conçus, réalisés et gérés par et pour le compte d'une société privée. Compte tenu du montant des investissements, ces ouvrages sont encore rares[49] et ne peuvent concerner en tout état de cause que des structures de grandes capacités et de destination multifonctionnelle : il s'agit donc de projets qui doivent réunir des financements privés très importants et qui peuvent assumer la totalité du risque économique lié à l'aléa sportif, les revenus ne pouvant être les mêmes en cas d'absence de qualification pour les compétitions européennes voire, pire, de rétrogradation à l'échelon national inférieur. Cela réduit donc les possibilités puisqu'il est tout à fait indispensable de s'appuyer sur de puissants investisseurs privés, les autres sources de financement ne pouvant être que complémentaires (emprunt, naming, sponsoring ou

---

[47] Cette dernière possibilité ayant été, on l'a vu, étendue aux DSP.
[48] *CGCT*, art. L.1414-5.
[49] En l'état, l'AJ Auxerre est le seul club de Ligue 1 propriétaire de son stade.

même cotation en bourse pour les plus aventureux). Ces projets sont cependant en voie de développement au fur et à mesure du désengagement contraint des collectivités publiques et de la professionnalisation croissante des clubs français (exemple du projet « OL Land »). Il s'agit en effet du seul procédé permettant à la société sportive d'être propriétaire de son enceinte, du mode de réalisation donnant la plus grande part au club dans la conception des équipements, du mode de gestion le plus souple puisque dégagé des contraintes du droit public, celui qui peut en définitive le mieux permettre à la société sportive de diversifier et maximiser ses ressources. C'est d'ailleurs l'une des explications du retard des clubs français en terme de puissance économique puisque, par exemple, seuls 5% de nos clubs de football sont propriétaires de leurs stades alors que ce taux atteint une moyenne de 22% dans les clubs européens. Certes, la cession d'un équipement sportif par la collectivité à une société sportive est toujours envisageable, mais la personne publique souhaite rarement se séparer d'un outil puissant de politique local et les rares clubs à être tentés sont peu séduits par des installations souvent anciennes et mal adaptées. La réalisation d'un nouvel équipement reste donc la solution idoine.

Traiter des relations entre les collectivités territoriales et les clubs professionnels en matière d'équipements sportifs aurait pu conduire, sans choquer, à laisser de côté ces projets entièrement privés. Toutefois, même en l'espèce, les collectivités territoriales sont parties prenantes et interviennent comme soutien d'un projet qui apparaît pourtant à première vue comme exclusivement commercial. Le concours public est en effet double : en terme urbanistique d'une part, en terme financier d'autre part.

Les rapports Seguin et Besson, qui préconisaient entre autres la qualification d'équipements d'intérêt général concernant les enceintes sportives des clubs professionnels ont été suivis d'effet dans la loi n°2009-888 du 22 juillet 2009 de développement et de modernisation des services touristiques[50]. Cette qualification était en effet particulièrement importante pour surmonter les obstacles liés au droit des sols et pour légitimer l'intervention des collectivités publiques pour le financement et la réalisation des équipements d'infrastructures telles que les dessertes. La commission

---

[50] Sur la procédure *cf.* ministre des Sports, instruction n°09-110 du 1er septembre 2009 : *La lettre de l'UCPF*, n°86, 28 septembre 2009, p. 1.

Grands Stades rappelait que même intégralement financés par des investisseurs privés, « les grands stades à venir ne peuvent s'édifier sans le soutien et la participation de la puissance publique, tant par la mise à disposition des réserves foncières nécessaires que par la prise en charge des infrastructures d'accès, sans parler de l'accompagnement des nombreuses procédures administratives »[51]. L'article 28 de la loi a ainsi permis que soient déclarées d'intérêt général les enceintes sportives, figurant sur une liste fixée par arrêté du ministre chargé des sports, destinées à permettre l'organisation en France d'une compétition sportive internationale ou à recevoir des manifestations sportives organisées par une fédération sportive ou une ligue professionnelle, ainsi que les équipements connexes permettant le fonctionnement de ces enceintes, quelle que soit la propriété privée ou publique de ces installations (voies d'accès, réseaux, etc.).

C'est le ministre en charge des sports qui arrête la liste desdits ouvrages, mais l'instruction des demandes de déclaration d'intérêt général se fait auprès du préfet de département. La seule véritable condition est que le dossier déposé par le porteur de projet mette en avant un projet d'enceinte sportive et d'équipements connexes suffisamment défini : caractéristiques architecturales essentielles, conditions générales de sa réalisation (porteur de projet, financement, échéancier, modalités juridiques), manifestations susceptibles d'être accueillies (justifiées par un document de l'instance en charge de la compétition), accueil éventuellement d'un club résident ou d'une structure fédérale permanente d'entraînement, et plan de situation accompagné de ses points d'accès et permettant d'identifier la commune d'implantation et les communes riveraines directement impactées par le projet. Ces communes ont un pouvoir consultatif simple, c'est-à-dire qui ne lie pas l'autorité ministérielle. Cette déclaration d'intérêt général permettra de bénéficier de réserves foncières établies par les collectivités pour des aménagements d'intérêt public, de profiter des dispositions du code de l'urbanisme relatives à la révision simplifiée des plans locaux d'urbanisme (PLU), de renforcer la mise en œuvre des multiples procédures de déclaration d'utilité publique (DUP) nécessaires à la réalisation des équipements principaux et connexes, voire même de bénéficier de la procédure de projets d'intérêt général (PIG) de l'article R.121-3 du code de l'urbanisme qui permet d'imposer certains aménagements à des communes qui feraient de la résistance. Les déboires connus

---

[51] *Op. cit.* p. 48.

récemment par le projet « OL-Land » témoignent en effet de l'obstacle potentiellement constitué par le droit de l'urbanisme[52].

La facilitation du montage urbanistique se double évidemment d'un appui financier extrêmement lourd dès lors que la collectivité publique prend à sa charge la desserte de l'enceinte sportive[53], ce qui n'est d'ailleurs pas exclusif d'autres procédés de soutien financier permis même en cas de projet entièrement privé. En effet, même si le législateur a encadré ces diverses possibilités afin de protéger contre elles-mêmes les collectivités territoriales, celles-ci exploitent généralement au maximum, voire davantage selon la Cour des comptes[54], certaines modalités d'aides qui sont à leur disposition[55]. Les subventions pour missions d'intérêt général sont permises sur la base de l'article L.113-2 du code du sport. Elles sont limitées en volume (2,3 millions d'euros par saison sportive) et ne peuvent être motivées que pour les actions de formation, de cohésion sociale ou d'amélioration de la sécurité dans les enceintes sportives. Toutefois, le premier (centre de formation) et troisième cas d'éligibilité ouvrent donc la possibilité de définir des subventions qui concerneront les équipements sportifs, d'autant plus qu'aucune différence n'est faite entre les associations et les sociétés sportives, ou selon les niveaux de recettes (comme c'est le cas par exemple pour les garanties d'emprunt, réservées aux associations sportives dont les recettes annuelles n'excèdent pas 75 000 euros)[56]. Comme indiqué à l'article L.113-3 du même code, ces subventions peuvent être complétées par l'achat de prestation de services (places dans les enceintes sportives, espaces publicitaires, apposition du nom ou du logo de la collectivité territoriale sur des supports de communication…)[57]. Ici

---

[52] CAA Lyon, 10 déc. 2009, *D. Paulin et a.*, req. n°08LY02350, où le juge annule la révision du PLU du Grand Lyon datant de 2007 et qui permettait la réalisation du projet : *BJDU* 1/2010, p. 64. Sur la question de l'aménagement d'un équipement sportif, *cf.* P. Billet, Les lieux du stade : l'implantation du stade entre droit de l'urbanisme et droit de l'environnement, in G. Simon (dir.), *Le stade et le droit, op. cit.*, p. 13.
[53] Ce coût assumé par la collectivité s'élève ainsi, selon les chiffres officiels, à 190 millions d'euros sur un total de 450 millions pour le projet « OL-Land ».
[54] Rapport de la Cour des comptes, *op. cit.*, pp. 30-34.
[55] P. Bayeux, B. Clavagnier, *op. cit.*
[56] Cela dit, cette limitation posée à l'article L.113-1 du code du sport pourrait être contournée par les possibilités de garanties ou cautionnement à des fins de développement économiques prévues à l'article L.2251-1 du Code général des collectivités territoriales.
[57] Une liste est définie par la circulaire du 29 janvier 2002 du ministre de l'Intérieur et du ministre de la Jeunesse et des sports, relative aux concours financiers des collectivités territoriales aux clubs sportifs.

également, le montant est limité à 1,6 million d'euros par saison, mais c'est un complément bien commode, d'autant plus que ces conventions peuvent bénéficier de la procédure de marché négocié, sans publicité ni mise en concurrence, en application de l'article 35-II du code des marchés publics.

On le voit, le phantasme du projet sportif totalement privé ne résiste pas à l'analyse. Les clubs, même professionnels et organisés sous la forme de sociétés commerciales, peuvent difficilement conduire leurs activités sans aucun recours à l'appui des collectivités publiques, notamment territoriales. Le soutien est certes variable, mais même les clubs les plus puissants et les mieux structurés n'échappent pas à cette règle. Pourtant, il ne faut pas voir cela comme un inconvénient pour les sociétés sportives, bien au contraire. Certes, il y a dès lors des contreparties plus ou moins lourdes à respecter, mais l'avantage financier qu'elles en retirent est souvent décisif. Mieux, elles sont souvent en position de force face à des collectivités qui ont souvent besoin du vecteur sportif pour définir une identité locale et qui assument au final des charges financières souvent importantes, parfois disproportionnées. C'est pourquoi il est nécessaire, par le droit, de rééquilibrer cette relation entre les collectivités territoriales et les clubs professionnels. Il s'agit d'un côté d'assouplir et de multiplier les procédures afin d'inciter à l'investissement privé, partiel[58] ou total, et de l'autre d'imposer un cadre plus strict lorsque l'équipement a été entièrement financé sur des deniers publics. Tout comme les aides à l'immobilier d'entreprise ont dû se rapprocher des aides économiques en terme d'encadrement juridique, le soutien au club sportif à travers le financement ou la mise à disposition des équipements sportifs doit aujourd'hui obéir à des règles plus protectrices de l'intérêt général et du patrimoine public.

---

[58] Un nouvel outil de gestion mixte est ainsi en train de voir le jour avec le partenariat public-privé institutionnalisé : C. Boiteau, Le PPPI, nouvel instrument de gestion des services publics ? : *ACCP* n°100, juin 2010, p. 130.

Financing of Sport Facilities in Germany

Christoph BREUER, Kirstin HALLMANN,
Pamela WICKER, Svenja FEILER
GERMAN SPORT UNIVERSITY COLOGNE

Introduction

The ongoing professionalization and commercialization of sport leads to a growing economic importance of the sport sector (e.g. Andreff, 2000; Büch, 2002; Houlihan, 2008) and also to an enlargement of the possibilities of financing sport facilities (Breuer & Hovemann, 2006). Due to the increasing importance of sport as an economic factor, the situation concerning the involvement of stakeholders in financing sport facilities is changing. Since there is a lack of public money for funding sport facilities in numerous German municipalities, the need for alternative financial models for financing sport facilities in addition to the classical way with public money has never been more urgent. Although pure private investments face certain risks, more private investors get interested in funding facilities with the prospect of a lucrative return-on-investment. Therefore, the classical way of financing sport facilities through public instances is partly substituted by private funding or hybrid models of funding (Breuer & Hovemann, 2006; Vornholz, 2005). In Germany, the tendency for an increasing provision of private goods for the financing of sport facilities together with public institutions can be observed, as it is already the case in the United States and Great Britain (Breuer & Hovemann, 2006). A popular example are the investments for the (re-) construction of the stadiums for the 2006 FIFA World Cup in Germany which added up to €1.4 billion and were in large parts financed privately (Maennig & Büttner, 2009). In this respect, it seems interesting to have a closer look at the different ways of financing sport facilities, how they changed over time, and which instruments can be used.

Most research on the financing of sport facilities concentrates on stadiums or arenas for professional sports and deals with questions whether public or private funding is appropriate, how public funding can be justified, and how the financing of the facilities impacts on the economic situation of the respective city or area. The latter point is mainly discussed by North American scholars (e.g. Coates & Humphreys, 2004; Crompton, 1995, 2004; Johnson, Groothuis, & Whitehead, 2001; Noll & Zimbalist, 1997). German studies mainly concentrate on the financing of soccer stadiums whereas North American studies concentrate on the four major team sports (American football, baseball, basketball, and ice hockey). As mentioned above, most articles deal with professional sports and their respective facilities. However, it should be noted that also the financing concepts for mass sports facilities are of high importance since sport is seen as a merit good (Breuer & Hovemann, 2006).

This contribution mainly focuses on the financing of facilities in Germany. First, a short literature review on facility financing in Germany is given, followed by some general aspects regarding financing possibilities. Afterwards, several practical examples are presented, including some of the stadium projects from the 2006 FIFA World Cup in Germany as well as the most important sports halls respectively multi-functional arenas in Germany. The contribution closes with potential shortcomings of financing projects and a conclusion.

Financing sport facilities in germany

Financing in general

Generally speaking, the contractual items of financial contracts are the provision and allocation of capital for a certain period under certain circumstances from a financier to a capital acquirer (Breuer & Hovemann, 2006). Concerning the forms of financing, basically a distinction into equity financing, debt capital financing, and financing with mezzanine capital (which is a mixture of the former two mentioned forms) can be made (Breuer & Hovemann, 2006; Vornholz, 2005). Moreover, financing can be public, private, or through public-private-partnerships. The mentioned forms of financing make use of several financial instruments, e.g. credits, bonds, loans, or leasing.

In Germany, research on the financing of sport facilities concentrates mainly on professional soccer stadiums and arenas and the different possibilities to finance these facilities, namely historically publicly or in recent times through private investments (Dietl & Pauli, 1999, 2002; Napp & Vornholz, 2002; Pauli, 2001, 2002). This limited presence of literature with regards to sport facilities is probably due to the fact that soccer is the most popular team and league sport in Germany and professional soccer has the highest market potential of all team sports (Pauli, 2002).

However, Breuer and Hovemann (2006) looked at the financing of sport facilities from the perspective of sport clubs and municipalities in Germany. Their work does not mainly focus on professional sports, but on the general situation of sport facilities in Germany and especially in the federal state of North Rhine-Westphalia. A theoretical background for the analysis of financing problems is given in which especially the three directions of "new institutionalism" (property-rights theory, principle-agency theory, and transaction-cost theory) are described. Furthermore, different forms of financing facilities are discussed and critically evaluated. Additionally, practical examples are given which show challenges as well as opportunities and risks of different financial instruments.

Vornholz (2005) published his research on the financing of sport and leisure facilities which is focusing on different project- and organizational models (public, private, and public-private-partnerships) as well as different financial instruments. The book aims at combining theoretical aspects with a wide range of practical examples from Germany concerning facility financing.

FINANCING MODELS FOR SPORT FACILITIES

There are different types and possibilities for the financing of sport facilities. These forms are first of all characterized by the people who are involved in getting the project done, e.g. clubs, municipalities, private investors, building contractors etc. (Breuer & Hovemann, 2006). However, a gradual distinction and separation into three categories can be made. Hering and Matschke (1997) provide a useful approach by distinguishing between pure financing models, complex structures for financing facilities, and operator models. Figure 1 shows the different models and their meanings.

Figure 1
FORMS OF FINANCING SPORT FACILITES

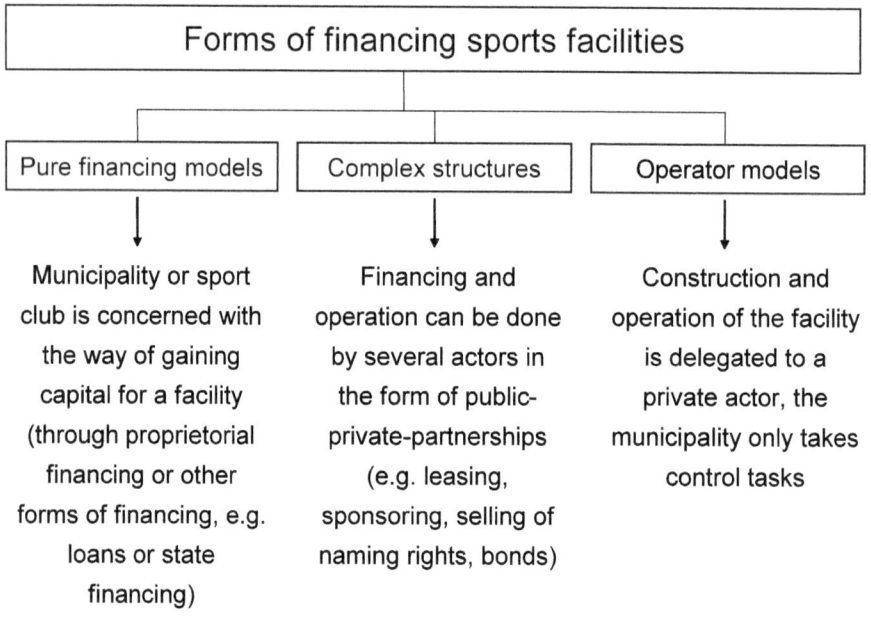

Source: Own figure following Breuer & Hovemann, 2006, p. 30

The pure financing models include financial instruments such as financing through the sport club itself or the municipality, which both fall under the so called proprietorial financing. Furthermore, public instruments are used such as financing by the state or federal states, through loans or credits, and through guaranties. For sport clubs, which are (in Germany) run in the form of non-profit organizations, and municipalities, the usage of more complex forms of financing, including different participants, is not possible (Breuer & Hovemann, 2006). Therefore, the founding of an institution in a different legal form which allows the participation of different actors is meaningful. A further characteristic of the more complex models is the abandonment of the separation of public and private projects. So called public-private-partnerships (PPPs) are common for these forms of financing. Financial instruments used in the complex forms are e.g. leasing, contracting-models, sponsoring and selling of naming rights, bonds, funds, and mezzanine capital (Breuer & Hovemann, 2006).

Breuer and Hovemann (2006) draw the following basic model for the more complex structures of financing sport facilities, which are mainly PPP-models:

Figure 2
MODEL FOR MORE COMPLEX FINANCIAL RELATIONS
FOR FINANCING SPORT FACILITIES

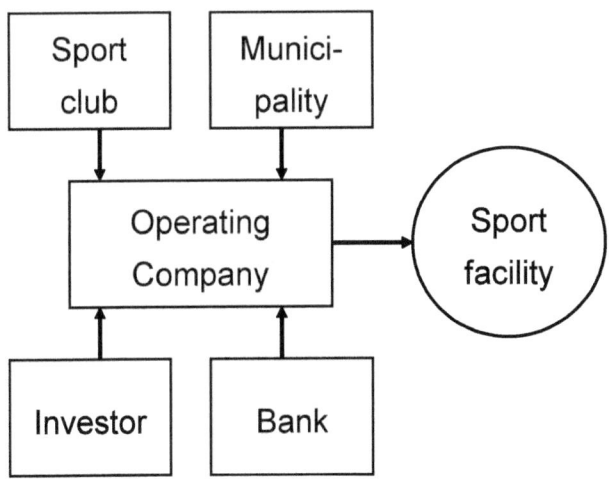

Source: Breuer & Hovemann, 2006, p. 70

As mentioned above, a common distinction with respect to facility financing is to separate public and private financing as well as hybrid models of public-private-partnerships. The following sections of this chapter will go into detail covering each of these financing forms.

Public financing

Historically, the building of sport facilities in Germany has been interpreted as a public task. This becomes obvious when looking at the stadium investments for the 1974 FIFA World Cup in Germany. These projects were almost completely financed by public funds amounting to about €139.58 million[1] (Dietl & Pauli, 2002; Napp & Vornholz, 2002; Pauli, 2001). Compared to the construction costs of the stadiums for the FIFA World Cup 2006, the total costs of 1974 were even lower than the costs for a single stadium construction in 2006 (e.g. Olympic Stadium, Berlin: €242 million).

With regards to public funding in Germany, municipalities are the main providers for the financing of sport facilities from the public side (municipality funding lay within a range of 72% and 78% of the total public sport funding between 1992 and 2001), especially concerning small and medium sized facilities (Breuer & Hovemann, 2006). This is due to the organization of the German sport system which is based on the principles of autonomy, subsidiarity, as well as public financial support. It guarantees the provision of sport facilities to the municipalities and sport clubs so that every citizen is able to practice sports (Breuer & Hovemann, 2006; Steinbach, 2004). Moreover, sport is seen as a social and merit good, especially concerning integration and health aspects (e.g. Farrell & Shields, 2002; Mechling & Netz, 2009; Snape & Binks, 2008; Walseth, 2008). The most common public investment form is that the municipality itself plans, constructs, and finances the sport facility. This means that the risk of the investment and the operation of the facility are assigned to be public responsibility. This political procedure is justified by the municipalities with potential economic advantages and success in the inter-municipal competition for special events and companies. Examples are the Rhein-Energie Stadion in Cologne and the Commerzbank Arena in Frankfurt (Vornholz, 2005). However, it is questionable if there are real economic impacts on the environment through public financing of professional sport facilities. Dietl and Pauli (2000, p. 1) state that "Publicly funded construction of new sports stadium is generally a poor vehicle for urban economic development". However, this assumption is based on North American studies and it still has to be proven that these studies can be applied to Germany.

---

[1] The original costs were given in German Marks, namely DM 273 million.

Further public funding of sport facilities comes from the German state, especially for elite sports. The ministry of internal affairs in Germany therefore works together with sport organizations, the 16 federal states, and the municipalities. In 2005, the federal government provided €24.9 million for the funding of elite sport facilities (Breuer & Hovemann, 2006).

Private financing

As described in the previous section, historically, the financing of sport facilities in Germany has been interpreted as a public task. However, since the 1970s, the situation and general conditions have changed. The construction costs of new facilities have steadily risen which leads nowadays to the need of higher investments. According to Maennig and Büttner (2009), the financing costs for the 2006 FIFA World Cup stadiums amounted to roughly €1.4 billion and have for large parts been financed by private investors (€412 million by stadium operators and €440 million by debt financing). Furthermore, the financial situation of the municipalities got worse over the years and the professionalization and commercialization of sport, especially soccer, in Germany increased. This calls into question whether solely public funding of stadiums and sport facilities is still adequate rather than new forms of funding through private investments. Most municipalities ask for a stronger participation of private investors and professional clubs in the financing of stadiums (Dietl & Pauli, 2002; Pauli, 2002; Vornholz, 2005).

However, there are also some restrictive factors for private investments which are due to the special characteristics of sport facilities. For a private investor, the most important thing is that sufficient revenue is generated from the stadium and its events. Limited securities for private investors result from the risk of a purely usage of the facility for sports combined with the uncertain occupancy rate of the facility and, when talking about German soccer, also the risk of the home team being relegated from the first division. This results in small return-on-investment perspectives and therefore, solely private investments are economically not meaningful (Vornholz, 2005). Pauli (2002) further argues that private investments are only worthwhile if attractive team sport is found in the respective facility. Moreover, the attribute of multifunctional stadiums which can be used for other events such as concerts or trade fairs does not necessarily contribute to a noteworthy gross margin. Moreover, Dietl and Pauli (2000) state rationally behaving investors will always demand for a contractual guarantee from the professional team that all future home games will be played in the newly and privately constructed venue. This is necessary since stadiums are characterized by high fixed costs and comparable low variable costs. With these attributes, stadiums qualify as natural monopolies with the marginal cost curve running below the average cost curve (Késenne & Butzen, 1987). Private investors without a club guaranteeing to play in the new stadium are unable to cover the investment costs and will suffer high losses (Dietl & Pauli, 2000).

Concluding, one can say that the risk of building a new stadium or arena is potentially high for private investors since the success of the venue is dependent on the games and success of the home team in the first place (Napp & Vornholz, 2002).

Public-private-partnerships

Public-private-partnerships (PPPs) can appear in a variety of organizational and co-operational forms between the state and private investors and are aimed at managing complex tasks, in this case complex projects of financing sport facilities (Vornholz, 2005). PPPs are denoted by the features of risk-sharing, a financial mix, and the combination of the strengths of the enlisted actors. These forms receive political support, e.g. in the federal state of North Rhine-Westphalia even a task force has been established to identify advantages of PPPs (Breuer & Hovemann, 2006).

The aim of PPPs is to overcome the difficulties of either public or private funding models. As mentioned above, the situation of municipalities steadily got worse and the risks for private investors are not to be underestimated. The optimization of the operating costs, which form most often the biggest part of the total costs, is of central importance. On the one hand, private investors are more flexible due to their legal form and on the other hand, municipalities have a very good degree of creditworthiness. Therefore, PPPs are a good alternative for financing new venues since advantages of both partners' strengths can lead to a significant reduction of investment costs (Vornholz, 2005). PPPs are especially used for the construction of new facilities (Breuer & Schlesinger, 2005).

Vornholz (2005) names five main models for PPPs: First, management and service contracts (property relations remain the same, operation is done by the private partner); second, the joint company (founding of common companies); third, co-operation models (founding of companies consisting of public and private shareholders); fourth, concession or license models in which construction contracts are assigned and in return the right of use is guaranteed (an example of a concession model is the reconstruction of the Olympic Stadium in Berlin); and fifth, operator models (a public institution gives the operation of the facility to a private actor who is responsible for planning, construction, financing, and operation).

With the high variety of forms of PPPs also various financial instruments come into play which can be used to finance sport facilities. These forms range from classical instruments such as credits or loans over leasing and financial contracting, mezzanine capital such participation certificates and convertible bonds to sponsoring and selling of naming-rights (Vornholz, 2005).

New financing instrument: selling of naming-rights

The selling of naming-rights has become an attractive instrument for financing facilities. Some examples for naming-right deals in Germany are the Allianz Arena in Munich (€6 million p.a., lasting 15 years), the AWD Arena in Hanover (€2 million p.a., lasting eight years), the Veltins-Arena in Gelsenkirchen (lasting 10 years), and the Rhein-Energie Stadion in Cologne (€2.1 million per year). Regarding the Allianz Arena, 30-35% of the construction costs can be compensated by revenues from the naming-rights (Breuer & Hovemann, 2006).

Naming-right deals are a valuable source of income for municipalities or sport clubs if they are in possession of the respective rights (Breuer & Hovemann, 2006). This is unproblematic as long as all property-rights are in one hand. If ownership and operation fall apart, a transfer of the rights is possible. Normally, when talking about professional league sport, the value of naming-rights corresponds to the attractiveness of the team and league. Nowadays, naming-right deals are mainly found in professional sport in Germany. However, mass sport facilities are also appropriate for the allocation of naming-rights if the potential regional sponsor corresponds with the regional relevance of the facility.

Practical Examples

Stadiums and arenas in Germany

Many of the existing soccer stadiums in Germany have been reconstructed or even built completely new for the 2006 FIFA World Cup. The total costs for all stadiums added up to €1.4 billion (Maennig & Büttner, 2009). An overview of all stadium projects and the respective costs for the (re-)construction of the stadiums can be found in Table 1. As mentioned before, the private investments compared to the public funds are remarkable.

Table 1.
CONSTRUCTION AND RE-CONSTRUCTION COSTS FOR THE 2006 FIFA WORLD CUP STADIUMS

City	Total costs (in million €)	Federal republic (in million €)	Federal state (in million €)	City (in million €)	Operator (in million €)	Externally financed (in million €)
Berlin	242.0	196.0	0	0	0	46.0
Dortmund	36.0	0	0	0	36.0	0
Frankfurt	126.0	0	20.5	64.0	0	41.5
Gelsenkirchen	192.0	0	0	0	33.8	158.2
Hamburg	97.0	0	0	11.0	16.0	70.0
Hanover	64.0	0	0	24.0	0	40.0
Kaiserslautern	48.3	0	21.7	7.7	18.9	0
Köln	117.5	0	0	25.5	0	84.5
Leipzig	90.6	0	0	63.2	27.4	0
München	280.0	0	0	0	280.0	0
Nürnberg	56.0	0	28.0	28.0	0	0
Stuttgart	51.6	0	15.3	36.3	0	0
TOTAL	1,401.0	196.0	85.5	259.7	412.1	440.2

Source: Maennig & Büttner, 2009

In the following sections insight on some of the major stadium and arena projects which have been built or reconstructed in the context of the 2006 FIFA World Cup in Germany are presented.

Veltins-Arena (Gelsenkirchen)

The *Veltins-Arena* in Gelsenkirchen is a multi-functional arena with a capacity of 61,600 seats and is home to the German soccer club Schalke 04. The arena was opened in 2001 under the former name *"Arena Auf Schalke"* until the naming rights were sold to Veltins in 2005 for a period of ten years. The *Veltins-Arena* was the first arena in Germany of this size which was completely financed privately, meaning without any public funding (Steiniger, 2000; Veltins-Arena, 2010). The construction costs amounted to €192 million. They were in large parts (€115 million) financed by a credit granted through a bank consortium led by the Hamburger Landesbank. The credit was secured by a 80% deficiency guarantee of the federal state of North Rhine-Westphalia (Breuer & Hovemann, 2006; Steiniger, 2000; Vornholz, 2005). Furthermore, the Dutch construction company and general transferee HBM granted a loan of €13 million, and the founded property firm (consisting of among others Schalke 04 itself) contributed equity in the amount of €33.8 million (RP-Online, 2004). Further grants (€9 million) came from the RAG (Ruhrkohle AG) as well as from the fans through the floating of a bond (Vornholz, 2005).

Allianz Arena Munich

A further arena which has been built completely new is the *Allianz Arena* in Munich. The arena was opened in 2005 and is a highly modern sports venue with a capacity of 66,000 seats. The planning process of the arena has involved many different parties and nowadays, several companies and service providers are involved in the operation and management of the facility. Since the arena was planned to serve as a home for the two soccer teams FC Bayern München and TSV 1860 München, the two clubs founded the Allianz Arena München Stadion GmbH for the construction of the facility (Allianz Arena, 2010a). The total construction costs of the arena amounted to €280 million and were completely financed by the operating company (Maennig & Büttner, 2009). The naming rights for the arena were sold to the Allianz SE for the time period from 2005 to 2021, with an annual payment of €6 million (Breuer & Hovemann, 2006). Today, the FC Bayern München is the only shareholder of the operating company. The facility management is done by a service provider, the Arena One GmbH, which is also responsible for the event management, customer management, and catering for the whole venue (Arena One, 2010). Furthermore, there are several service providers specialized in information technology (e.g. for ticketing) and other technical disciplines such as lightening to guarantee a smooth operation of all the technical areas (Allianz Arena, 2010b).

Olympiastadion Berlin

The *Olympiastadion* in Berlin was originally built for the 1936 Olympic Games in Berlin. For the FIFA World Cup 2006, the stadium was completely re-constructed (Vornholz, 2005) and it was finally re-opened in 2004. The costs amounted to €242 million and were almost completely financed publicly by the Federal Republic of Germany (Olympiastadion, 2010). The re-construction was organized as a PPP construct, namely a concession model. The construction firm Walter Bau was the construction concessionaire that guaranteed the re-construction of the stadium for a fixed price (€241.8 million) and obtained the right of use for 13 years. The Federal Republic of Germany covered the main part of the costs since the city of Berlin was financially not able to pay the sum (Vornholz, 2005).

MULTI-FUNCTIONAL ARENAS AND SPORTS HALLS IN GERMANY

Lanxess Arena Cologne

The *Lanxess Arena* in Cologne is the largest multi-functional arena in Germany with a capacity of up to 20,000 seats. The arena was opened in 1998 and the construction costs amounted to around €153 million. Since the city of Cologne itself was not able to help funding the arena, it was completely financed through private investments by the Immobilienfonds Köln-Deutz Arena und Mantelbebauung GbR (Lanxess-Arena, 2010). The arena is nowadays operated by the Arena Management GmbH and has its current name since 2008, when the former name *"Kölnarena"* changed to *"Lanxess Arena"* due to a ten year cooperation between the operator and the company Lanxess.

O2 World Berlin and Hamburg

The *O2 World* in Berlin in owned by the Anschutz Entertainment Group (AEG), a subsidiary of the Anschutz Corporation. The Anschutz Corporation is a big player in the market of live entertainment and sport and is managing and owning arenas, stadiums, and sport teams all over the world (AEG, 2010). The AEG acted as constructor as well as operator of the *O2 World* Berlin which was finished in 2008 and has a capacity of 17,000 seats. The naming rights were sold to Telefónica O2 Germany for a time period of 15 years (Eisbären, 2010).

The *O2 World* in Berlin is home to the ice hockey team "Eisbären Berlin" as well as to the basketball team "Alba Berlin". Furthermore, the multi-functional arena can be used for various entertainment purposes such as concerts and boxing events. With regards to the ice hockey team, a special construct can be detected since the AEG is the owner of the Eisbären Berlin as well as of the arena itself (Eisbären, 2010). The same is true for the *O2 World* in Hamburg which is home to the ice hockey team "Hamburg Freezers". This team as well as the arena also belong to the AEG (AEG, 2010; HamburgFreezers, 2010; O2World Hamburg, 2010). The arena was opened in 2002 and has a capacity of 16,000 seats. The construction costs amounted to €83 million.

Miscalculation in Stadium Financing

Many of the new built stadiums for the FIFA World Cup 2006 in Germany and also further stadium constructions did not manage to fit in the original cost-calculation. In Karlsruhe, for example, the originally calculated costs for the construction of the new stadium in 2009 amounted to €58 million. However, it appeared that the estimated construction costs had been calculated way to low since the final costs rose to €73 million. Unfortunately, this is not an exception, but applies to nearly every stadium construction project in Germany. Initial budgets are regularly calculated too low which leads to problems for the clubs, the state, or the cities which have to finance the respective project.

There are various reasons for these miscalculations. The main problem obviously lies in the long planning period of the stadium projects which normally encompasses several years from the initial idea to the final opening of the venue. Here, particularly the ignorance of potential price increases for raw material such as steel might become a major problem for the stadium planners and financial managers of new facilities. Furthermore, the misjudgment of natural circumstances and simple comparisons with reference stadium projects, without taking into account individual location factors, can lead to cost explosions of the whole project. These problems can be avoided by carefully analyzing all relevant factors in advance to calculate a realistic budget. The help of experienced financial consultants as well as the detailed formulation of all required features and equipment of the venue can support this process and lead to a successful planning of the budget (Sponsors, 2008). Nevertheless, there might be strategic reasons for setting the costs at a lower level in the beginning of the planning process so that the project gets a chance of being accepted.

Conclusion

The development of the financing of sport facilities in Germany can be described as a process from historically pure public funding models to recently more private investments as well as a combination of both funding techniques in the form of public-private-partnerships. Private investors use stadium projects to gain high return-on-investments since the economic relevance of sporting events and teams has increased. Public-private-partnership constructs are used to overcome the shortcomings of sole public and private funding techniques.

There are various forms of financing facilities and different constructs can be used to realize stadium and arena projects. Some examples of different financing and operator constructs for arenas and multi-functional sports halls have been shown in this contribution.

Moreover, it can be stated that the construction costs for sport facilities have extremely increased over the years since the new built arenas and stadiums are predominantly more than simple sport venues. Instead, they incorporate an environment beyond the pure sport factor in order to entertain the fan and customer offside the field. VIP-boxes, for instance, become more important since companies use the sport matches to invite their business partners as a special incentive. This requires that the stadiums are modernly equipped and additionally offer special features to reach the expectations of the customers.

Bibliography

AEG (2010). Anschutz Entertainment Group. Retrieved 21.09.2010, from http://www.aegworldwide.com/02_sports/sports.html

ALLIANZ ARENA (2010a). Allianz Arena München Stadion GmbH. Retrieved 21.09.2010, from http://www.allianz-arena.de/de/wir-ueber-uns/vereine/

ALLIANZ ARENA (2010b). Die technischen Ausstatter der Allianz Arena. Retrieved 21.09.2010, from http://www.allianz-arena.de/de/technische-ausstatter/

ANDREFF W. (2000). Financing modern sport in the face of a sporting ethic. *European Journal of Sport Management*, 7, 5-30.

ARENA ONE (2010). Allianz Arena. Retrieved 21.09.2010, from http://www.arena-one.com/pages/de/flash/

BREUER C. & HOVEMANN G. (2006). *Finanzierung von Sportstätten - Perspektiven der Sportvereine und Kommunen [Financing of sport facilities - Perspectives of sport clubs and municipalities]*. Köln: Institut für Sportökonomie und Sportmanagement.

BREUER C. & SCHLESINGER T. (2005). Sportstättenmanagement [Sport facility management]. IN BREUER C. & THIEL A. (Eds.) *Handbuch Sportmanagement*. Schorndorf: Hofmann.

BÜCH M.-P. (2002). Elite Sport. IN NAUL, R. & HARDMAN, K. (Eds.) *Sport and physical education in Germany*. Abingdon: Routledge.

COATES D. & HUMPHREYS B.R. (2004). Professional sports facilities, franchises and urban economic development. *Public Finance and Management*, 3, 335-357.

CROMPTON J.L. (1995). Economic impact analysis of sports facilities and events: eleven sources of misapplication. *Journal of Sport Management*, 9, 14-35.

CROMPTON J.L. (2004). Beyond economic impact: an alternative rationale for the public subsidy of major league sport facilities. *Journal of Sport Management*, 18, 40-58.

DIETL H.M. & PAULI M. (1999). Wirtschaftliche Auswirkungen öffentlich finanzierter Stadionprojekte. Working Paper 61. [Economic impacts of publicly funded stadium projects]. *Arbeitspapiere des Fachbereiches Wirtschaftswissenschaften*. Paderborn: Universität Paderborn, Department Wirtschaftswissenschaften.

DIETL H.M. & PAULI M. (2000). Private funding of sport stadiums in the U.S. and Germany: How to solve the Hold Up Problem. *Business and Public Policy Working Paper BPP-77*. University of California, Berkeley: Institute of Management, Innovation and Organization.

DIETL H.M. & PAULI M. (2002). Stadionfinanzierung im deutschen Profifußball - Eine lohnende Investition für private Investoren und Profivereine? [Stadium financing in German professional football - a worthwhile investment for private investors and professional clubs?] IN HORCH H.-D., HEYDEL J. & SIERAU A. (Eds.) *Finanzierung des Sports (Beiträge des 2. Kölner Sportökonomie-Kongresses)*. Aachen: Meyer und Meyer.

EISBÄREN (2010). Eisbären Berlin. Retrieved 21.09.2010, from http://www.eisbaeren.de/content/240.php

FARRELL L. & SHIELDS M.A. (2002). Investigating the economic and demographic determinants of sporting participation in England. *Journal of the Royal Statistical Society (Series B)*, 165, 335-348.

HAMBURGFREEZERS (2010). Die Freezers. Retrieved 21.09.2010, from http://www.hamburg-freezers.de/cgi-bin/adframe/de/freezers/index.html

HERING T. & MATSCHKE M. J. (1997). Kommunale Organisations- und Finanzierungsmodelle [Municipal organization- and financing models]. *Betriebswirtschaftliche Forschung und Praxis*, 4, 341-364.

HOULIHAN B. (2008). *Sport and Society*, London, Sage Publications.

JOHNSON B., GROOTHUIS P. & WHITEHEAD J. (2001). The value of public goods generated by a Major League sports team: The CVM approach. *Journal of Sports Economics*, 2, 6-21.

KÉSENNE S. & BUTZEN P. (1987). Subsidizing sports facilities: The shadow price-elasticities of sports. *Applied Economics*, 19, 101-110.

LANXESS-ARENA (2010). Die Geschichte der Lanxess Arena (The history of the Lanxess Arena). Retrieved 21.09.2010, from http://www.lanxess-arena.de/arena/lanxess-arena/geschichte.html

MAENNIG W. & BÜTTNER N. (2009). Zum Zusammenhang von Stadion-und Infrastrukturinvestitionen: Der Fall der Fußball-Weltmeisterschaft 2006 [The relation between stadium- and infrastructureinvstements: the case to the 2006 Football World Championship]. IN BÜCH M.-P., MAENNIG W. & SCHULKE H.-J. (Eds.) *Sportfinanzierung - Spannung zwischen Markt und Staat [Sport finance - tension between market and state].* Hamburg: University Press, Verlag der Staats- und Universitätsbibliothek.

MECHLING H. & NETZ Y. (2009). Aging and inactivity—capitalizing on the protective effect of planned physical activity in old age. *European Review of Aging and Physical Activity,* 6, 89-97.

NAPP H.-G. & VORNHOLZ G. (2002). Finanzierungsalternativen im Sportstättenbau - Probleme und Perspektiven [Financing alternatives in facility construction - problems and perspectives]. IN HORCH H.-D., HEYDEL J. & SIERAU A. (Eds.) *Finanzierung des Sports. (Beiträge des 2. Kölner Sportökonomie-Kongresses).* Aachen: Meyer und Meyer.

NOLL R. & ZIMBALIST A. (1997). *Sports, jobs, and taxes: The economic impact of sports teams and stadiums.* Washington, DC: Brookings Institution.

O2WORLD_HAMBURG (2010). Die Arena. Retrieved 21.09.2010, from http://www.o2world-hamburg.de/die-arena.html

OLYMPIASTADION (2010). Olympiastadion Berlin. Retrieved 21.09.2010, from http://www.olympiastadion-berlin.de/stadionbesucherzentrum/betreibergesellschaft.html

PAULI M. (2001). *Stadionfinanzierung im deutschen Profifußball. Eine institutionenökonomisch fundierte, modelltheoretische Untersuchung [Stadium financing in German professional football. An institution economic based study].* Paderborn: Universität Paderborn, Fachbereich Wirtschaftswissenschaften.

PAULI M. (2002). *Kooperationsformen der Stadionfinanzierung im deutschen Profifußball. Eine institutionenökonomisch fundierte, modelltheoretische Untersuchung [Forms of cooperation in stadium financing in German professional football. An institution economic based study].* Tübingen: Mohr Siebeck.

RP-ONLINE (2004). WM-Stadien 2006: Kosten und Finanzierungen. Retrieved 21.09.2010, from http://www.rp-online.de/sport/fussball/WM-Stadien-2006-Kosten-und-Finanzierungen_aid_39678.html

SNAPE R. & BINKS P. (2008). Re-thinking sport: physical activity and healthy living in British South Asian Muslim communities. *Managing Leisure,* 13, 23-35.

SPONSORS (2008). Fehlkalkulation Stadionbau [Miscalculation stadium construction]. *Sponsors - Wissen für's Sportbusiness [Knowledge for the sportbusiness].* Mainz: Manfred Schlösser.

STEINBACH D. (2004). Sports structures in Germany. IN TOKARSKI W., STEINBACH, D., PETRY K. & JESSE B. (Eds.) *Two players one goal? Sport in the European Union*. Oxford: Meyer & Meyer Sport.

STEINIGER A. (2000). Das Konzept "Arean AufSchalke" [The concept "Arena AufSchalke"]. IN TROSIEN G. & DINKEL M. (Eds.) *Ökonomische Dimensionen von Sport-Events*. Butzbach-Griedel: Afra-Verlag.

VELTINS-ARENA (2010). Die Veltins-Arena. Retrieved 21.09.2010, from http://www.veltins-arena.de/portrait_arena.php

VORNHOLZ G. (2005). *Finanzierung von Sport- und Freizeitanlagen [Financing of Sport- and Leisure Facilities]*, Schorndorf: Hofmann.

WALSETH K. (2008). Bridging and bonding social capital in sport-experiences of young women with an immigrant background. *Sport, Education and Society,* 13, 1-17.

Le sport professionnel et sa dépendance aux aides publiques : entre mythes et réalités

Pierre CHAIX
Maître de Conférences
Université Pierre-Mendès-France, Grenoble 2
Laboratoire CREG

Si l'État continue à aider prioritairement, directement ou indirectement, les fédérations sportives nationales, c'est un lieu commun de rappeler que ce sont les collectivités territoriales qui soutiennent localement, plus ou moins activement, le développement des clubs professionnels. Dans le cadre de leurs stratégies de développement, toutes les collectivités (villes, régions, départements, intercommunalités) s'intéressent peu ou prou aux sports professionnels. Ces spectacles sportifs sont désormais au cœur des politiques de promotion et d'attractivité d'un territoire. Une équipe professionnelle s'insère dans un territoire. Elle en est parfois le porte-drapeau, elle est souvent un facteur d'attraction pour l'habitat. L'existence d'un club prestigieux donne une publicité importante à une ville, un département ou une région. Au-delà d'éventuelles retombées économiques, les implications de ce sport professionnel en termes d'image, de notoriété et de lien social sont clairement mises en avant aujourd'hui.

La réforme des collectivités territoriales engagée par le gouvernement Fillon, conjuguée avec la crise économique actuelle, pose le problème des financements consacrés au soutien de sociétés sportives privées par la puissance publique. Parallèlement, de nombreux rapports commandités par l'État (Besson 2008, Rapport Seguin sur les Grands Stades 2009) et les Ligues professionnelles (football notamment, mais aussi rugby, basket, hand-ball) ont montré que « *La France accuse aujourd'hui un incontestable retard dans le processus de modernisation de ses grands stades qui constitue un handicap pour le développement du sport professionnel* »[1]. La pression des clubs professionnels quant à la modernisation de leurs stades et salles, « outils nécessaires » à leur développement économique, rend la position des collectivités très inconfortable. Entre réponses à apporter à leurs clubs contribuant à l'image et au dynamisme de leurs territoires, et politique en faveur d'urgences économiques et sociales de leurs administrés, les responsables locaux doivent faire des choix complexes dans cette période de crise économique. Nous chercherons en conséquence à évaluer le poids réel du soutien des collectivités territoriales dans le sport professionnel, dans un contexte législatif qui a fortement évolué ces dernières années. Après les largesses publiques des années 1980, les dérives financières des années 1990, la période récente a vu la limitation des aides publiques directes aux sociétés sportives (Durant, Ravenel, Helleu, 2005)[2].

Dans ce contexte, deux questions méritent une analyse plus approfondie.

- Quel est le degré de dépendance ou d'indépendance du sport professionnel français vis-à-vis des aides publiques ? Certaines ligues professionnelles affichent une très grande indépendance et semblent pouvoir s'affranchir facilement de ces aides. Nous chercherons à affiner cette observation en listant les principaux types d'aide publique aux structures professionnelles.

- Les aides publiques doivent-elles être maintenue, et si oui sur la base de quelles justifications ? Le monde du sport professionnel français s'agite énormément autour de la construction de nouvelles salles et de nouveaux stades, « *éléments discriminants de la performance économique des clubs professionnels* »[3]. Sur cette question, le monde du sport professionnel promet une révolution dans les financements avec une réduction, voire une disparition, des financements publics. Nous

---

[1] Rapport de la commission grand stade Euro 2016 présidé par Ph. Seguin 2009.
[2] 2,3 M€ maximum de subventions pour des Missions d'Intérêt Général, et 1,6 M€ maximum pour des contrats de prestations de services.
[3] Étude Eurostaf : L'exploitation des enceintes sportives : modèles économiques, optimisation commerciale et sécurité juridique, p. 8, 1er T 2008.

chercherons à faire le point sur cette possibilité, à l'heure de la mise en œuvre d'un certain nombre de projets majeurs dans le cadre notamment de l'organisation du Championnat d'Europe de football en 2016.

Financement du sport professionnel et aides publiques

Il existe des aides directes dont les estimations ne sont pas aussi faciles à déterminer et des aides indirectes qui demandent des calculs économiques plus aléatoires.

Des aides directes

Les travaux de Wladimir Andreff (2000) de Bourg et Nys (2006) mettent en évidence l'évolution des financements du sport professionnel. Le degré de professionnalisation des clubs s'évalue à la hauteur de la transformation des sources de financement. Celles-ci évoluent d'un modèle de recettes SSSSL (Sportifs, Spectateurs, Subventions, Sponsors au niveau Local), vers un système MMMM, (Médias, Merchandising, Magnats, Mar-chés au plan global ou mondial). Le football français est un bon exemple de cette évolution.

Tableau 1 – Évolution des produits compétition du football professionnel français (en %, 1re division)

Années	1970-71	1980-81	1990-91	2000-01	2008-09
Spectateurs	81%	65%	29,4%	16,8%	14%
Subventions	18%	20%	23,8%	4,1%	2%
Sponsors Partenariat	1%	14%	25,6%	18,5%	18%
Droits TV		1%	21,1%	50,7%	55%
Autres produits				9,9%	11%

Source : Bourg, Nys (2006), LFP, tableau par l'auteur.

Si les subventions ne représentaient plus que 2% des produits de la Ligue 1 dans le football français en 2008-2009, il est intéressant d'étudier les autres sports professionnels pour comparer leurs subventions, et par là même de constater leur capacité à s'affranchir des aides publiques pour leur fonctionnement (P. Chaix, 2009) (Tableau 2).

Bourg et Nys (2006) distinguent trois types de subventions selon le poids qu'elles représentent dans le budget des clubs.

– Les subventions sont dites **motrices** si leur poids est supérieur à 20%. C'est le cas manifestement pour le volley et le hand (le basket dans une moindre mesure) et des ligues féminines qui restent dépendants de l'aide publique pour leur fonctionnement professionnel. Ces championnats attirent un public réduit (tableau 3) et ils sont peu diffusés à la télévision.

Tableau 2 – Le poids des subventions des collectivités territoriales dans le budget des clubs de cinq disciplines.

Discipline	Part en millions d'€ (moyenne par clubs)	Part moyenne en %	Total (cumul sur la Ligue en M€)
Football de Ligue 1 (08-09)	0,99	2%	19,82
Rugby Top14 [4] (08-09)	0,957	7%	13,4
Basket Pro A (10-11)	1,2	31,6%	19,3
Hand-ball D1 (07-08)	1,2	57,81%	16,80
Volley Pro A (06-07)	0,907	68%	12,704
Basket féminin LFB (08-09)	0,689	53%	9,646
Volley féminin Ligue A (07-08)	0,424	72%	5,937
Hand féminin D1 (08-09)	0,574	65%	6,32

Source : LFP, LNR, LNB, LNV, LNH, l'Équipe, tableau par l'auteur.

---

[4] Société sportive et association support.

Les budgets de ces sports restant « accessibles », on peut supposer que les collectivités peuvent ainsi promouvoir sur leur territoire un club d'élite à moindre coût. C'est le cas par exemple pour les sports collectifs féminins, qui sont financièrement très dépendants des aides des collectivités territoriales, mais qui permettent aussi à des communes de petite taille d'appartenir à l'élite du sport français. L'équipe de Mios (4625 habitants) peut ainsi remporter la Coupe de la Ligue de hand-ball féminin 2009 et celle de Challes-les-Eaux (4829 habitants) appartient depuis de nombreuses saisons à l'élite du basket français. L'abandon du soutien financier des collectivités locales équivaut souvent à un adieu au professionnalisme. Ainsi, l'Association Club de Volley-Ball de Melun-Val-de-Seine-La Rochette (1re division féminine, vice-championne de France en 2005-06 !) qui recevait 62% de ses recettes en subventions a cessé son activité professionnelle en 2008 du fait de la suppression de la subvention de la communauté d'agglomération (330 K€).

Tableau 3 – Comparatif des moyennes de spectateurs des sports collectifs professionnels en France.

Ligues Pro masculine	Foot Ligue 1	Rugby	Volley (H)	Hand (H)	Basket (H)	HB (F)	VB (F)
Années	09-10	09-10	09-10	08-09	09-10	09-10	09/10
Moyenne spectateurs	19968	13529	1084	1719	3337	927	744

Source : LFP, LNR, LNB, LNH, tableau par l'auteur.

- Des subventions sont dites **stabilisatrices** lorsqu'elles représentent entre 5 et 20% des produits des clubs. C'est le cas principalement aujourd'hui du rugby (Top 14 et Pro D2) et de la Ligue 2 de football. Ce sont pour les clubs des produits « garantis » qui représentent un confort et un élément de sécurité, même si leur poids dans le budget ne leur permet pas de se reposer sur eux.

- Enfin, il faut souligner le fait que les deux divisions professionnelles du football et du rugby paraissent, globalement, de plus en plus indépendantes de l'aide des collectivités, alors qu'il n'en va pas de même pour tous les sports de salle professionnels. Cette indépendance développée trouve son aboutissement avec le football qui réduit ces subventions directes à un rôle **marginal**. L'évolution économique du football a réduit progressivement le poids des aides des collectivités pour stagner à 2% en 2009. Le rugby d'élite (Top 14) suit, avec un peu de retard, la même voie et recevait seulement 7%[5] de subventions en 2008-09. Elles représentaient encore 10% des recettes (1998-99) pour le football et 13% pour le rugby en juin 2000.

Il est intéressant de noter que les montants par club des aides au basket, volley, hand-ball masculin ou rugby sont du même ordre en volume (environ 1 million €) que les aides au football de Ligue 1. Le soutien aux sports féminins est globalement deux fois inférieur aux sports masculins. On peut s'arrêter quelques instants sur l'évolution du poids de ces aides pour les trois sports d'élite les plus importants en termes de budgets et de billetterie. Le tableau 4 montre trois évolutions très contrastées.

- D'abord, les financements publics du basket sont d'une très grande stabilité depuis 10 ans en volume et en pourcentage. Manifestement, le basket n'a pas réussi à s'affranchir du soutien des collectivités pour son fonctionnement, dans un contexte de stagnation de ses budgets[6].

- Ensuite, le football à l'opposé dépend de moins en moins des aides publiques. Depuis 1995, ses budgets ont été multipliés par un coefficient de 3,5 quand, dans le même temps, le montant de ses aides était divisé par deux.

---

[5] Ce pourcentage de subvention prend en compte les sommes reçues par les SASP mais également par l'association support. Le rugby se caractérise en effet par une grande « porosité » dans l'utilisation des subventions, entre la SA, l'association et le Centre de Formation. La DNACG par ailleurs demande des comptes consolidés entre ces trois structures.

[6] Le budget moyen de ProA est passé de 3M€ en 98-99 à 3,81M€ en 2008-09, soit +27% en 11 ans.

Tableau 4 – Poids et montants des subventions des collectivités pour les clubs de L1 football, Top 14 rugby, Pro A basket.

Saisons	95-96 L1	97-98 L1	02-03 L1	08-09 L1	99-00 Élite à 24	02-03 Top16	08-09 Top14	00-01 ProA	02-03 ProA	09-09 ProA
Cumul des subventions sur la Ligue (M€)	46,9	38,19	24,81	19,82	4,30	10,13	13,4	16,31	12,8	19,3
% moyen dans le budget des clubs	17%	12%	4%	2%	8%	9%	7%	32%	28%	31,6%
Montant moyen des subventions dans le budget des clubs (M€)	2,35	2,12	1,24	0,99	0,20	0,63	0,957	1,01	0,98	1,2

Source : LFP, LNR, LNB, tableau par l'auteur.

- Enfin, le rugby suit une troisième voie. Si le poids relatif des subventions dans son budget reste stable, son montant augmente notablement en parallèle avec l'augmentation des budgets du Top 14. Le développement du rugby professionnel ne se fait pas indépendamment des aides publiques, il est accompagné par celles-ci. L'augmentation en 10 ans est de 375%, malgré un nombre de clubs réduit de 24 à 14, ce qui constitue un effort impressionnant et qui témoigne de l'excellente image du rugby dans les collectivités locales.

La clarification sur l'origine des subventions publiques a été engagée notamment par les Ligues gérant le basket et le rugby. Leurs rapports d'activité 2010 permettent d'identifier un peu plus précisément l'ensemble des aides des collectivités. (Tableau 5)

Tableau 5 – Détail des subventions des collectivités locales
(moyenne par club en K€)

	Top 14 (08-09)	Pro A (10-11)
Subventions d'exploitation	957 K€	1206 K€
dont Municipalité	595 K€[7]	541 K€
dont communauté d'agglo		289 K€
dont conseil général	207 K€	196 K€
dont conseil régional	79 K€	128 K€
Autres subventions	76 K€	93 K€

Source : LNB, LNR, tableau par l'auteur.

On constate, ce n'est pas une surprise, que le mille-feuille territorial aboutit à un mille-feuille de subventions justifié par une politique de communication et d'image au plan national sur un support intéressant et gratifiant. L'utilisation de ce mille-feuille ne s'arrête pas aux subventions directes, car on pourrait faire la même analyse concernant le sponsoring et l'achat groupé de places. Le cas du club de football d'Istres est un bon exemple. « *L'aide publique dont a bénéficié la SASP football Club d'Istres, lors de la saison 2005-2006, a cependant atteint environ 20% des produits, pour un montant de 1,8 million d'Euros. Elle portait en particulier sur les recettes de billetterie, dont environ 65% provenaient des achats de places réalisés par les collectivités locales, faisant ainsi du football à Istres une prestation largement offerte aux spectateurs par les contribuables concernés.* » Cet extrait du rapport de la Cour des comptes sur « les collectivités territoriales et les clubs sportifs professionnels » (2009) est un exemple parmi d'autres de l'importance et de la diversité des soutiens des collectivités aux différents sports professionnels. Seul le rapport 2010 de la LNR précise « l'enveloppe » des aides directes aux clubs du Top 14. (Tableau 6)

---

[7] Chiffres incluant communes et agglomération.

Tableau 6 – Détail de la contribution des collectivités locales aux clubs du TOP 14 pendant la saison 2008-09 (moyenne par club en K€)

	Commune et Agglomération	Département	Région	Autres
Subventions d'exploitation	595	207	79	76
Sponsoring	311	167	127	
Achats de places	108	70	13	
Total	1014	444	219	76

Source : LNR, tableau par l'auteur.

La consolidation des différentes aides directes des collectivités permettrait déjà de se faire une idée plus précise du poids des partenaires publics dans le financement du sport professionnel. Ainsi pour le Top 14 la contribution des collectivités locales pèse 12% des produits des clubs de l'élite et non pas 7% comme affichés généralement par les documents officiels de la LNR.

Dans ce cadre, les subventions aux associations (disposant d'une section professionnelle) représentent une autre strate d'aides possibles pour les clubs, sachant d'une part que les structures de contrôle de gestion consolident l'ensemble des budgets des trois entités généralement reconnues dans le sport professionnel, la société anonyme, l'association et le centre de formation. Or, « l'étanchéité » entre les structures sportives amateurs et professionnelles est tout sauf étanche. Pourtant, comme le précise la Chambre régionale des comptes, « *ces subventions ne doivent pas concerner les actions relevant de la gestion des actions à caractère professionnel transférées à la société et ne peuvent être reversées à cette société sous quelque forme que ce soit* »[8].

Le fonctionnement de certains clubs semble ne pas correspondre à cette disposition. Alors que le Montpellier Hérault Rugby Club (Top 14) bénéficiait de 2 482 K€ de subventions pour la saison 2005-06, la Chambre régionale de comptes notait que « *l'examen des comptes-rendus, établis par le club à destination des collectivités publiques, sur l'utilisation de ces subventions dites d'intérêt général (…) ne permet pas de faire la distinction entre les actions de*

---

[8] Chambre régionale des comptes Provence-Alpes-Côte d'Azur 12/02/2008.

l'association et celles de la SAOS et ne comportent aucune justification financière chiffrée des subventions accordées. Ainsi, ces documents ne sauraient constituer "un rapport retraçant l'utilisation des subventions versées par les collectivités territoriales et leurs groupements au titre de la saison sportive précédente" comme l'impose pourtant le décret du 4 septembre 2001 ». Plus impressionnant encore, l'examen des flux financiers entre l'association et la SAOS permet de constater que, sur la saison 2005-06, la SAOS a facturé pour 630 K€ d'abonnements à son association dont certains à 3 352 € l'unité. Au total, les sommes procurées par les « abonnements avec réceptions » font de l'Association le premier contributeur pour les prestations de réception. Ainsi, 26% de la fréquentation payante du stade du Montpellier Hérault Rugby Club provenaient soit des collectivités territoriales (avec les prestations de réception de 1 445 et 1 800 € à chaque match), soit de l'Association support, structure majoritaire dans la SAOS.[9] L'ensemble des participations publiques directes pesait 34,7% des recettes d'exploitation du MHRC en 2005-06, alors que les subventions ne représentaient officiellement « que » 15%. Le Rugby Club de Toulon est également très performant dans cette recherche de financement par structure et par guichet. (Tableau 7)

Tableau 7 – Récapitulatif des aides directes des collectivités pour la saison 2005-2006 RC Toulon.

	SASP (€)	Association (€)
Mairie Prestation de Services	368 579	
Mairie Subvention	200 000	187 836
Conseil Général P de S	680 000	
Conseil Général Subvention	164 000	400 000
Agglomération	230 000	
Conseil Régional		223 720
Total par structure	1 642 579	811 556
Total général	2 454 135	

Source : Chambre régionale des comptes Provence-Alpes-Côte d'Azur 12/02/2008.

---

[9] Chambre régionale des comptes Languedoc-Roussillon 12/09/2008.

Des aides indirectes

Aux aides financières directes apportées par les collectivités, s'ajoutent aussi des soutiens financiers indirects difficilement comptabilisables et rarement comptabilisés, comme la mise à disposition des installations sportives, une réduction de la taxe sur les spectacles ou autres formes de dégrèvements ou de soutiens.

La mise à disposition des installations sportives

Il faut, dans ce contexte, tenir compte à la fois de la mise à disposition des locaux et équipements sportifs et de l'entretien et l'amélioration des équipements. Rappelons en préambule que l'occupation privative du domaine public par les clubs professionnels doit faire l'objet d'une redevance[10] qui comporte généralement trois parties, l'amortissement de l'équipement brut, la part relative aux charges de fonctionnement en fonction du taux d'utilisation et le coût des différents espaces administratifs ou commerciaux du stade utilisés par la société sportive.

L'enquête de la Cour des comptes (2009) « *a montré que les conditions dans lesquelles les collectivités mettent à disposition des clubs professionnels des équipements sportifs, et le cas échéant des locaux, constituent souvent un soutien indirect* ». L'Association Nationale des Élus en charge du Sport (ANDES) avait comparé sur la saison 2004-2005 les redevances payées par les clubs du Top 16 avec la réalité des frais assumés par les collectivités. Si les redevances s'échelonnaient de 0 à 400 000 € pour une redevance moyenne de 81 500 € et une redevance médiane de 27 600 €, les auteurs s'accordaient pour estimer que les montants étaient très largement sous-estimés par rapport aux frais réels. La redevance était même parfois accusée d'être une véritable subvention d'équilibre pour les clubs en difficulté. En 2003, devant les difficultés financières du club de Châteauroux (L2 football), la Mairie a drastiquement réduit la redevance forfaitaire de 503 081 € à 23 081 €, pour permettre au club de traverser ces turbulences, soit 480 000 € de subventions supplémentaires.

---

[10] Conseil d'État 11/02/1998 : principe de non-gratuité, Conseil d'État 10/02/1978 : la redevance constitue la contrepartie des avantages individuels conférés au bénéficiaire de l'autorisation d'occupation.

L'amélioration et l'entretien des équipements répondent, là encore, à plusieurs logiques et presque à plusieurs donneurs d'ordre, mais généralement un seul contributeur. En effet, les clubs souhaitent bénéficier des espaces commerciaux des stades (loges, salons, sièges VIP, buvettes, restaurants), et améliorer le confort des spectateurs. D'un autre côté, selon le niveau de la compétition, les Ligues imposent des critères précis d'accès au stade, portant notamment sur un nombre minimum de places assises, un niveau d'éclairage puissant ou des espaces vestiaires, joueurs, arbitres, médecins plus spacieux.

Les élus locaux vivent d'ailleurs assez mal ces différentes formes de pression, qui les obligent généralement à assumer financièrement ces investissements sous peine de se voir accuser d'empêcher leurs clubs d'atteindre leurs objectifs, ce qui électoralement semble difficilement acceptable. Le cas du RC Toulon est une parfaite illustration de ces aides indirectes (Tableau 8). Nous avions constaté précédemment que les contributions directes des collectivités toulonnaises se situaient déjà à une hauteur confortable, nous constatons désormais que les loyers du RC Toulon sont très loin de correspondre aux sommes dépensées et investies par la collectivité support.

Tableau 8 – Comparatif facturation – investissements – coûts de fonctionnement.

	2002	2003	2004	2005	2006	Total (02-06)
Facturation des équipements sportifs au RCT SA (K€)	0 [11]	10,1	12,7	13	14,1	50
Investissements dont mise aux normes FFR (K€)	192,6	13,2	168,8	1 096	54,2	1 525
Coûts de fonctionnements du stade Mayol[12] (K€)						228

Source : Chambre régionale des comptes Provence-Alpes-Côte d'Azur 12/02/2008.

---

[11] Jusqu'en 2003 l'occupation des installations sportives ne donnait pas lieu à facturation.
[12] La collectivité n'est en mesure de les identifier que depuis 2006, date de la mise ne place d'une comptabilité analytique.

Les rapports des chambres régionales de la Cour des comptes « regorgent » d'investissements des collectivités au profit de l'amélioration des outils de production des clubs professionnels (par exemple, 7,8 M€ pour le stade du Roudourou de Brest, 993 K€ pour le Stade Rajon à Bourgoin ou 3080 K€ pour le stade de la Méditerranée à Béziers), sans que les redevances évoluent en rapport. Le meilleur club français de football de ces dix dernières années n'échappe pas à la critique, l'OL a dû payer à la ville de Lyon un rappel de 543 321 €[13], pour « *inadéquation entre le montant de la redevance fixée et les avantages consentis à l'Olympique lyonnais.* »

La taxe sur les spectacles

Les recettes de billetterie des réunions sportives sont assujetties à une imposition appelée taxe sur les spectacles. Tous les sports professionnels ne sont pas concernés. Le hand-ball et le volley-ball sont exonérés de cette taxe s'élevant entre 8 et 12% selon les décisions des conseils municipaux. Dans les faits, de nombreuses municipalités exonèrent totalement ou partiellement leurs clubs. En 2008, sur les quarante clubs de Ligue 1 et de Ligue 2 (Football), 16 clubs étaient exemptés, dont Marseille, Lyon ou encore Bordeaux. *A contrario*, Paris était taxé à concurrence de 12%. Pour des clubs comme Lyon ou Marseille, cette exemption représentait une « recette » de plus de 1,5 million d'euros, ce qui est loin d'être négligeable[14]. La ville de Narbonne avait trouvé un moyen original d'aider son club, en votant une subvention exceptionnelle du montant de la taxe versée[15].

Un exemple des diverses formes de soutien indirect

Le cas de Béziers (Top 16/Pro D2) entre 2002-2006 est une bonne illustration de la diversité possible des aides communales. La chambre régionale de la Cour des Comptes listait au titre des aides financières indirectes les éléments suivants :

– *Utilisation du stade de la Méditerranée : la ville renonce au prélèvement de 10% sur les recettes brutes du club instauré par une délibération du 22 juillet 1996 ;*

---

[13] Décision de la cour administrative de Lyon du 12 juillet 2007, confirmant un jugement du tribunal administratif de Lyon du 10 mars 2005.
[14] Le PSG a payé 1,85 M€ de taxe en 2008.
[15] Chambre régionale des comptes Languedoc-Roussillon 12/08/2003.

– *Exonération de la taxe sur les spectacles qui représente 8% de la recette nette par an (estimation de 23 000 €) ;*
– *Assistance pour l'organisation des rencontres de l'équipe professionnelle au stade de la Méditerranée (estimation de 88 000 €) ;*
– *Exploitation concédée de la buvette et des espaces publicitaires du stade ;*
– *Participation aux campagnes de communication du club ;*
– *Suivi médical et évaluation de la forme par le centre médico-sportif pour l'équipe professionnelle ;*
– *Utilisation des équipements du stade de la Méditerranée et des autres terrains municipaux (190 000 €).*
L'ensemble des aides indirectes et exonérations accordées par la commune est estimé à 413 K€ hors concession de la buvette et publicités du stade[16].

L'étude Eurostaf sur l'exploitation des enceintes sportives donne un autre exemple tout à fait synthétique de la nécessaire (mais difficile, car protéiforme) consolidation des aides publiques aux clubs professionnels. (Tableau 9)

Tableau 9 – Exemple de relations financières entre une ville et un club de rugby du Top 14 (année 2006)

	Montants en €
Aides directes :	**442 543**
- dont subventions	282 938
- dont achat de prestations	179 605
Aides indirectes :	**554 620**
- dont exonération taxe sur les spectacles	47 044
- dont charges liées au fonctionnement et à l'entretien des installations	178 277
- dont annuités liées aux emprunts pour rénovation du stade	272 916
- dont investissement travaux réalisés sur l'exercice	56 383
Total Aides directes et indirectes	**997 163**
Redevance versée par la SASP pour l'utilisation du stade	**31 522**

Source : L'exploitation des enceintes sportives, Études Eurostaf 1er Tri 2008.

---

[16] Chambre régionale des comptes Languedoc-Roussillon 19/11/2007.

Les subventions « exceptionnelles »

Le recours aux aides exceptionnelles de la part des collectivités pour sortir un club d'une situation financière difficile est d'une grande banalité. L'inter-saison 2010 n'a pas fait exception à la règle. Montpellier en Volley-ball, Briançon en Hockey, Tarbes ou Bourgoin en Rugby ne doivent leurs maintiens dans leurs championnats qu'à la sollicitude de leurs collectivités respectives. Bourgoin est un bon exemple de ce mode de fonctionnement. Devant les difficultés du club, les dirigeants mettent « la pression » sur les élus pour la survie de ce club historique. Résultat, 500 K€ de la part du Conseil général et 574 K€ de la mairie permettent au club de passer l'été 2010. Six mois plus tard, la situation est toujours aussi catastrophique et condamne les dirigeants à re-solliciter les collectivités publiques. « *Les collectivités locales doivent prendre conscience de ce que le CSBJ représente pour le Nord-Isère* »[17] clame Gaston Maulin le président du club en réclamant 800 K€ à la communauté de commune.

Jean-François Bourg avait estimé en 2006 que les subventions directes des collectivités aux clubs professionnels s'élevaient à 160 millions d'Euros[18]. Les exemples donnés précédemment montrent que ce soutien emprunte de nombreuses autres modalités, moins visibles, mais largement aussi coûteuses pour la collectivité. Rien ne montre un affranchissement des clubs professionnels de ces aides.

Rénovations, constructions et aides publiques

Depuis 2008, l'actualité économique traitant du sport professionnel revient invariablement sur la transformation ou la construction d'enceintes sportives (stades ou grandes salles) susceptibles d'accueillir des spectateurs en grand nombre. L'État a commandé différents rapports traitant du sujet, le Rapport Seguin sur les grands stades pour l'Euro 2016 et Arenas 2015 sur les grandes salles. Le titre du premier chapitre du rapport Grands Stades est clair sur le diagnostic : « *La France accuse aujourd'hui un incontestable retard dans le processus de modernisation de ses grands stades* (grandes salles !) *qui constitue un handicap pour le développement du sport professionnel* ». Nous

---

[17] Midi-Olympique 13 décembre 2010
[18] Rapport public thématique : « les collectivités territoriales et les clubs sportifs professionnels », Rapport de la Cour des comptes, décembre 2009.

pourrions rajouter que c'est un handicap également pour l'obtention de grands évènements sportifs (comme l'échec de la candidature pour l'organisation du Championnat de Monde de hand-ball en 2015) L'enjeu est considérable : « *…Le retard français en matière de grandes salles entraîne un impact négatif pour l'industrie du tourisme, un manque à gagner pour l'économie du spectacle, une carence pour le rayonnement du sport français et un handicap pour l'attractivité du pays et sa stratégie d'influence* »[19]. Rien que ça ! Les raisons de la crise économique en France apparaissent plus clairement et les solutions pour la résoudre également ! Le bien-fondé de cette stratégie politique et économique sera traité plus avant dans cet ouvrage (Gouguet, Arnaud, Barget, Bolotny).

Il semble désormais que les choses avancent dans le bon sens, avec l'obtention de l'Euro de football en 2016, associé à la pression mise sur les propriétaires de stades et salles, une multitude de projets de (grandes) rénovations ou de constructions ont vu le jour en France. En 2008, l'étude Eurostaf dénombrait 34 propositions, uniquement sur les projets football, rugby et Basket ! Se pose alors la question du financement et de l'exploitation de ces investissements. Dans son étude sur les projets de stades pour l'Euro 2016, la société Sportfive annonçait seulement 37% d'investissement public pour 63% d'investissement privé[20]. La solution viendra dans certains cas du privé (comme OL Land ou Arena 92) ou des partenariats publics – privés qui allègeront la facture pour les collectivités publiques. Ce pronostic optimiste se trouve partiellement contredit par le rapport Grands Stades[21] qui soulignait « *les marges de manœuvre extrêmement restreintes qu'autorise une situation économique et financière marquée par une crise mondiale qui n'est pas de nature à susciter l'engagement des investisseurs privés…, combinée au déficit des finances publiques, limitera le recours au financement de l'État…* ». Autrement dit, une certaine frilosité des privés et une aide de l'État réduite risquent d'obliger les collectivités à assumer la majorité des investissements. Quelques éléments à l'appui de cette hypothèse peuvent être présentés.

Rappelons pour mémoire qu'en France la quasi-totalité des clubs professionnels utilise des stades construits par leur commune (ou

---

[19] Arenas 2015, Rapport des commissions grandes salles, présidée par Daniel Costantini, p. 19, mars 2010.
[20] Étude Sportfive, Investissements stades « Les stades, un investissement indispensable et rentable pour la France » janvier 2010.
[21] *Op. cit.*, p. 17.

agglomération) et qu'ils occupent ce stade sous forme de concession domaniale et parfois d'autorisation temporaire d'occupation (AOT).

Seuls les clubs d'Auxerre et d'Ajaccio pour le Football et le Stade Toulousain en rugby possèdent leurs stades, Biarritz (Top 14) et Lens (L1) disposent d'un Bail Emphytéotique Administratif (BEA) et Clermont-Ferrand (Top 14) d'un bail à construction.

Les derniers grands équipements construits récemment en France l'ont été très majoritairement grâce aux investissements publics (Tableau 10). Le stade du Mans fait l'objet d'un partenariat Public-Privé.

Les collectivités restent encore manifestement les principaux pourvoyeurs des projets de développement. La situation est identique à Marseille pour le stade vélodrome (273 M€), à Bordeaux (165 M€), à Roanne 10 M€, mais aussi au Havre (80 M€). Sur les 28 projets dans les cartons ou en cours de construction, 23 le sont sur fonds publics. Certaines collectivités ont abandonné ou modifié leurs projets devant le montant trop important de l'investissement au regard de l'état de leurs finances[22].

Tableau 10 – Coût et financements des « grands équipements récents » en France.

Nom du stade et sport résident	Coût total (M€)	Financement public	Financement privé
Stade des Alpes Grenoble Football	91 M€	Agglomération et Conseil Général	0%
Le Phare Chambéry Hand-Ball	43 M€	Agglomération 78,5% État, Région, Conseil Général 21,5%	0%
Stade Yves du Manoir, Montpellier Rugby	66 M€	Agglomération et Région 100%	0%
Arena Montpellier Hand-ball	53 M€	Agglomération et Région 100%	0%
MMArena Le Mans Football	102 M€	Ville 31% Région et Département 17%	Naming 3% Consortium Le Mans Stadium 49%

Source : Le Monde, la Métro, L'Équipe, tableau par l'auteur.

---

[22] Strasbourg a abandonné son projet, Brest a laissé tomber son projet de nouveau stade pour construire une nouvelle tribune dans l'ancien.

En fait, seuls quelques projets innovent pour leur financement en prétendant s'affranchir totalement ou partiellement des fonds publics. On peut citer principalement pour les projets totalement privés : l'OL Land en football, l'Arena 92 en rugby et la future salle de basket de l'ASVEL, et pour les partenariats public-privé les stades de football de Lille et de Nice. Arrêtons-nous plus précisément sur deux d'entre eux, l'OL Land et le Stade de Lille.

- Si le projet de Jean-Michel Aulas, président de l'OL, fait la part belle aux capitaux privés en ce qui concerne la construction du stade lui-même, il oublie souvent de souligner la part nécessaire d'investissements publics pour les aménagements autour de l'OL Land. Ces investissements chiffrés entre 150 et 180 millions d'euros assureraient une desserte de qualité (tramway, bus, autoroute) indispensable au modèle économique prôné par Jean-Michel Aulas, reposant sur une fréquentation quotidienne importante de ses nombreux commerces, cinémas et autres hôtels. Ce qui est certain, c'est que le montant des investissements publics sollicités devra être assuré et qu'il restera à la charge de la collectivité locale la gestion ou la destruction du Stade de Gerland avec ses 40 000 places.

- Le projet lillois, parfait exemple du nouveau modèle prôné notamment par les différents rapports commandés par le gouvernement, est construit sur le partenariat public-privé. (PPP) Au départ, le montant du projet implique 321 M€ d'investissement, apporté principalement par la société Eiffage qui va l'exploiter, avec une subvention de 45 M€ du Conseil régional. Pendant 31 ans, Lille-métropole (LMCU) devra rembourser environ 10,5 M€/an à Eiffage. Le montage, extrêmement complexe concernant les différents reversements entre les trois acteurs principaux que sont Eiffage, LMCU et le LOSC, le club résident, est assez bien résumé par la Chambre régionale des comptes du Nord-Pas-de-Calais dans son rapport de 22/07/2010. Trois remarques principales sont à retenir :
    - ⇒ Les recettes obtenues par la métropole lilloise seront très faibles. « *La redevance demandée ne correspond pas aux exigences de la loi... elle ne tient pas compte des avantages de toute nature procurés au titulaire de l'autorisation (d'exploitation)* ».
    - ⇒ Le « *montage aboutit à ce que le risque sportif ne sera en réalité pas assumé par le partenaire privé, mais par le partenaire public* ».
    - ⇒ L'endettement du stade ne prend pas en compte les investissements à réaliser pour assurer la desserte du « grand stade »,

lesquels ont été évalués à environ 174 M€, dont une partie sera prise en charge par l'État 36 M€ et le département 20 M€.

Au terme du partenariat, la communauté lilloise aura versé environ 330 M€ à la société Eiffage qui aura exploité à son avantage les infrastructures du stade et des équipements attenants. Les PPP sont présentés comme des systèmes « gagnants-gagnants ». Cela reste à démontrer à l'usage et il ne faudrait pas, *in fine*, que le système se transforme pour les municipalités, comme semblait le craindre la Cour des comptes, en « perdantes-perdantes ».

Cette analyse met en évidence la part encore largement prépondérante des collectivités publiques dans le financement du sport professionnel. Concernant les investissements d'infrastructures, ils servent certes à l'ensemble de la population, mais, sans les projets de grand stade, d'autres choix auraient pu être effectués en termes de coûts d'opportunité par les collectivités publiques. Or, ces analyses ne sont que très rarement engagées lorsque les responsables locaux souhaitent se doter d'équipements sportifs onéreux, qui bénéficient financièrement à des sociétés privées, au détriment d'autres investissements d'infrastructures dont l'utilité, moins prestigieuse, pourrait être encore plus utile à l'ensemble des citoyens.

Bibliographie

ANDREFF Wladimir, NYS Jean-François, *Économie du sport*, Ed. PUF, Coll. « Que Sais-je ? », janvier 2001.
ANDREFF Wladimir, « L'évolution du modèle économique européen de financement du sport professionnel » in J.-J. Gouguet, D. Primault (dir), *Sport et mondialisation : Quel enjeu pour le XXIe siècle ?* in *Reflets et perspectives de la vis économique*, De Boeck, n°2-3, XXXIX, pp. 179-195, 2000.
BAYEUX Patrick, *Le sport et les collectivités territoriales*, Ed. PUF, Coll. « Que sais-je ? » n°3198, 2009.
BAYEUX Patrick, *Les relations entre collectivités locales et clubs sportifs*, Ed. PUS, Voiron, avril 2006.
BENSAHEL Liliane, CHAIX Pierre, FONTANEL Jacques (Dir.), *Regards sur l'économie et le management du sport et des sportifs professionnels*, Ed. L'Harmattan, mai 2009.
BOURG Jean-François, GOUGUET Jean-Jacques, *Analyse économique du sport*, Ed. PUF, juin 1998.

BOURG Jean-François, GOUGUET Jean-Jacques, *Économie du sport*, Ed. La Découverte, Coll. Repères n°309, Paris 2001.
BOURG Jean-François, GOUGUET Jean-Jacques, *Économie politique du sport professionnel. L'éthique à l'épreuve du marché*, Vuibert, Paris 2007.
BOURG Jean-François, NYS Jean-François, *Financement des clubs sportifs et stratégie des collectivités territoriales : nouveaux modèles, nouveaux enjeux*, Ed PUS, Voiron, 2006.
CHAIX Pierre, *Le rugby Professionnel en France : enjeux économiques et sociaux*, L'Harmattan, 2004.
CHAIX Pierre, Sport Professionnel et aides publiques, L'exemple des Conseils Généraux, *Revue Juridique* et *Économiques du Sport* n°93, déc. 2009, Ed. Dalloz.
DURAND Christophe, HELLEU Boris, RAVENEL Loïc, *Basket professionnel en France : approche stratégique et géomarketing*, Ed. PUS, Voiron, 2005.
GOUGUET Jean-Jacques, NYS Jean-François, *Sport et développement économique régional*, Ed. Dalloz, 1993.
VITRANT Amélie, (2008), *De la légitimité à la nécessité actuelle des aides publiques au sport professionnel*, Mémoire de master 2 professionnel Stratégies Économiques du Sport et du Tourisme, UPMF Grenoble.
Tableau des redevances 2004-2005 des clubs de la Ligue 1 et du Top 16 Dossier ANDES 18/02/2006.
Rapport Besson, « Accroître la compétitivité des clubs de football professionnel français », novembre 2008.
Rapport public thématique : « Les collectivités territoriales et les clubs sportifs professionnels », Rapport de la Cour des Comptes, décembre 2009.
Chambre régionale des comptes de Languedoc-Roussillon Rapport d'observations définitives en date du 19 novembre 2007 Ville de Béziers (Hérault).
Rapport d'observations définitives, Lille Métropole Communauté Urbaine, Chambre régionale des comptes du Nord-Pas-de-Calais, 22/07/2010.
Rapport d'observations définitives, Le soutien apporté par la ville de Toulon au Racing Club Toulonnais, Chambre régionale des comptes Provence-Alpes-Côte d'Azur 12/02/2008.
Études Eurostaf, « L'exploitation des enceintes sportives : modèles économiques, optimisation commerciale et sécurité juridique », Collection Dynamique des marchés, 1er T 2008.
Arenas 2015, Rapport de la commission Grandes Salles, présidée par Daniel Costantini, Mars 2010.
Étude Sportfive, Investissements stades « *Les stades, un investissement indispensable et rentable pour la France* », janvier 2010.

Nouveaux stades :
quel impact sur l'économie
des clubs de football français ?[1]

Frédéric BOLOTNY
Consultant en Économie et Marketing du Sport

Dominique DEBREYER
Expert-comptable Cabinet ACCORD-S

LE FOOTBALL PROFESSIONNEL FRANÇAIS est le seul des cinq principaux championnats européens à n'avoir pas connu une amélioration significative de ses performances depuis l'arrêt Bosman de décembre 1995. Sur la base de la participation aux quarts de finale de la Ligue des champions (ex-Coupe d'Europe des clubs champions), les clubs français sont même en léger retrait. Pourtant, l'arrêt Bosman a marqué le début d'une ère de concentration des moyens financiers, humains, et donc des

---

[1] Cet article s'appuie pour l'essentiel sur une étude, rédigée par Frédéric Bolotny et Dominique Debreyer, publiée en janvier 2010 par Sportfive. Cette étude, intitulée « Investissement stades », visait à évaluer dans quelle proportion l'exploitation « jour de match » des stades par les clubs-résidents pourrait majorer, année après année, les impôts et charges sociales perçus par l'État Français. Cette démarche impliquait, dans un premier temps, d'évaluer l'augmentation des recettes « jour de match » des clubs, correspondant à l'assiette des charges fiscales et sociales additionnelles. C'est plus spécifiquement cette première partie de l'étude sur laquelle se fonde le présent article. Les auteurs tiennent tout particulièrement à remercier la société Sportfive d'avoir accepté la reprise des conclusions de celle-ci.

performances sportives sur quelques clubs et pays leaders[2] dont la France ne fait plus vraiment partie.

Ainsi, au cours des 14 saisons « post-Bosman », l'ensemble des autres pays européens n'a obtenu que 17 places de quarts de finalistes sur 112 possibles (soit 15%), contre 66 pour les 14 saisons précédentes (soit 59%) !

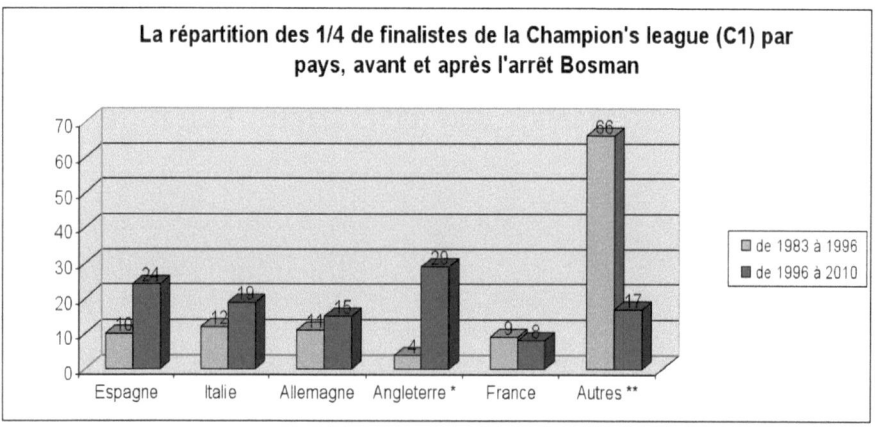

Source : d'après « L'exploitation des enceintes sportives », Frédéric Bolotny, Guillaume Gouze, Eurostaf/Les Échos Études, février 2008.

* Suite au drame du Heysel, les clubs anglais ont été suspendus de toute compétition européenne de 1985 à 1991. Ils ont mis ensuite plusieurs saisons à retrouver le plus haut niveau européen.
** Autres pays quarts de finalistes de 1983 à 1996 : Portugal (10), URSS/Russie (10), Belgique (7), Pays-Bas (6), Suède (5), Écosse et Roumanie (4), Yougoslavie et Turquie (3), Autriche, Grèce et Pologne (2), Croatie, RDA, Tchécoslovaquie, Danemark, Bulgarie, Finlande Russie et Ukraine (1) ;
De 1997 à 2010 : Portugal et Pays-Bas (4), Ukraine et Grèce (2), Turquie et Norvège (1)

---

[2] Cette tendance a bien sûr été significativement renforcée par l'évolution des systèmes de qualification (possibilité d'avoir plusieurs clubs par pays qualifiés pour la C1 à partir de 1997) et des formats de compétition faisant la part belle aux poules, au détriment des matchs à élimination directe (cette tendance s'est toutefois de nouveau inversée plus récemment afin de rendre la Champions League plus attractive, avec, notamment, la réintroduction de huitièmes de finale.

Cette perte de compétitivité sportive des clubs français depuis une quinzaine d'années est bien évidemment liée à des facteurs économiques, et principalement à l'inadaptation d'un parc de stades totalement obsolète (67 ans de moyenne d'âge pour les stades actuels). La Coupe du monde 1998 aurait pu être l'occasion de laisser de ce point de vue un héritage aux clubs français, à l'instar du Mondial 2006 en Allemagne. Mais les moyens ont été pour l'essentiel concentrés sur le seul Stade de France, qui n'est d'ailleurs pas occupé par un club résident, contrairement à 11 des 12 stades allemands construits ou rénovés pour le Mondial.

	Allemagne 2006	France 98
Nombre de stades concernés	12	10
Constructions nouvelles	5	1
Capacité moyenne	52 730	45 480
Investissement total – dont stade "finale" – dont autres stades	1 411 M€ 242 M€ (Olimpia Stadium de Berlin) 1 169 M€	612 M€ 407 M€ (Stade de France) 205 M€
Part des capitaux privés	67%	35 % (0% hors SDF)

Source : BSC

L'obtention de l'Euro 2016 devrait de ce point de vue constituer une véritable rampe de lancement pour la mise à niveau du parc français, au-delà même des seuls stades concernés par la compétition, en impulsant une indispensable mutation politique, économique, juridique. Cet article porte ainsi sur un échantillon de vingt projets de construction ou de rénovation de stades, qui devraient être (notamment) occupés par des clubs-résidents[3].

---

[3] Cet échantillon de vingt projets (treize concernant des clubs de Ligue 1 et sept des clubs de Ligue 2) a surtout vocation à poser des hypothèses de calcul réalistes en termes d'évolution de la capacité d'accueil grand public et VIP. Les recettes additionnelles des clubs et les charges sociales et fiscales afférentes seront ensuite évaluées globalement, sans tenir compte des particularismes locaux, par souci de simplification et pour doter nos évaluations d'une portée plus générale. Les

Les deux tendances lourdes sont l'arrivée de fonds privés (l'investissement privé couvrirait plus de la moitié du coût des stades de l'Euro, hors accès et aménagement environnants), et, conséquemment, une approche multifonctionnelle des stades afin de les rentabiliser en dehors de l'activité des clubs résidents. Si les ressources peuvent être diversifiées, il semble néanmoins que les recettes « jour de match » restent largement majoritaires dans la plupart des cas.

Après être revenus sur les faiblesses du business model des clubs français, et avoir présenté les caractéristiques des vingt projets concernés, nous proposerons ainsi une évaluation des recettes « matchday » additionnelles liées à ces stades, nouveaux ou rénovés, qu'il s'agisse de la billetterie, des revenus d'hospitalité sportive ou du catering (restauration et buvettes).

Les sources de revenus pour un stade

Match Day	Hors Match Day	Revenus espaces annexes stade	Revenus hors site
Ticketing Loges Business Seats Catering Sponsoring Parking Merchandising broadcasting Divers	Autres événements (concerts, sport...) Sponsoring Naming Rights Merchandising Conférences Séminaires Catering Location espaces du stade (Fitness center, hôtel)	Espaces autour du stade : Centres commerciaux Centres de conférence Hôtels Bureaux Résidences	Espaces éloignés de l'enceinte mais en lien avec le projet : Résidences Boutiques Hôtels Bureaux Ex. : Arsenal

Source : Le Stade au cœur de la relance économique, LFP-ESSMA, 2009

---

vingt projets, qui seront ensuite anonymés, sont les suivants : Valenciennes, Le Mans, Lille, Nancy, Lyon, Marseille, Nice, Lens, Bordeaux, Saint-Etienne, Paris, Boulogne s/ mer et Toulouse (Ligue 1) ; Metz, Strasbourg, le Havre, Clermont-Ferrand, Dijon, Brest et Châteauroux (Ligue 2). Les données sur lesquelles sont basées cet article sont celles de l'étude publiée en 2010. Certaines ont évolué depuis, mais l'essentiel, de même que le raisonnement reste d'actualité.

Le football professionnel français : ses faiblesses, ses projets

Clubs français : un business model insuffisamment diversifié, des revenus du stade trop faible

Comparativement aux quatre autres grands championnats européens, la Ligue 1 française souffre :

- d'un chiffre d'affaires par club inférieur : 49,5 M€ hors transferts en 2007-2008, contre plus de 70 M€ pour l'Italie et l'Espagne, 80 M€ pour l'Allemagne et 122 M€ pour la *Premier League* anglaise[4].

- d'un modèle économique insuffisamment diversifié : les droits médias représentent 56% des ressources des clubs ; seule l'Italie, dont le parc de stades est également obsolète, présente un ratio supérieur. Les ressources *jour de match* des clubs français, très étroitement corrélées à la capacité et à la qualité des stades, sont sous-développées : avec moins de 7 M€, la recette annuelle en *ticketing* d'un club de Ligue 1 est, en moyenne, trois fois inférieure à celle observée dans les quatre championnats concurrents (le rapport étant même de un à cinq entre la Ligue 1 et la *Premier League*).

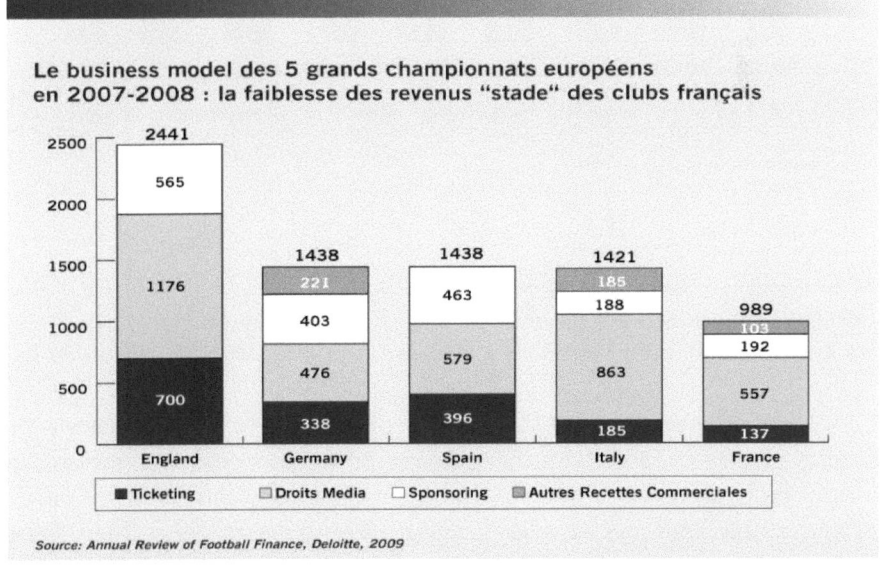

[4] Sans la récente dévaluation de la Livre, le CA moyen d'un club de Premier League dépasserait 150 M€.

L'écart est légèrement moins prononcé en matière de sponsoring. Il reste néanmoins très important puisqu'un club de Ligue 1 génère à peine 9,5 M€ par saison en sponsoring et hospitalité sportive, contre, par exemple, 22,4 M€ pour un club allemand.

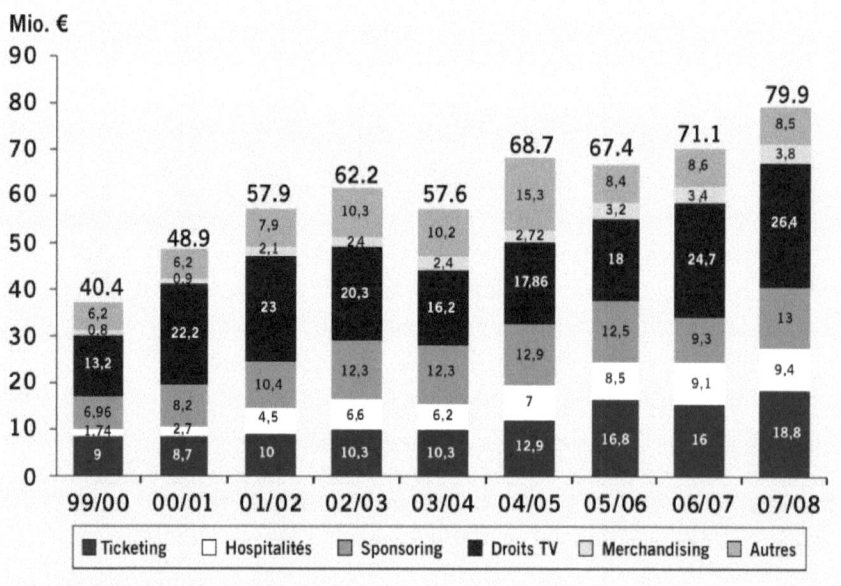

À l'exception notable du poids des droits médias, le *business model* actuel d'un club de Ligue 1 est proche de celui d'un club de *Bundesliga* du début des années 2000, qu'il s'agisse du montant ou de la structure des revenus.

L'évolution depuis 1999-2000 des ressources des clubs allemands en *ticketing* (+ 109 %, soit 10% d'augmentation en moyenne par saison), et surtout en hospitalité (+ 440 %, soit une croissance annuelle moyenne de 24%), semble indiquer la voie à suivre aux clubs français. Mais cette croissance des recettes *jour de match* allemandes constitue bien évidemment la conséquence directe de la restructuration en profondeur du parc de stades, dans la perspective du Mondial 2006 (1,5 Md€ investis dans la construction ou la rénovation de 12 stades).

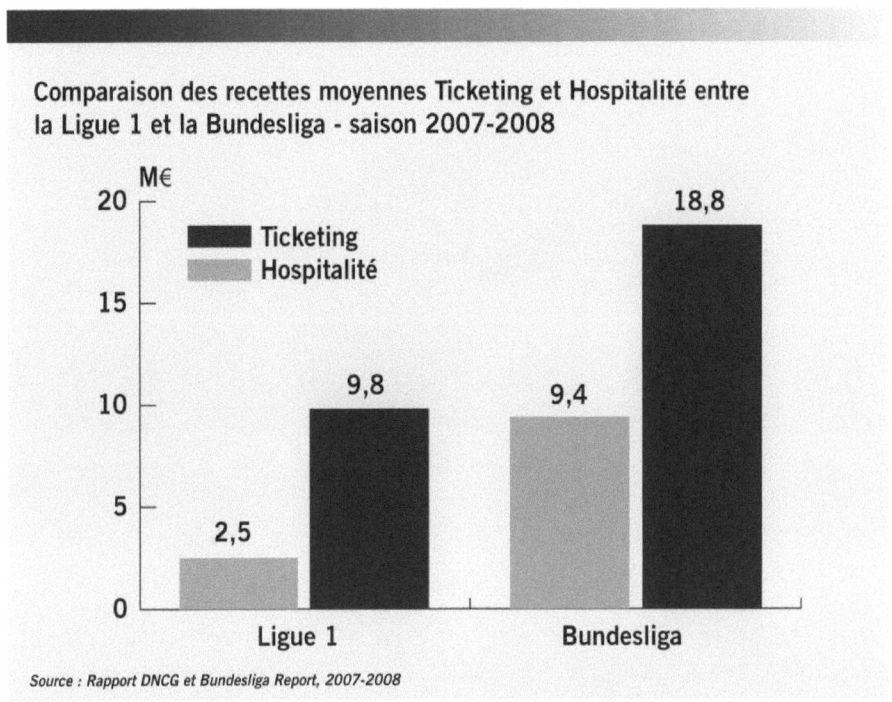

Un club de Ligue 1 génère en 2007-2008 deux fois moins de recettes *ticketing* qu'un club de Bundesliga. Le différentiel est même de un à quatre pour les revenus VIP.

La faiblesse des revenus du stade est encore plus prononcée en Ligue 2, avec à peine 1 M€ de *ticketing* par club (soit moins de 10% du chiffre d'affaires), et 2,5 M€ de recettes de sponsoring et d'hospitalité, à rapporter aux 5,5 M€ de revenus médias qui représentent près de la moitié du CA des clubs.

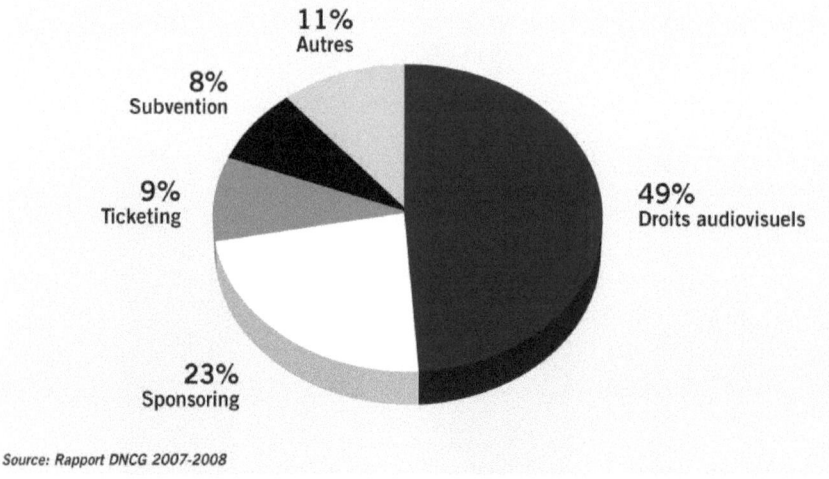

La Ligue 2 : un business-model télédépendant, fruit de la solidarité L1-L2 et de la redistribution des droits média (CA moyen = 11,1M€)

- 49% Droits audiovisuels
- 23% Sponsoring
- 9% Ticketing
- 8% Subvention
- 11% Autres

Source: Rapport DNCG 2007-2008

Données de cadrage relatives aux vingt projets de rénovation et de construction de l'échantillon

Si le déficit de recettes de billetterie grand public des clubs français est plus lié au panier moyen qu'à l'affluence[5], la capacité d'accueil des stades demeure un élément essentiel pour pouvoir présenter une offre segmentée, susceptible de satisfaire un public aisé, grâce à une offre plus qualitative, tout en maintenant un quota suffisant de places « bon marché » pour ne pas se couper de sa base populaire. La capacité d'accueil des vingt projets est ainsi portée à une moyenne de près de 35 000 places, contre 25 300 pour les vingt stades actuels. Les futurs stades de Ligue 1 pourront accueillir près de 40 000 spectateurs (+ 33%), et ceux de Ligue 2 près de 25 000 (+ 42%).

---

[5] Voir plus loin.

L'évolution de la capacité d'accueil VIP, véritable talon d'Achille des stades français, est encore plus significative puisque l'augmentation sera en moyenne de 165% sur les vingt stades étudiés, avec près de 3 700 places à prestation dans les futurs stades de Ligue 1 et de 2 200 dans ceux de Ligue 2. L'évolution sera bien sûr également qualitative, ce qui, avec l'accroissement de la capacité VIP, permettra d'offrir un gamme plus élargie de prestations et de prix, susceptible de satisfaire la diversité des demandes d'hospitalité.

Futurs stades : une capacité Grand Public et VIP en forte hausse

	Stade	Stades actuels			Futurs Stades		
		Capacité brute	Nombre de places Hospitalités	Places Hospitalités / Capacité brute (en%)	Capacité brute	Nombre de places Hospitalités	Places Hospitalités / Capacité brute (en%)
LIGUE 1	stade 1	55 502	2 407	4,34%	70 000	7 000	10,00%
	stade 2	48 848	1 660	3,40%	42 000	4 000	9,52%
	stade 3	41 233	1 789	4,34%	43 000	3 500	8,14%
	stade 4	41 069	2 075	5,05%	62 000	6 100	9,84%
	stade 5	35 525	1 313	3,70%	41 000	2 900	7,07%
	stade 6	34 694	1 221	3,52%	42 000	4 000	9,52%
	stade 7	31 734	1 220	3,84%	32 000	2 500	7,81%
	stade 8	20 087	1 202	5,98%	32 000	2 600	8,13%
	stade 9	18 696	400	2,14%	35 000	2 900	8,29%
	stade 10	17 963	1 120	6,24%	50 000	6 800	13,60%
	stade 11	16 600	1 000	6,02%	25 000	2 200	8,80%
	stade 12	16 547	836	5,05%	25 000	1 700	6,80%
	stade 13	8 726	400	4,58%	17 000	1 650	9,71%
	MOYENNE L1	29 786	1 280	4,30%	39 692	3 681	9,27%
	% d'Augmentation				33,26%	187,51%	115,76%
LIGUE 2	stade 14	29 000	1 132	3,90%	36 000	2 900	8,06%
	stade 15	26 661	854	3,20%	33 000	2 300	6,97%
	stade 16	17 072	1 000	5,86%	20 000	1 700	8,50%
	stade 17	16 382	1 000	6,10%	25 000	3 500	14,00%
	stade 18	11 980	1 000	8,35%	25 000	2 250	9,00%
	stade 19	10 228	920	8,99%	20 000	1 700	8,50%
	stade 20	7 729	700	9,06%	20 000	1 700	8,50%
	MOYENNE L2	17 007	944	5,55%	25 571	2 293	8,97%
	% d'Augmentation				+50,35%	+142,96%	+61,59%
	MOYENNE L1+L2	25 314	1 162	5,18%	34 750	3 195	9,04%
	% d'Augmentation				37%	175%	74%

Le coût global des vingt projets de construction (10 stades) et de rénovation (10 stades) est évalué à ce jour à près de 2,2 milliards d'euros. Si la répartition entre l'investissement public et l'investissement privé n'est pas encore connue pour tous les projets (rappelons que les travaux liés aux stades de l'Euro devraient être financés pour près des deux tiers par le secteur privé), il convient de constater que la maîtrise d'ouvrage publique (MOP) n'est plus la solution unique, ni même majoritaire. Ainsi, sur les quinze projets dont le modèle de financement est connu, seuls six stades feront l'objet d'une MOP. Les modèles de financement mixtes seront les plus usités ce qui constitue, en France, une évolution particulièrement marquante.

La grande diversité des projets stades

	Stade	Projet	Modèle de financement et/ou d'exploitation	Coût de construction en M€
LIGUE 1	stade 1	Rénovation	Partenariat Public-Privé	140
	stade 2	Rénovation	Bail Emphytéotique Administratif	70
	stade 3	Rénovation	Bail Emphytéotique Administratif	110
	stade 4	Construction	Privé	340
	stade 5	Rénovation	Maîtrise d'Ouvrage Public	70
	stade 6	Construction	nc	180
	stade 7	Rénovation	Maîtrise d'Ouvrage Public	54
	stade 8	Rénovation	Bail Emphytéotique Administratif	60
	stade 9	Construction	Partenariat Public-Privé	140
	stade 10	Construction	Partenariat Public-Privé	320
	stade 11	Construction	Concession	100
	stade 12	Construction	Maîtrise d'Ouvrage Public	80
	stade 13	Construction	nc	50
LIGUE 2	stade 14	Construction	nc	160
	stade 15	Rénovation	Bail Emphytéotique Administratif	35
	stade 16	Rénovation	Maîtrise d'Ouvrage Public	70
	stade 17	Construction	Maîtrise d'Ouvrage Public	80
	stade 18	Rénovation	Maîtrise d'Ouvrage Public	30
	stade 19	Construction	nc	60
	stade 20	Rénovation	nc	30
Totaux				2 179

Billetterie, prestations d'hospitalité, *catering* : l'impact des futurs stades sur les ressources « *matchday* » des clubs

Des stades plus grands et plus confortables doivent permettre une augmentation des recettes *jour de match* des clubs français, pour l'heure sous-valorisées. On peut, sur la base d'hypothèses liées à un effet volume d'une part et à un effet prix d'autre part, proposer une évaluation des recettes additionnelles que permettent d'envisager les vingt projets étudiés. Cette évaluation portera sur la saison 2014-2015 en faisant l'hypothèse que ces vingt projets seront finalisés à cette date.

Le Ticketing : quelles recettes supplémentaires avec 20 nouveaux stades ?

Alors que les abonnements et la billetterie représentaient plus de 80% du budget des clubs français au début des années 1970, le téléspectateur pèse désormais quatre à cinq fois plus que le spectateur dans les recettes, tant en Ligue 1 qu'en Ligue 2. Ce déséquilibre excessif rend le football français totalement dépendant des droits médias, et donc en danger à chaque nouvel appel d'offres.

Un potentiel « grand public » sous-exploité

D'après une étude IPSOS/LFP datant de novembre 2008[6], 34% des Français se disent assez ou très intéressés par le football, mais ils ne sont que 12% à s'être rendus dans un stade de Ligue 1 ou de Ligue 2 au cours de la saison 2007-2008.

Près des trois quarts, des personnes intéressées par le football n'ont ainsi pas assisté à un seul match en 2007-2008, ce qui témoigne d'un véritable potentiel, pour l'heure inexploité.

---

[6] Source : *Enquête sur les publics de Ligue 1 et de Ligue 2*, Ipsos Public Affairs - Ligue de Football Professionnel, 18 novembre 2008.

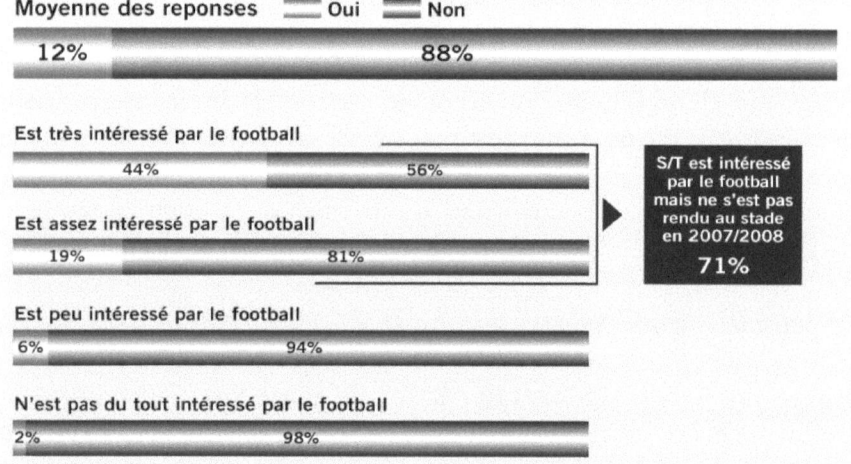

Cette même étude se concentre ensuite sur la population qui s'est rendue au stade au moins une fois dans la saison, en l'interrogeant sur les critères jugés déterminants dans l'appréciation portée à la qualité des stades, puis en lui demandant d'attribuer une note sur 10 à ces mêmes critères.

En croisant les réponses aux deux questions, quatre éléments apparaissent comme particulièrement problématiques pour les spectateurs :

- la protection à l'égard des intempéries et du froid (essentiel pour 47 % des spectateurs ; note moyenne 6/10) ;
- le confort des sièges (essentiel pour 32% des spectateurs ; note moyenne 5,8/10) ;
- la propreté des sanitaires (essentiel pour 61% des spectateurs ; note moyenne 6/10) ;
- et à un moindre niveau, le rapport qualité-prix de la nourriture et des boissons qui obtient la note la plus basse (5,5/10), mais n'est considéré comme essentiel que par 27% des spectateurs.

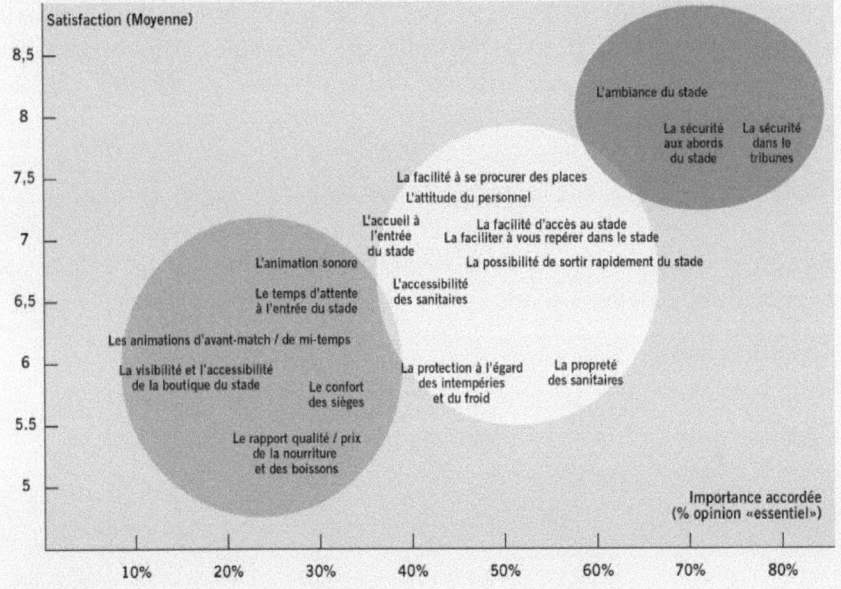

Les deux premiers critères correspondent à des éléments liés à l'infrastructure même du stade, les deux suivants relevant plus de la qualité des services proposés. Quoi qu'il en soit, des stades modernes et adaptés aux attentes du public devraient permettre d'optimiser la satisfaction des spectateurs, et donc d'accroître l'affluence, mais aussi le panier moyen.

Diagnostic ticketing : pas assez de monde ou pas assez cher ?

- **Une affluence contrainte par une capacité d'accueil insuffisante**

Avec 20 900 spectateurs par match en 2008-2009, l'affluence moyenne en Ligue 1, la plus modeste de ces cinq dernières saisons, est sensiblement inférieure à celle des quatre autres grands championnats. La Ligue 1 est même repassée derrière le *Calcio* italien, qui connaît un relatif sursaut depuis deux saisons, après avoir perdu 40% de spectateurs en moins de dix ans, principalement du fait de l'obsolescence de ses stades.

Là encore, toutes proportions gardées, l'Allemagne et son parc de stades profondément rénové pour le Mondial 2006 semble indiquer la voie à suivre, avec une affluence moyenne qui est passée de 28 400 à 42 600 spectateurs en 8 saisons.

La Ligue 2 est quant à elle en progression, avec 20% de spectateurs gagnés en 5 ans ; mais ses recettes de billetterie demeurent particulièrement basses et représentent moins de 10% de ses ressources, près de 30% des spectateurs étant des invités ou des ayants droit n'ayant pas à payer leur place.

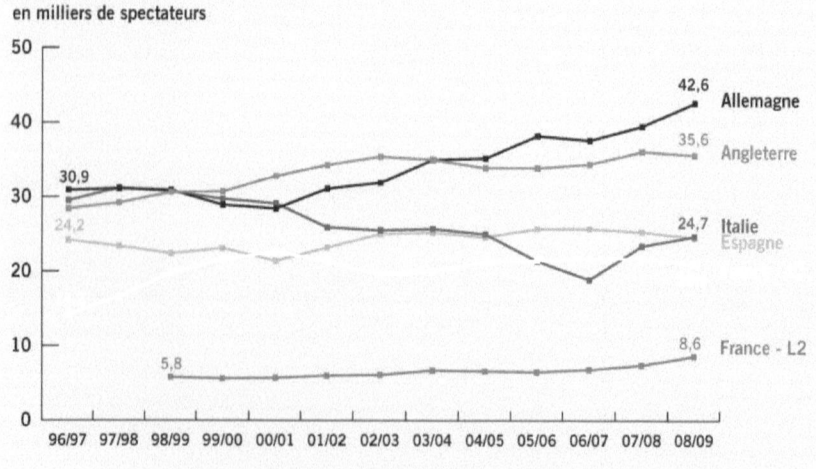

L'évolution des affluences moyennes par match dans les 5 grands championnats européens et la Ligue 2

Source: Annual Review for Football Finance, Deloitte, juin 2009 ; sauf L2 par les auteurs

L'écart entre la France et les championnats étrangers est moindre en termes de taux de remplissage : avec 75,4%, la Ligue 1 réalise un score comparable à la *Liga* espagnole, et fait mieux que le *Calcio* ; mais la capacité d'accueil des stades – moins de 29 000 places en moyenne, soit 30% de moins que la moyenne de ses quatre concurrents – en est bien évidemment la raison essentielle.

Capacité et affluences moyennes dans les 5 grands championnats en 2007-2008

Championnat	Capacité moyenne	Affluence moyenne	Taux de remplissage moyen	% des abonnements dans les fréquentations
Bundesliga - Allemagne	45 390	39 426	88%	53%
Premier League - Angleterre	38 876	36 076	93%	66%
Liga - Espagne	38 900	29 124	75%	79%
Serie A - Italie	43 000	23 180	54%	74%
Ligue 1 - France	28 920	21 804	75%	55%

Source : Le stade au cœur de la relance économique, LFP-ESSMA, 2009

Il est certes légitime de s'interroger sur le fait que l'accroissement de la capacité d'un stade implique « mécaniquement » une hausse proportionnelle des affluences. Le document ci-après, portant sur un échantillon de seize enceintes récentes réparties dans neuf pays différents, semble pourtant démontrer qu'il existe un véritable effet « nouveau stade » :

- sur l'affluence moyenne, qui augmente fortement dès la première saison (+ 56%) ;
- mais aussi sur le taux de remplissage moyen, qui passe de 60 à 78%, la hausse des affluences étant proportionnellement supérieure à celle de la capacité des stades de cet échantillon.

"L'effet nouveau stade": comparatif de la capacité et de l'affluence moyenne entre la dernière saison dans l'ancien stade et la première saison* dans le nouveau stade

Stade	Ville	Capacité ancien stade	Affluence ancien stade	taux de remplissage ancien stade	Capacité nouveau stade	Affluence nouveau stade	Taux de remplissage nouveau stade	Hausse du taux de remplissage	Hausse affluence
Stade de Suisse	Berne	11 900	7 385	62%	31 784	14 139	44%	-18%	91%
Parc Saint-Jacques	Bâle	38 500	15 152	39%	42 500	25 820	61%	21%	70%
Stade des Alpes	Grenoble	11 900	5 773	49%	20 068	16 677	83%	35%	189%
AOL Arena	Hambourg	61 200	32 286	53%	57 274	41 734	73%	20%	29%
Allianz Arena	Munich	69 250	53 294	77%	69 901	67 641	97%	20%	27%
Volkswagen Arena	Wolfsburg	21 600	14 382	67%	30 000	23 025	77%	10%	60%
Stadio do Drago	Porto	50 000	28 248	56%	50 214	36 038	72%	15%	28%
Jose Alvalade	Lisbonne	52 411	14 789	28%	50 012	30 958	62%	34%	109%
Emirates Stadium	Londres	38 419	38 134	99%	60 355	60 045	99%	0	57%
City of Manchester Stadium	Manchester	52 000	34 565	66%	47 726	46 834	98%	32%	35%
Walkers Stadium	Leicester	22 000	19 835	90%	32 500	29 231	90%	0	47%
Donbass Arena	Donetsk	26 100	15 387	59%	51 500	45 412	88%	29%	195%
Gereldome	Arnhem	14 500	7 287	50%	29 600	23 080	78%	28%	217%
Cornelia el Prats	Barcelone	55 000	23 832	43%	40 000	28 350	71%	28%	19%
Red Bull Arena	Salzbourg	15 000	6 990	47%	31 000	13 683	44%	-2%	96%
Neuer Tivoli	Aix-la-Chapelle	21 600	19 975	92%	32 960	25 740	78%	-14%	29%
MOYENNE		35 086	21 082	60%	42 337	33 025	78%	+30%	+56%

(*) dernières et premières saisons complètes

Source: *Ligues professionnelles, traitement par les auteurs*

Nous retiendrons une hypothèse plus prudente pour nos extrapolations relatives aux recettes de *ticketing*, en raisonnant à taux de remplissage constant, c'est-à-dire avec une hausse de l'affluence proportionnelle à celle de la capacité ; pour autant, **l'effet « nouveau stade » semble indéniable et significatif.**

Même s'il est particulier, du fait d'une montée en Ligue 1 pour la première saison complète au stade des Alpes, inauguré en 2008, le cas du Grenoble Foot 38 - + 189% d'affluence moyenne en une saison, avec un taux de remplissage qui, malgré le doublement de la capacité d'accueil, est passé de 49 à 83% - est symptomatique de cet effet « nouveau stade ». Cet exemple laisse à penser qu'il n'existe aucune raison pour que ce phénomène, observé à l'étranger, ne le soit pas en France.

- **Recette moyenne par spectateur : le retard du football français plus lié aux prix qu'à l'affluence**

    Si le différentiel de recettes *ticketing* entre la France et ses concurrents s'explique en partie par un effet volume lié aux affluences, l'écart de recette moyenne par spectateur – l'effet prix – est encore plus prononcé. En 2007-2008, le panier moyen (hors achats et consommations au stade) n'est ainsi que de 17€ en France[7] contre 51€ en Angleterre, 40€ en Espagne, 25€ en Allemagne et 21€ en Italie. La Ligue 1 n'aura ainsi gagné que 2 euros de plus par spectateur en l'espace de 8 saisons, soit à peine l'équivalent de l'inflation observée sur la période.

---

[7] Ces évaluations prennent également en compte les recettes liées aux Coupes européennes. Pour le seul championnat, la recette moyenne par spectateur s'élève en 2007-2008 à 15,5 € en Ligue 1 et à 7,11€ en Ligue 2 (voir plus loin).

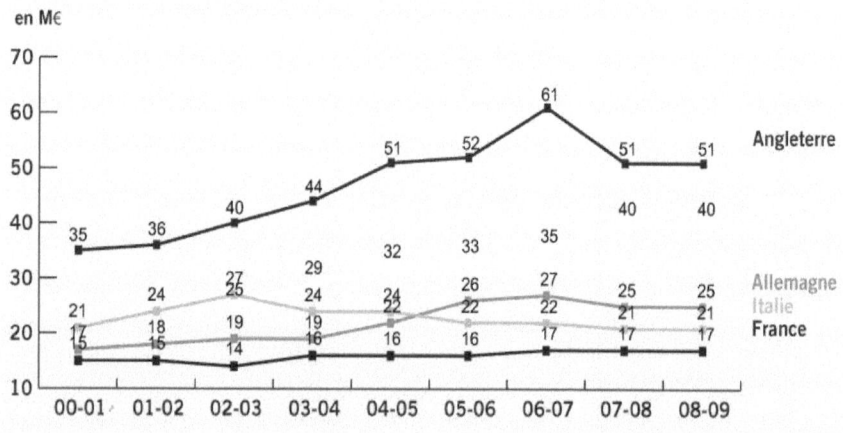

"Big five" - l'évolution de la recette moyenne par spectateur (en €) : la France plus que jamais en queue de peloton

Source: DFL; Lega Calcio; LFP (France); Deloitte Analysis

Avec des taux de remplissage de 88% et 93%, la *Bundesliga* et surtout la *Premier League* ont pu, à des niveaux différents, miser sur la saturation de l'offre pour augmenter le prix de leurs places ; leur recette moyenne par spectateur n'a ainsi cessé de croître entre 2000-2001 et 2006-2007 (+ 75% en *Premier League* et + 59% en *Bundesliga* en 6 saisons). Une diminution du prix des billets semble s'amorcer dans ces deux pays, mais il est encore trop tôt pour conclure à une véritable inversion de tendance. Seule l'Espagne aura vu son panier moyen augmenter au cours de cette saison, avec une hausse de près de 15% par rapport à la précédente.

Au global, la Ligue 1 draine une affluence par match inférieure de 30% à celle de ses quatre concurrents, mais dégage surtout une recette par spectateur deux fois moins élevée.

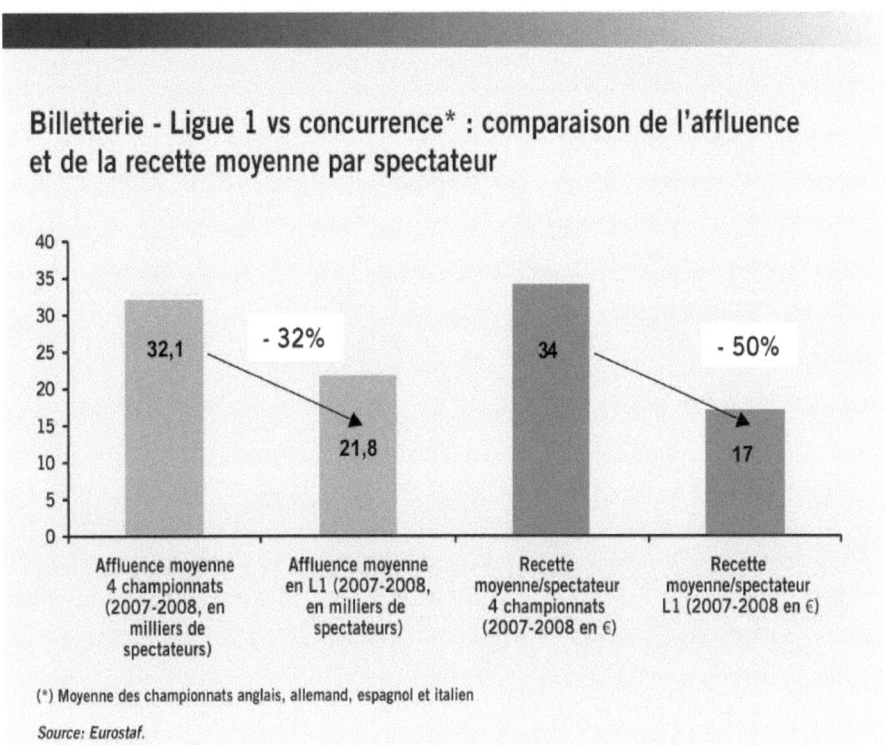

(*) Moyenne des championnats anglais, allemand, espagnol et italien

Source: Eurostaf.

Ainsi, le différentiel de recettes *ticketing* entre la Ligue 1 et les quatre autres grands championnats européens s'explique plus par un effet prix qui représente près de 75% de l'écart, que par l'effet volume lié à une affluence moins nombreuse.

Ce résultat semble indiquer que la problématique des enceintes françaises relève au moins autant d'une qualité médiocre que d'une capacité insuffisante. Même si le consentement à payer des spectateurs est certainement inférieur à ce qu'il est, par exemple, en Angleterre, **les clubs français pourraient certainement, avec une offre de meilleure qualité reposant sur de nouveaux stades plus confortables, accroître de manière significative ce panier moyen, sans pour autant sacrifier les places populaires grâce à une capacité d'accueil supérieure.**

Évaluation des recettes additionnelles de ticketing entre 2007-2008 et 2014- 2015

Méthodologie

L'évaluation des recettes de *ticketing* pour la saison 2014-2015 est fondée sur des hypothèses découlant de nos précédentes observations :

- L'évolution de la capacité d'accueil des nouveaux stades correspond à la réalité des vingt projets étudiés : 39 787 places pour les treize projets Ligue 1 (contre 29 786 places dans les stades actuels) et 25 643 places pour les sept projets Ligue 2 (contre 17 007 places dans les stades actuels).
- De cette capacité d'accueil « brute » sont retranchées les places VIP d'une part, et un quota de 500 (stades actuels) et 1 000 places (projets) réservées aux médias et aux personnes à mobilité réduite[8] d'autre part, afin d'obtenir une capacité « nette ».
- L'affluence estimée dans les futurs stades est évaluée à taux de remplissage constant (75% pour la Ligue 1 et 42% pour la Ligue 2), et donc majorée du fait de l'augmentation de la capacité nette des enceintes. **Il s'agit d'une hypothèse prudente** au regard de l'augmentation du taux de remplissage de 30% observée sur seize stades livrés récemment (voir supra le document sur l'effet « nouveau stade »).
- Nous avons posé l'hypothèse d'une recette *ticketing* moyenne par spectateur en augmentation de 50% en monnaie courante : de 15,5 € en 2007-2008 à 23,3 € en 2014-2015 par spectateur en Ligue 1 et de 7,1 € à 10,7 € en Ligue 2. Là encore, l'hypothèse semble relativement prudente, car :
    - ce panier moyen est pour l'heure particulièrement bas par rapport aux championnats étrangers ;
    - l'augmentation n'est que de 30% en euros constants, sur la base d'un taux d'inflation à 2% l'an.
- Enfin, le nombre de matchs à domicile par club et par saison a été fixé à 21, soit 19 rencontres de championnat et 2 pour les Coupes nationales (Coupe de France et Coupe de la Ligue) ou européennes pour la Ligue 1 et 20 pour la Ligue 2, ce qui correspond a des minima.

---

[8] En France, un stade doit consacrer 1.5% de sa capacité nette aux personnes à mobilité réduite.

Sur la base de ces hypothèses, les recettes additionnelles de *ticketing* engendrées par les vingt stades neufs ou rénovés de notre échantillon (2014-2015 versus 2007-2008) peuvent être évaluées à :
- 78 M€ courants en Ligue 1 (68 M€ constants), soit 6 M€ de recettes supplémentaires par stade neuf ou rénové ;
- 7,5 M€ courants en Ligue 2 (6,5 M€ constants), soit 1,1 M€ de recettes supplémentaires par stade neuf ou rénové.

La prudence des hypothèses de calcul doit conduire à considérer cette extrapolation comme une évaluation *a minima* de l'impact des nouveaux stades sur le développement des recettes *ticketing* des vingt clubs concernés.

Ligue 1 : un CA additionnel Ticketing évalué à près de 80 M€ pour 13 stades (2014-2015 vs. 2007-2008)

Stades	Capacité brute	Capacité nette**	Taux de remplissage moyen	Nbr. moyen de places vendues / match	Prix moyen / match ***	CA moyen / match	Nombre moyen de matchs / saison régulière	CA moyen / saison régulière	Nombre de stades concernés	CA total
Stades actuels	29 786	28 006	75%	21 005	15,5 €	325 570 €	21	6 836 965 €	13	88 880 542 €
Futurs stades*	39 787	35 095	75%	26 321	23,3 €	611 969 €	21	12 851 350 €	13	167 067 554 €
CA additionnel										78 187 012 €

(*) estimation
(**) Stades actuels : Capacité Brute - (Nb de places VIP + 500 places media et PMR) et futurs stades : Capacité brute - (Nb de places VIP + 1 000 places media et PMR)
(***) hausse de 50% du panier moyen

Ligue 2 :
un CA additionnel Catering évalué à 2,3M€ pour 7 stades

Stades	Capacité brute	Capacité nette	Taux de remplissage moyen	Affluence moyenne / match	panier moyen	CA moyen Catering Jour de match	nombre de matchs	CA moyen annuel Catering / stade	nombre de stades	CA moyen annuel Catering
Stades actuels	17 007	15 504	42%	6 512	1,0 €	6 512 €	20	130 234 €	7	911 635 €
Futurs stades	25 643	22 335	42%	9 381	2,5 €	23 452 €	20	469 035 €	7	3 283 245 €
CA additionnel										2 371 610 €

Hospitalité : quelles recettes supplémentaires avec vingt nouveaux stades ?

Un club comme *Manchester United* génère plus de 40% de son chiffre d'affaires *jour de match* avec moins de 10% des places vendues. Certes, *Old Trafford*, le stade de MU, compte près de 8 000 *business seats* et 200 loges, mais surtout, le revenu annuel moyen est de l'ordre de 10 000€ par *business seat* et de plus de 100 000€ par loge.

Si cet exemple n'est certainement pas transférable à la plupart des clubs français, les prestations d'hospitalité sportive – au-delà du contexte actuel de crise qui impacte, conjoncturellement, la demande des entreprises – recèlent un potentiel considérable, largement sous-exploité en France du fait de l'inadaptation des enceintes.

Déployer et rentabiliser une offre VIP suppose en effet de disposer d'infrastructures adaptées, permettant de proposer des prestations de qualité, en nombre suffisant.

Diagnostic « hospitalité » : un CA contraint par une offre insuffisante

- **Le faible nombre de places à prestations dans les stades français**

Avec à peine 4% de places VIP (loges ou *business seats*), les enceintes françaises des clubs de Ligue 1 ne leur permettent pas d'optimiser l'exploitation des places à prestations, contrainte par une offre qualitativement, mais surtout quantitativement inadaptée.

Un club de Ligue 1 dégage 2,5 M€ de recette moyenne d'hospitalité (hors prix du billet)[9], soit quatre fois moins qu'un club de *Bundesliga* (9,4 M€). Pour autant, les clubs allemands se trouvaient dans une situation similaire au début des années 2000, avant la grande vague de construction et de rénovation des stades dans l'optique du Mondial 2006[10].

---

[9] Il a été pris comme hypothèse que la part billetterie dans les prestations VIP correspondait au prix du billet « grand public » le plus élevé.
[10] Voir plus haut les développements sur la comparaison du *business model* des clubs français et des clubs allemands.

Aujourd'hui, la proportion de places VIP en *Bundesliga* (5,3%) est loin d'être la plus élevée d'Europe. Mais la taille des stades permet aux clubs allemands de disposer de deux fois plus de sièges à prestations que leurs homologues français.

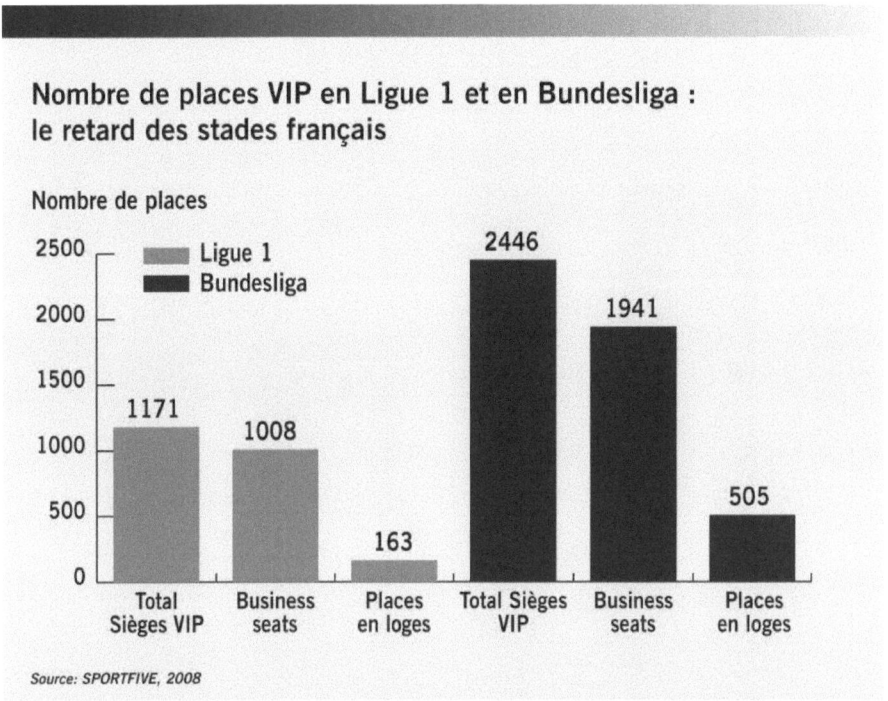

- **Recettes VIP des clubs français : un déficit plus lié à un effet volume qu'à un effet prix**

Ce déficit quantitatif d'offre est d'autant plus dommageable que l'écart est bien moindre en ce qui concerne le prix moyen des places VIP, **ce qui semble témoigner d'un consentement à payer significatif, et donc d'une certaine vitalité de la demande des entreprises françaises.**

Ainsi, sur un échantillon représentatif de clubs français et allemands, les prix moyens des *business seats* sont comparables (moins de 10% d'écart). Malgré la rareté de l'offre, le différentiel est légèrement plus prononcé pour les loges, dont le prix par place est inférieur de 25% en France. Avec un rapport de un à trois entre le nombre de places en loges disponibles dans les stades de Ligue 1 – mois de 160 places en moyenne –

et ceux de *Bundesliga*, l'écart est en effet encore plus grand que pour les *business seats* (deux fois moins de *business seats* en France).

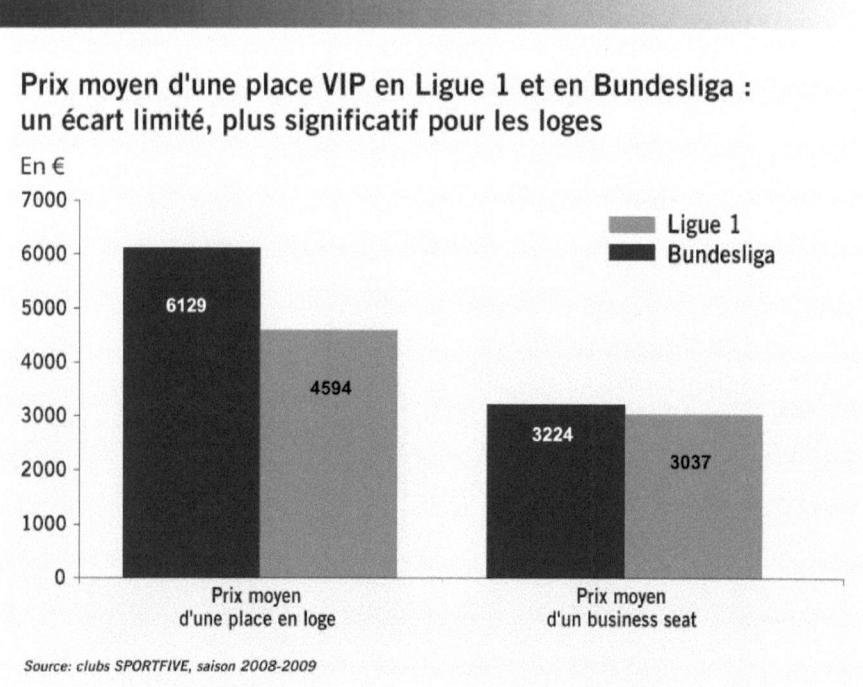

Prix moyen d'une place VIP en Ligue 1 et en Bundesliga : un écart limité, plus significatif pour les loges

Source: clubs SPORTFIVE, saison 2008-2009

Si, pour le *ticketing*, le déficit de recettes des clubs français s'explique plus par le faible niveau du panier moyen que par les affluences, l'analyse est donc diamétralement opposée pour les places à prestations : la problématique relève plus du nombre trop peu élevé de places vendues que de la recette moyenne par *business seat* ou place en loge.

Mais pour vendre plus de places, encore faut-il en avoir à vendre…

Au-delà de cette carence quantitative, l'aspect qualitatif intervient également dans l'explication du différentiel de prix moyen des places à prestations, principalement pour les loges. Les espaces privatifs « haut de gamme » des enceintes françaises sont souvent très loin des standards désormais observés dans les marchés européens plus matures.

Une amélioration quantitative et qualitative des prestations d'hospitalité dans les projets de stades

L'offre VIP constitue donc un enjeu essentiel pour le football français, et les vingt projets de construction ou de rénovation de stades ont pleinement intégré cette donnée. En effet, la proportion de places VIP devrait passer de 5,2% à plus de 9% de la capacité totale des futurs stades, qui sera elle-même supérieure de 40% à la capacité actuelle, Ligue 1 et Ligue 2 confondues.

Si les treize projets de stades concernant des clubs de Ligue 1 sont menés à bien, l'offre VIP dans le football français va connaître une véritable révolution avec trois fois plus de places à prestations à vendre dans les nouveaux stades que dans les stades actuels. Les futurs stades compteront même plus de quatre fois plus de places en loges, qui, avec les business seats « entrée de gamme », font actuellement le plus défaut.

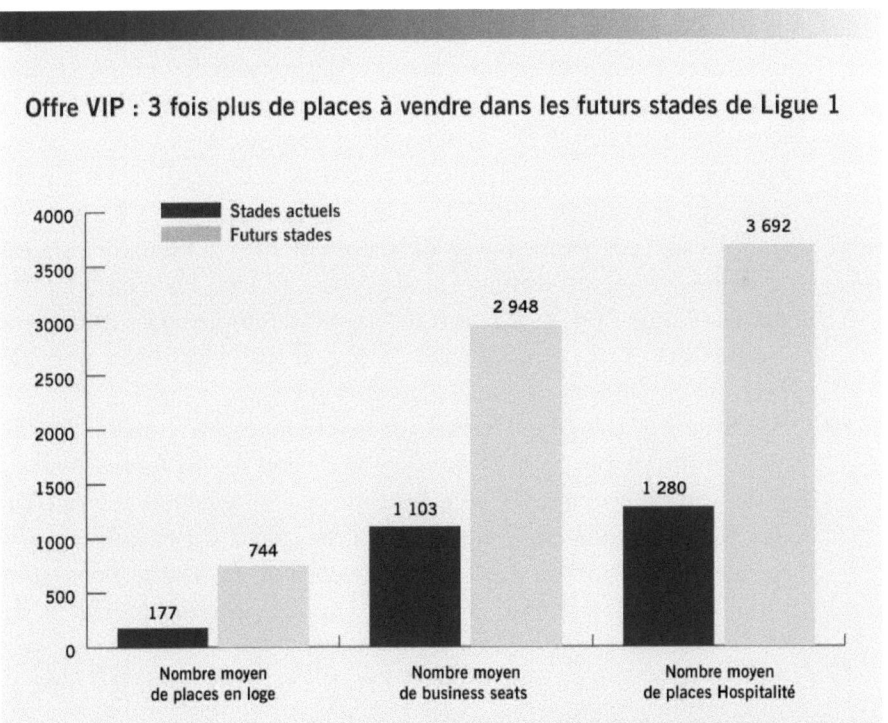

Offre VIP : 3 fois plus de places à vendre dans les futurs stades de Ligue 1

Les sept projets de stades de Ligue 2 bénéficieront quant à eux d'une capacité d'accueil VIP 2,5 fois supérieure à celle actuellement observée.

Évaluation des recettes additionnelles d'hospitalité entre 2007-2008 et 2014- 2015

Méthodologie
L'évaluation des recettes d'hospitalité pour la saison 2014-2015 est fondée sur des hypothèses découlant de nos précédentes observations :
- la capacité d'accueil VIP des nouveaux stades correspond à la réalité des 20 projets étudiés, soit en moyenne 2 948 *business seats* et 744 places en loges pour les 13 projets Ligue 1 (contre 1 103 *business seats* et 177 places en loges dans les stades actuels), et 2 021 business seats et 271 places en loges pour les 7 projets Ligue 2 (contre 809 business seats et 135 places en loges dans les stades actuels).
- Les taux de remplissage VIP correspondent à la réalité pour les stades actuels et à une **évaluation prudente**, sensiblement inférieure aux ratios observés aujourd'hui, pour les futurs stades. Afin de prendre en compte l'augmentation substantielle de la capacité d'accueil VIP, le taux de remplissage des loges a été ramené de 86% dans les stades actuels à 68% dans les futurs stades pour la Ligue 1 (de 83% à 66% pour la Ligue 2). Le taux de remplissage des *business seats* a été ramené de 75% dans les stades actuels à 58% dans les futurs stades pour la Ligue 1 (de 64% à 50% pour la Ligue 2). L'évaluation des taux de remplissage « futurs » a été réalisée projet par projet, avant d'être globalisée afin de prendre en compte les particularismes locaux.
- L'écart entre la Ligue 1 et les autres championnats étant plus lié au nombre de places vendues qu'à la recette moyenne par *business seat* ou place en loge, les recettes futures sont évaluées sur la base des prix actuellement pratiqués, majorés de 2% par saison, correspondant à l'inflation. Le prix moyen d'un *business seat* passerait donc de 3 611 € à 4147 € pour les treize projets Ligue 1 et de 1924 € à 2 211 € pour les sept projets Ligue 2. Le prix moyen d'une place en loge passera de 5 816 € à 6 683 € pour la Ligue 1, et de 3 347 € à 3 846 € pour la Ligue 2.

Ces prix restent donc stables en euros constants.

Sur la base des hypothèses présentées ci-dessus, les recettes additionnelles en hospitalités (places en loges + *business seats*) sont évaluées à :

- 86 M€ courants pour les 13 projets Ligue 1 (53,5 M€ pour les *business seats* et 32,5 M€ pour les loges), soit 6,6 M€ de recettes supplémentaires par club.
- 11 M€ courants pour les 7 projets Ligue 2 (8,5 M€ pour les *business seats* et 2,5 M€ pour les loges), soit 1,5 M€ de recettes supplémentaires par club.

Les Business Seats et loges : un CA additionnel de 86 M€ pour la L1

Business Seats

Stades	Capacité moyenne de places en Business Seats	Taux de remplissage moyen	Nombre moyen de places vendues	Prix moyen Business Seats / saison*	CA moyen / saison et / club	Nombre de stades concernés	CA total
Stades actuels	1 103	75%	827	3 611 €	2 986 297 €	13	38 821 861 €
Futurs stades	2 948	58%	1 710	4 147 €	7 091 370 €	13	92 187 810 €
CA additionnel							53 365 949 €

Loges

Stades	Capacité moyenne de places en loges	Taux de remplissage moyen	Nombre de places moyennes vendues / match et / club	Prix moyen place en loge / saison*	CA moyen / saison et / club	Nombre de stades concernés	CA total
Stades actuels	177	86%	152	5 816 €	884 032 €	13	11 492 416 €
Futurs stades	744	68%	506	6 683 €	3 381 598 €	13	43 960 774 €
CA additionnel							32 468 358 €

(*) estimation

Les Business Seats et loges : un CA additionnel de 11 M€ pour la L2

Business Seats

Stades	Capacité moyenne de places en Business Seats	Taux de remplissage moyen	Nombre moyen de places vendues	Prix moyen Business Seats / saison*	CA moyen / saison et / club	Nombre de stades concernés	CA total
Stades actuels	809	64%	518	1 924 €	996 632 €	7	6 976 424 €
Futurs stades	2 021	50%	1 011	2 211 €	2 235 321 €	7	15 647 247 €
CA additionnel							8 670 823 €

Loges

Stades	Capacité moyenne de places en loges	Taux de remplissage moyen	Nombre de places moyennes vendues / match et / club	Prix moyen place en loge / saison*	CA moyen / saison et / club	Nombre de stades concernés	CA total
Stades actuels	122	83%	101	3 347 €	338 047 €	7	2 366 329 €
Futurs stades	271	66%	179	3 846 €	688 434 €	7	4 819 038 €
CA additionnel							2 452 709 €

(*) estimation

Catering : quelles recettes supplémentaires avec vingt nouveaux stades ?

La participation croissante d'investisseurs privés à la conception, à la construction, au financement et à l'exploitation des enceintes sportives implique que celles-ci soient de plus en plus conçues comme des centres de profit, et non plus comme le simple réceptacle bimensuel d'un spectacle sportif. Les différentes sources de recettes potentielles, susceptibles de participer au retour sur investissement, sont ainsi mieux prises en compte. Le *catering* appartient à ces activités pour l'heure sous-valorisées, qui recèlent donc de significatives réserves de croissance.

Diagnostic catering : une offre insatisfaisante ne permettant pas de maximiser les consommations au stade

Le *catering* représente une autre faiblesse structurelle des enceintes françaises : la recette moyenne par spectateur est actuellement évaluée à moins de 1€. Si la Loi Evin, n'autorisant pas la vente d'alcool dans les stades, est souvent invoquée, elle est bien loin d'en être la seule raison. Le trop faible nombre de points de vente, particulièrement invalidant lorsque les achats des spectateurs se concentrent sur des temps limités (avant-matchs et mi-temps), et leur inadaptation sont en cause.

L'accessibilité des buvettes et des stands de restauration constitue une autre des raisons structurelles de ce faible engouement. Elle est considérée comme ardue par près de la moitié des spectateurs ayant l'habitude d'acheter des produits dans l'enceinte du stade, et certainement jugée comme dissuasive par les autres. 20% des spectateurs ont d'ailleurs l'habitude d'acheter nourriture et boissons aux abords du stade, contre seulement 25% dans l'enceinte du stade. Et même parmi ces derniers, l'accessibilité est jugée problématique par un consommateur sur deux.

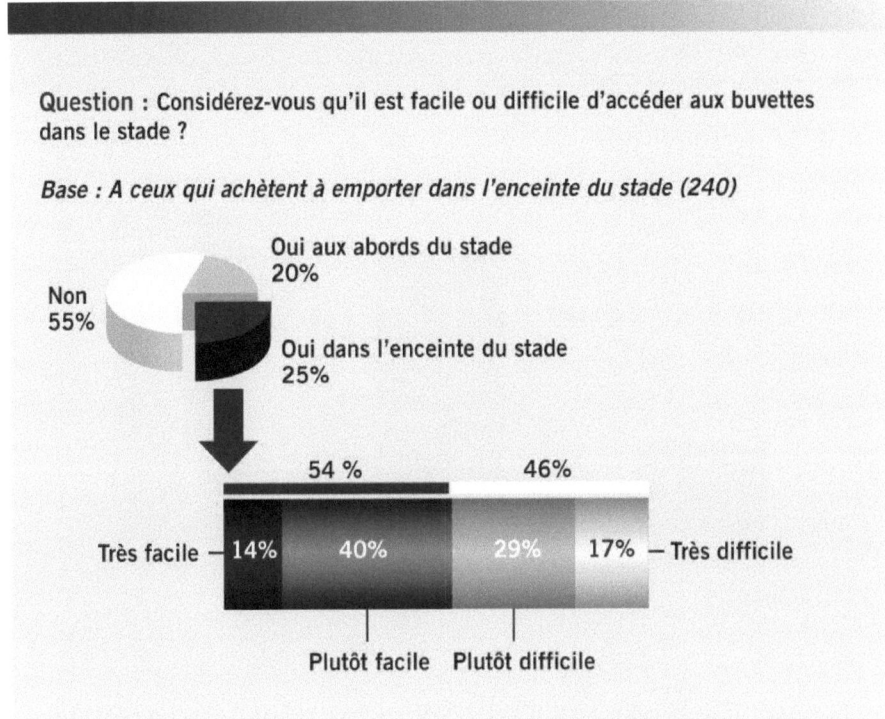

Des points de vente plus nombreux, des espaces de consommation plus confortables, une accessibilité plus facile… sont autant d'éléments, liés à l'infrastructure même du stade, généralement pris en compte dans les différents projets de construction et de rénovation.

La recette par spectateur pourrait ainsi augmenter de manière substantielle, d'autant plus que ces améliorations infrastructurelles se doubleront de la mise en place de stratégies destinées à accroître le temps passé au stade (animations…), ou d'une meilleure prise en compte des attentes des spectateurs quant aux produits proposés.

Ainsi, à peine deux ans après son inauguration en 2000, l'AOL Arena d'Hambourg a dégagé une recette supérieure à 3€ par spectateur, trois fois plus élevée que ce qu'elle était dans l'ancien stade.

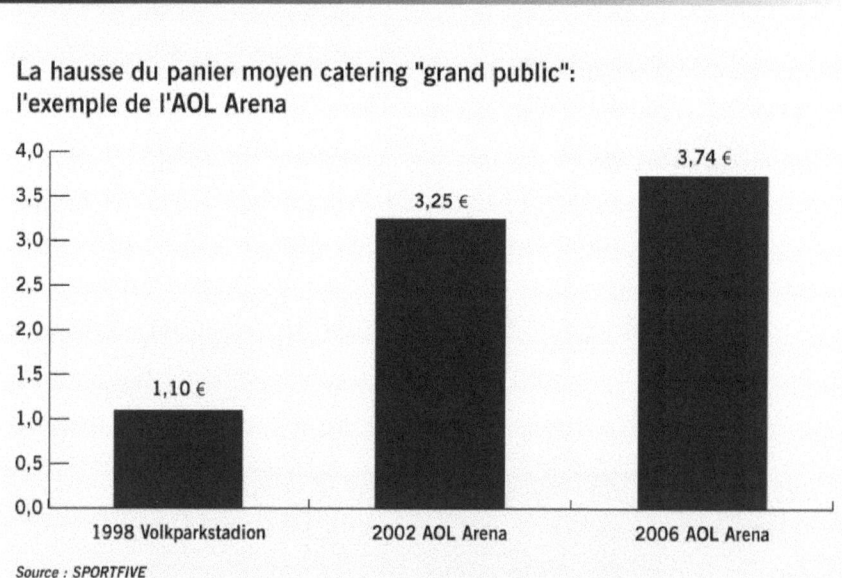

Si l'impossibilité de vendre de l'alcool et notamment de la bière pourrait conduire à douter du potentiel de développement du *catering* dans les enceintes françaises, les spectateurs non consommateurs semblent prêts à consacrer un budget significatif à leurs achats de nourriture et de boissons pour peu que l'offre soit satisfaisante.

On rappellera ainsi que le rapport qualité-prix des produits obtient, avec 5,5 sur 10, la plus mauvaise note sur 18 items différents auprès des spectateurs de Ligue 1 et Ligue 2 dans cette même enquête (voir *supra*).

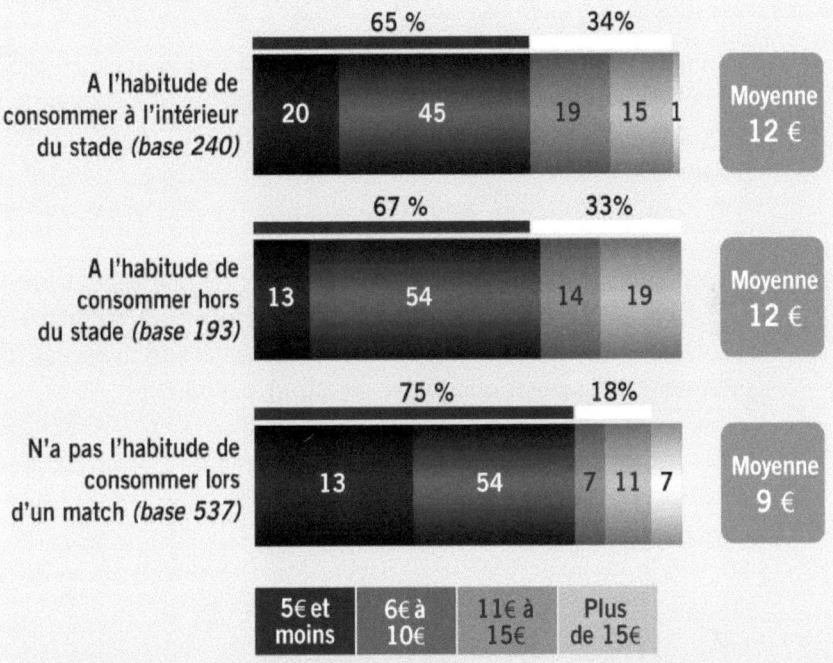

Source : Enquête sur les publics de Ligue 1 et de Ligue 2, Ipsos Public Affairs - Ligue de Football Professionnel, novembre 2008

Évaluation des recettes additionnelles de catering entre 2007-2008 et 2014-2015

Méthodologie

L'évaluation des recettes de *catering* pour la saison 2014-2015 est fondée sur des hypothèses découlant de nos précédentes observations :

- L'évaluation de l'affluence moyenne est logiquement la même que celle réalisée dans la partie *ticketing*, à savoir une moyenne de spectateurs par match de 26 321 spectateurs en Ligue 1 et 9 381 en Ligue 2, correspondant à un taux de remplissage constant par rapport à la situation, mais appliquée à une capacité d'accueil supérieure.
- Comme pour le *ticketing*, l'évaluation des recettes actuelles et futures de *catering* est calculée sur la base d'une capacité nette, excluant notamment les places à prestations dont les détenteurs ont généralement la possibilité de se restaurer par ailleurs.
- Le panier moyen par spectateur, qui est d'environ 1 € actuellement, est porté à 2,5 € en monnaie courante (soit 2,2 € en monnaie constante). Cette hypothèse semble prudente, eu égard à l'inadaptation de l'offre de *catering* dans les stades actuels d'une part, et au consentement à payer des spectateurs, révélé par l'enquête IPSOS précédemment citée d'autre part.

Sur la base des hypothèses présentées ci-dessus, les recettes additionnelles en *catering* sont évaluées à :

- 12,2 M€ courants pour les 13 projets Ligue 1, soit 0,93 M€ de recettes supplémentaires par stade.
- 2,4 M€ courants pour les 7 projets Ligue 2, soit 0,34 M€ de recettes supplémentaires par stade.

Ligue 1 :
un CA additionnel Catering évalué à 12,2M€ pour 13 stades

Stades	Capacité brute	Capacité nette	Taux de remplissage moyen	Affluence moyenne / match	panier moyen	CA moyen Catering Jour de match	nombre de matchs	CA moyen annuel Catering / stade	nombre de stades	CA moyen annuel Catering
Stades actuels	29 786	28 006	75%	21 005	1,0 €	21 005 €	21	441 095 €	13	5 734 229 €
Futurs stades	39 787	35 095	75%	26 321	2,5 €	65 803 €	21	1 381 866 €	13	17 964 253 €
CA additionnel										12 230 025 €

Ligue 2 :
un CA additionnel Catering évalué à 2,3M€ pour 7 stades

Stades	Capacité brute	Capacité nette	Taux de remplissage moyen	Affluence moyenne / match	panier moyen	CA moyen Catering Jour de match	nombre de matchs	CA moyen annuel Catering / stade	nombre de stades	CA moyen annuel Catering
Stades actuels	17 007	15 504	42%	6 512	1,0 €	6 512 €	20	130 234 €	7	911 635 €
Futurs stades	25 643	22 335	42%	9 381	2,5 €	23 452 €	20	469 035 €	7	3 283 245 €
CA additionnel										2 371 610 €

Conclusion – Synthèse des résultats

Ces vingt stades neufs ou rénovés généreraient un CA additionnel de 197,2 M€ courants (171,5 M€ constants sur la base d'une hypothèse d'inflation annuelle moyenne de 2%) en 2014-2015 par rapport à 2007-2008 :

- Grâce à une capacité « grand public » accrue (de 25 314 à 34 150 places en moyenne), et à une augmentation raisonnable de la recette par spectateur (+ 7,8€ en Ligue 1 ; + 3,6 € en Ligue 2), les revenus de billetterie des vingt stades considérés augmenteraient de 85,7 M€ courants (75,5 M€ constants).

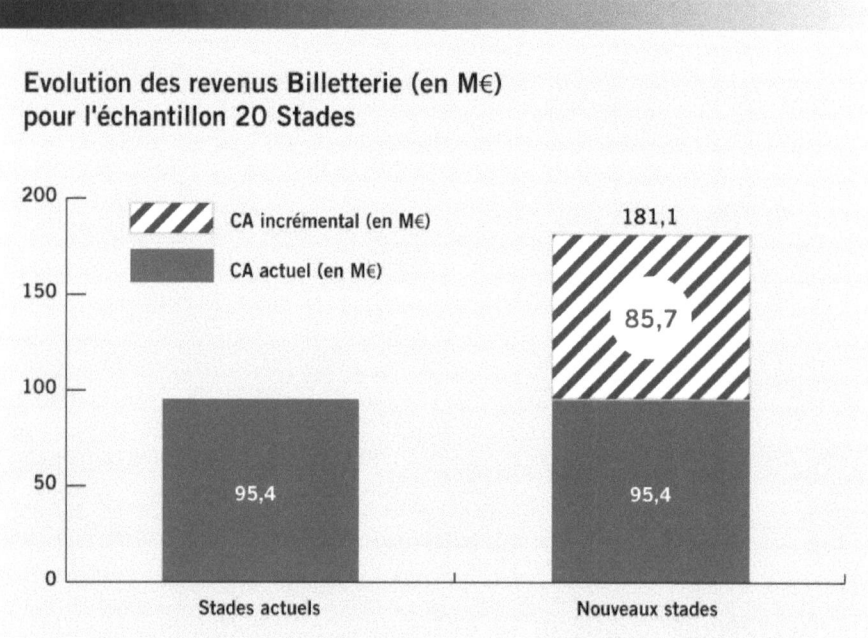

Rappelons que cette évaluation correspond à une hypothèse prudente, puisqu'elle est réalisée à taux de remplissage constant (75% pour la L1 ; 42% pour la L2), alors que l'expérience montre qu'un nouveau stade implique généralement un accroissement des affluences proportionnellement supérieur à celui de la capacité d'accueil.

- Grâce à l'accroissement significatif de la capacité d'accueil VIP dans les projets de stades (de 1 162 à 3 180 places), et à des prestations d'une meilleure qualité, les clubs-résidents pourraient vendre 118% de places hospitalité supplémentaires en moyenne par match. Malgré une hypothèse de taux de remplissage en baisse tenant compte d'une offre qui ne serait plus saturée (-18% pour les loges et - 21% pour les business seats), et une stabilité en euros constants du prix des places (indexé sur l'inflation), le CA additionnel hospitalité serait alors de 96,9 M€ courants (84,3 M€ constants) au total des vingt stades.

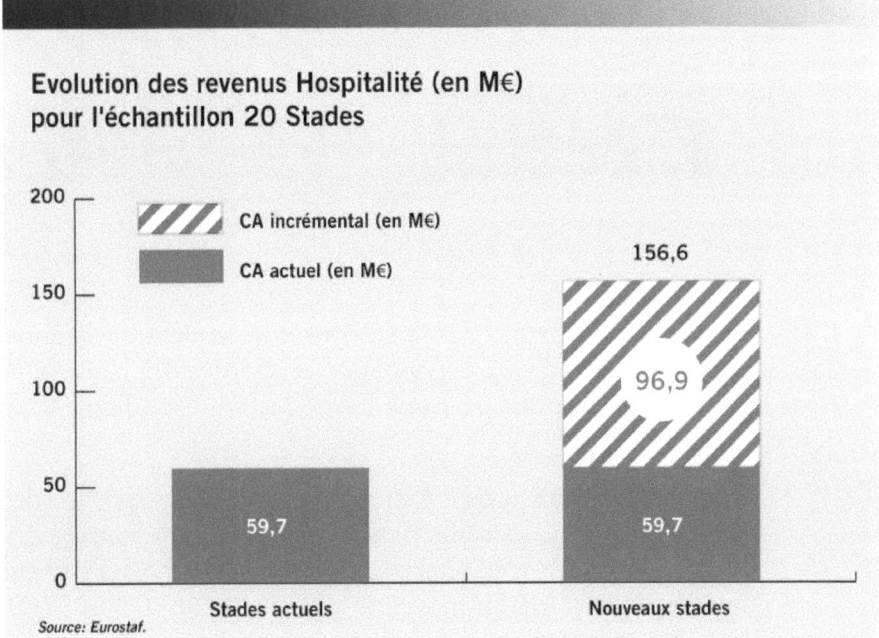

- Grâce à une offre améliorée (plus de points de vente, mieux organisés, et proposant des produits plus adaptés aux attentes des spectateurs) qui permettrait de porter de 1 à 2,5€/match le panier moyen par spectateur, et à l'effet mécanique de la hausse des affluences, les recettes de *catering* augmenteraient de 14,6 M€ courants (12,7 M€ constants).

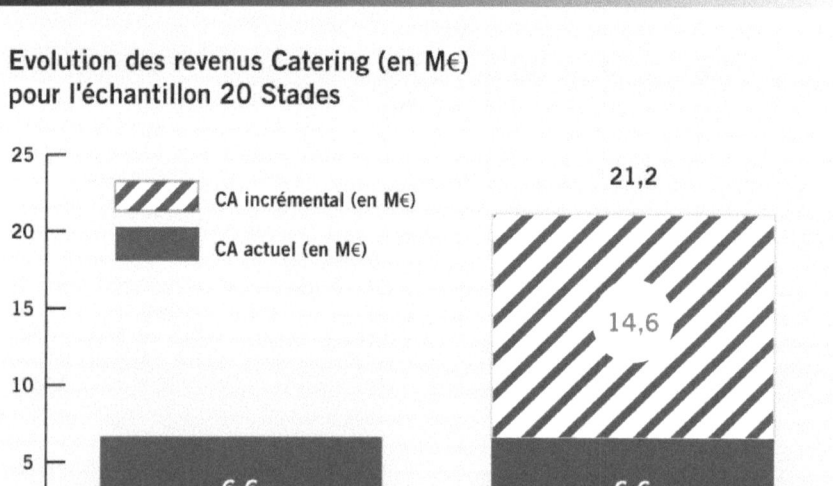

Source: Eurostaf.

L'obsolescence du parc actuel de stades constitue un élément déterminant dans la perte de compétitivité économique et sportive des clubs français. L'inadaptation de leur principal outil de production est à l'origine d'une double fragilité :

- malgré un triplement du CA moyen hors transferts au cours des dix dernières années, les clubs français se sont fait distancer par leurs principaux concurrents européens, avec des ressources annuelles inférieures à 50 M€ en moyenne en Ligue 1 (de 70 à 80 M€ pour les premières divisions allemande, espagnole et italienne, et plus de 120 M€ pour la *Premier League* anglaise).

- 70% de la croissance du CA moyen des clubs de Ligue 1 au cours des dix dernières années provient de l'augmentation des droits médias, qui représentent désormais 55% des produits hors transferts de la Ligue 1 (49% pour la Ligue 2). Cette télédépendance, mécaniquement corrélée à la faiblesse des revenus du stade, constitue le véritable talon d'Achille des clubs français, potentiellement menacés lors de chaque renouvellement des contrats « médias ».

Selon nos évaluations, les vingt clubs concernés par les projets de stades (treize de Ligue 1 et sept de Ligue 2) pourraient bénéficier d'une hausse moyenne de 118% de leurs revenus jours de match en sept saisons (2014-2015 vs 2007-2008), avec des recettes additionnelles globales minimales de 180 M€ par saison. Ce résultat ne prend pas en compte le catering qui n'est pas toujours géré directement par les clubs.

Pour les clubs de Ligue 1, les revenus de billetterie seraient quasiment doublés et ceux d'hospitalité quadruplés. En posant l'hypothèse d'une croissance des autres ressources (droits médias, sponsoring et autres produits) indexée sur l'inflation, c'est-à-dire d'une stabilité de celles-ci en euros constants, un club moyen de Ligue 1 bénéficiant d'un nouveau stade serait ainsi susceptible de dégager un budget de 69 M€, de 40% supérieur à ses ressources actuelles.

La croissance des revenus *matchday* permettant de limiter à 46% la part des droits médias, son modèle économique serait par ailleurs plus équilibré, et se rapprocherait de celui d'un club allemand en 2007-2008.

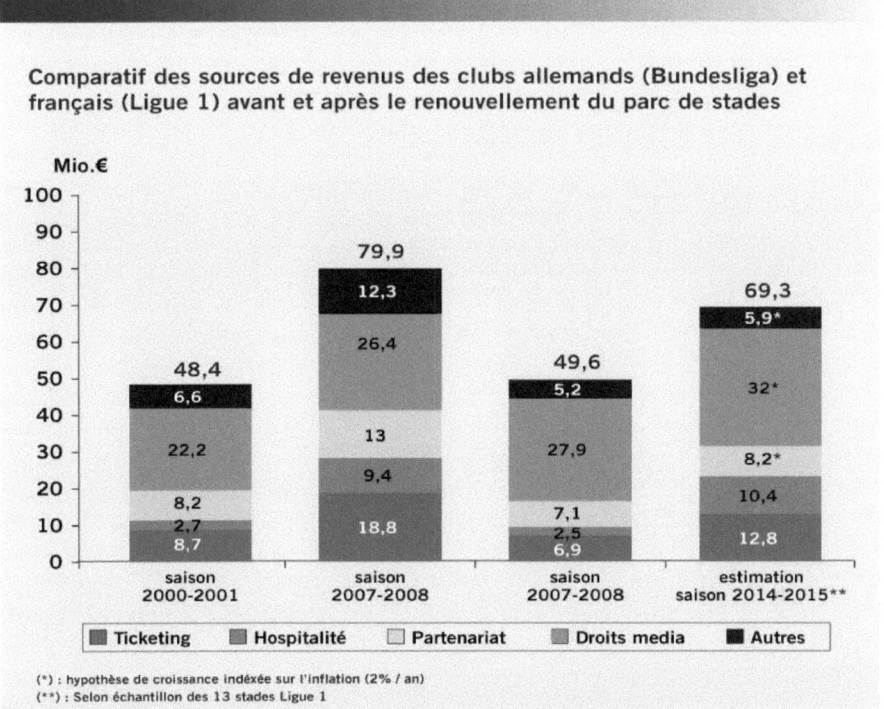

Comparatif des sources de revenus des clubs allemands (Bundesliga) et français (Ligue 1) avant et après le renouvellement du parc de stades

(*) : hypothèse de croissance indexée sur l'inflation (2% / an)
(**) : Selon échantillon des 13 stades Ligue 1

Avec 69 M€ de CA pour un club de Ligue 1 en 2014-2015, contre 79,9 M€ pour un club de *Bundesliga* en 2007-2008, la croissance économique des clubs français permise par le renouvellement des stades resterait cependant inférieure à celle observée en Allemagne sur la période 2000-2001 à 2007-2008 (+ 65%), du fait d'un déficit persistant sur les postes *ticketing*, partenariat et autres produits. Il convient toutefois de relativiser ce constat :

- La prudence des différentes hypothèses sur lesquelles sont fondées nos évaluations concernant l'évolution des revenus de *ticketing* et d'hospitalité préservent un potentiel de développement certainement supérieur, d'autant plus que l'impact du *naming* et du *catering* n'a pas été intégré à ces estimations budgétaires.

- Par ailleurs, ces nouveaux stades pourraient constituer le point de départ d'un cercle vertueux, théorie économique particulièrement adaptée à l'activité des clubs professionnels : des ressources supérieures devraient permettre, au moins théoriquement, de constituer des équipes plus compétitives. Or, l'amélioration des performances sportives constitue généralement un levier de développement économique, que ce soit directement via la redistribution des droits centralisés tant au plan national qu'européen, ou indirectement par la majoration des autres recettes (sponsoring, merchandising…) impulsée par une attractivité renforcée.

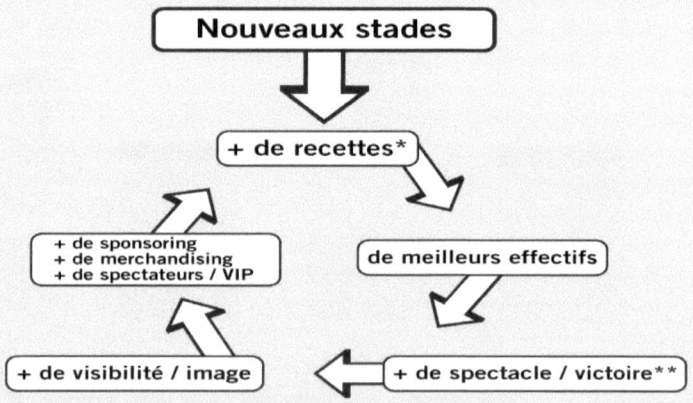

Les nouveaux stades : la base d'un cercle vertueux

(*) : Billeterie, Hospitalité, Naming…
(**) : En France, le classement est un critère de partage des droits TV

Au-delà même de la croissance des revenus de *ticketing* et d'hospitalité liée à l'augmentation de la capacité et de la qualité des stades, un parc renouvelé devrait ainsi permettre d'enclencher une dynamique positive où performances sportives et performances économiques se nourrissent mutuellement. Ces nouveaux stades constitueraient ainsi un véritable relais de croissance pour le football français ce qui, pour revenir à la problématique centrale de cette étude, pourrait majorer la contribution fiscale et sociale des clubs et de leurs salariés dans des proportions sensiblement supérieures au résultat de nos évaluations.

L'impact économique des grands stades : argument politique ou réalité ?

Éric BARGET
CDES-OMIJ – Université de Limoges

Introduction

Dans un monde de mobilité croissante des activités, des populations, et des capitaux, en fonction des opportunités, les territoires locaux ou régionaux sont mis en concurrence directe, et sont en quête des moyens de renforcer leur attractivité. On assiste en conséquence à une rivalité croissante entre les villes pour l'accueil de compétitions sportives de prestige. Être hôte de méga-événements sportifs ou héberger une équipe sportive professionnelle constitue un symbole de la réussite de ces territoires, tout comme l'étaient les ouvrages d'art et les réalisations urbanistiques par le passé (Barget, 2009). Cette concurrence est exacerbée pour l'accueil des Jeux Olympiques, ou la Coupe du monde de football, et se manifeste même pour des manifestations régulières comme Roland Garros[1]. Les institutions sportives profitent de leur situation de monopole sur les droits pour accroître le niveau d'exigence du cahier des charges de l'événement, et amener une implication grandissante des collectivités territoriales. Celles-ci sont notamment supposées construire, rénover, et mettre à disposition (à des conditions avantageuses, si ce n'est gratuitement)

---

[1] Tout comme pour les équipes professionnelles nord-américaines, la fédération française de tennis brandit la « menace » d'une délocalisation du site actuel vers un autre territoire, trois villes étant candidate à son accueil (*Libération*, 26 novembre 2010).

les équipements sportifs aux normes internationales, ces infrastructures étant souvent extrêmement coûteuses. La même logique prévaut pour les villes qui hébergent une équipe de sport professionnelle, et en particulier pour les clubs de Ligue 1 et Ligue 2 de football. La ligue professionnelle de football (LFP) souhaite disposer de stades modernes et propices au développement de leur activité, en remplacement de stades souvent jugés comme obsolètes si ce n'est de trop faible taille. Afin de convaincre les décideurs publics locaux d'engager les frais considérables requis, les instances du football brandissent largement l'argument des retombées économiques des stades et des clubs professionnels. La construction d'un stade, puis son exploitation, génèrerait localement de la valeur ajoutée, des revenus, des emplois supplémentaires. Il interviendrait même un retour fiscal, les collectivités percevant sous forme d'impôts et taxes additionnelles diverses (taxe de séjour…) des revenus compensant partiellement, voir dépassant le montant des ressources publiques engagées.

Les économistes du sport ont déjà largement démontré, généralement dans le cas des méga-événements sportifs internationaux, pour quelles raisons ce raisonnement ne tenait pas d'un point de vue scientifique. Au-delà de la surestimation généralisée de l'impact économique dans les études commanditées par les organisations sportives ou les collectivités, l'usage même de ce type d'instruments pour justifier de l'engagement public, est inapproprié (Kesenne, 2005 ; Kavetsos & Szymanski, 2008 ; Barget & Gouguet, 2010). Leur lacune principale est de ne pas mettre en balance les coûts et les bénéfices, voire même de transformer les coûts en bénéfices. Cela introduit un biais en faveur des gros projets, ceux qui sont les plus dispendieux. Les stades de l'Euro 2016, à qui l'on attribue déjà de multiples bénéfices, n'échappent pas à un tel débat. Les instances du football invoquent l'effet accélérateur de l'Euro 2016 en matière de modernisation du parc de stades disponibles pour les clubs professionnels, deux rapports successifs rédigés en 2008 (rapport Seguin faisant état des travaux de la commission grands stades, rapport Besson sur la compétitivité économique des clubs) ayant récemment pointé les faiblesses de la France en ce domaine par rapport aux grands championnats étrangers. À l'opposé des associations de riverains et contribuables se sont constituées dans certaines villes (voir *Metro*, 22 septembre 2010) afin de dénoncer le coût prohibitif des travaux, ainsi que les nuisances environnementales et de voisinage occasionnées. L'objet de ce chapitre sera de montrer que le développement d'une activité économique privée comme le spectacle du football professionnel s'accompagne de la distribution de bénéfices privés (les clubs et leurs actionnaires en étant les premiers bénéficiaires) mais qu'il n'induit pas nécessairement et automatiquement de retombées économiques et sociales pour le territoire. Celles-ci sont conditionnées aux choix effectués en matière de financement, ainsi que d'affectation territoriale des dépenses.

La première partie sera consacrée à faire le bilan des études d'impact économique réalisées à ce jour sur le sport professionnel, principalement aux États-Unis, et parfois en Europe. Les résultats obtenus, qui peuvent paraître surprenants puisqu'ils montrent que l'impact est faible, s'expliquent par la ventilation territoriale des produits et des charges des clubs. Dans ces conditions, il est important de comprendre pourquoi, malgré cela, les acteurs du football professionnel continent à utiliser l'étude d'impact pour justifier un accroissement du soutien des pouvoirs publics. Le modèle développé par R. Fort (2011) afin d'expliquer ce qu'il appelle le « désordre » des stades aux États-Unis s'appuie sur la position de domination de la ligue professionnelle, et nous semble parfaitement approprié à la compréhension de la situation européenne. Le rapport de force est déséquilibré entre les groupes de pression constitués d'une part, et la population d'autre part, ce qui engendre une surenchère. La seconde partie présentera les projets de construction et de rénovation prévus dans le cadre de l'Euro 2016. Seront établis d'une part l'importance des coûts incombant aux collectivités territoriales, y compris dans le cadre de partenariats public-privé (PPP), d'autre part les bénéfices qu'en retireront les acteurs du football professionnel. Au-delà des estimations émanant de consultants, nous chercherons à établir dans quelle mesure les projets, de par leur caractère innovant et s'inscrivant dans le cadre d'une nouvelle ère en matière de grands stades, pourraient générer un impact significatif. S'il existe des perspectives, elles résident probablement à la fois dans la multifonctionnalité des enceintes sportives, ainsi que dans leur usage à des fins commerciales.

Le calcul d'impact économique des stades : bilan de la littérature

Cadrage méthodologique

Il ne s'agira pas ici de détailler les modalités du calcul d'impact économique et les précautions méthodologiques qui doivent être prises (déduction des transferts temporels de dépenses, effet d'éviction, substitution de dépenses, double compte de dépenses), mais d'en rappeler simplement les grandes lignes pour comprendre ensuite les enjeux économiques, réels ou virtuels, qui tournent autour des clubs professionnels.

Définition d'un concept multidimensionnel

L'impact économique est de manière simple l'impulsion économique donnée à un territoire par une activité ou un équipement. Les dépenses réalisées (investissements, dépenses de fonctionnement du club résident, consommation des spectateurs) vont donner lieu à l'injection de capitaux dans la ville à condition que cet argent soit financé par des agents extérieurs (contribution de l'État ou de collectivités territoriales de niveau supérieur pour la rénovation du stade, achats de prestations par le club, financés par des ressources externes au territoire, dépenses locales des visiteurs). Il conviendra donc d'analyser précisément l'origine géographique de la dépense et sa destination. Les fuites de capitaux hors du territoire qu'il s'agisse d'achats hors territoire, ou du contenu en importation des consommations locales (raisonnement en valeur ajoutée locale plutôt qu'en chiffre d'affaires) doivent être déduites. Ensuite un multiplicateur est en général appliqué à l'injection pour intégrer le fait que les revenus générés ne vont pas rester inertes, mais être redépensés, engendrant alors des rondes successives de dépenses et de revenus. La difficulté consiste à calculer le coefficient multiplicateur de la dépense (montant total de revenus générés divisé par la valeur de l'injection). Le multiplicateur input output est le plus détaillé dans la mesure où il permet de suivre le cheminement de l'injection d'un secteur économique à l'autre à travers les relations interindustrielles, il est aussi le plus exigeant en données. Les autres approches, d'inspiration keynésienne pour l'essentiel, ne sont pas non plus sans poser de problèmes de calcul des propensions à dépenser localement plutôt qu'à importer.

L'approche par le multiplicateur qui vient d'être évoquée est très répandue, pourtant en ce qui concerne les stades et les clubs professionnels l'utilisation de l'économétrie présente certains avantages puisqu'elle permet d'intégrer une dimension temporelle et de comparer la situation avant et après les travaux réalisés dans le stade ou l'implantation de l'équipe. La démarche est davantage statistique et ne repose pas sur un modèle théorique, il s'agit de suivre l'évolution d'agrégats locaux (production, revenus, emploi, recettes fiscales) et de rechercher le lien avec le club professionnel. Cela présente l'avantage de saisir l'ensemble des effets économiques des stades, qu'il s'agisse de l'activité régulière du club, de manifestations sportives ponctuelles, de spectacles culturels, ou des commerces implantés sur le site. Cette approche est largement utilisée aux États-Unis, dans la mesure où, pour délocaliser une franchise, il faut démontrer que le nouveau site (une autre ville) permettrait de maximiser les rentrées financières. Les résultats que nous présenterons ont parfois été utilisés devant les tribunaux et leurs auteurs auditionnés, afin de déterminer si la délocalisation était économiquement justifiée. R. Baade est le spécialiste de ce type de problématiques (voir par exemple Baade & Tiehen, 1990). Procéder via un multiplicateur constitue une alternative lorsque l'impact des stades se confond avec les retombées annuelles du club résident, l'équipement n'ayant pas d'autres usages (mono-utilisation), comme c'est encore souvent le cas en France (Le Stade de France constitue de ce point de vue une exception). Il n'existe d'ailleurs pas d'étude d'impact économique d'un stade au plan national, mais uniquement quelques travaux sur les clubs professionnels. L'approche économétrique est plus englobante et permet de rendre compte à la fois de la multifonctionnalité et de la dynamique temporelle.

Délimitation spatiale et temporelle de l'étude

L'impact consistant pour l'essentiel en une relation spatiale, se pose la question du territoire pertinent pour l'analyse. D'un point de vue pratique, le territoire le plus approprié est celui qui va concentrer l'essentiel des fournisseurs et prestataires de services. Contrairement aux méga-événements sportifs dont le rayonnement (notamment en termes d'hébergement du public et des équipes) s'étend jusqu'au niveau régional (Barget Gouguet, 2010b), les parties prenantes du club professionnel sont pour l'essentiel en général localisées dans la ville, au plus dans l'agglomération. C'est donc à ces niveaux territoriaux qu'il apparaît le plus opportun de se placer, ce qui n'interdit pas d'élargir l'analyse au niveau du département en complément. Par ailleurs, la dimension institutionnelle conforte ce point de vue, les études d'impact étant majoritairement commandées par les villes qui sont les premiers investisseurs publics en matière de stades. Il semble alors incontournable de travailler sur leur territoire.

En ce qui concerne la dimension temporelle, les stades étant prévus pour durer plusieurs décennies, l'impact d'un stade doit être évalué sur une trentaine d'années. Théoriquement les retombées générées par la construction ou la rénovation, ainsi que celles associées au fonctionnement du club ou liées à d'autres usages de l'installation, doivent être sommées et actualisées pour tenir compte de l'inflation et de la dépréciation monétaire. Il peut néanmoins paraître légitime de préférer dissocier l'impact de la construction et des travaux (investissement) d'une part, de l'impact lié à l'exploitation de l'enceinte d'autre part. Ces deux types de retombées sont de natures différentes quant à leur déroulement temporel, ainsi qu'aux secteurs économiques impactés (construction et travaux publics pour la phase d'investissement, secteur des services et du tourisme pour la phase d'exploitation).

Le rôle de déclenchement ou d'accélération que peut avoir un méga-événement sportif sur la décision de réaliser l'enceinte pose des problèmes méthodologiques qui restent à traiter. Ainsi peut-on considérer que les retombées économiques du stade dans toutes ses dimensions (sportives, culturelles, commerciales), sur une période de trente ans, sont à attribuer au méga-événement sportif ? Parle-t-on de l'impact du stade, d'un club professionnel résident qui y joue très régulièrement, du méga-événement qui l'a éventuellement engendré, ou de la multitude d'événements sportifs qui peuvent s'y dérouler ? En présentant des retombées identiques sous trois angles d'attaque différents, on pourrait aisément donner une vision faussement positive d'une réalité plus contrastée. Ainsi doit-on considérer que l'impact du Stade de France est à créditer à la Coupe du monde de football 1998 pour lequel il a été construit, sachant qu'il a ensuite servi aux Championnats du monde d'athlétisme et à la Coupe du monde de rugby 2007, entre autres ? On le voit, la dimension temporelle renvoi à la notion de causalité.

Des retombées économiques faibles si ce n'est inexistantes

Résultats des tests économétriques : des retombées faibles, inexistantes, voire négatives

Aux États-Unis, de nombreux tests économétriques ont été effectués pour voir les effets que les stades avaient sur l'économie des villes. Cet engouement tient à la fois à la finalité économique clairement affichée du sport professionnel Nord américain, et à la forte implication des collectivités publiques dans le financement, qui rendent nécessaires l'appréciation du rôle économique du sport au sein de la communauté. R. Fort (2011) montre que les subventions publiques aux quatre ligues majeures sont très conséquentes. Depuis l'an 2000, 13 stades neufs ont été construits pour les clubs de la National Football League (NFL), 12 pour la Major League Baseball (MLB), 6 arenas pour la National Basket-ball Association (NBA), et 5 pour la National Hockey League (NHL). Les infrastructures les plus coûteuses sont celles prévues pour le Football (1,15 milliard de dollars pour la construction du Cowboys Stadium de Dallas en 2009), et du baseball (1,3 milliard de dollars pour le Yankee Stadium des New York Yankees en 2009). La part de financement public est identique pour le baseball et le Hockey (en moyenne 50%), légèrement supérieure pour le football (en moyenne 57%) et largement au dessus pour les salles de basket-ball (en moyenne 83%). Par ailleurs, R. Fort ajoute que « *les subventions ne se limitent pas à la construction des stades, certains États fédéraux et les villes subventionnent aussi les voies d'accès, l'alimentation en eau, les systèmes d'assainissement, et les services de sécurité les jours de match. De plus, les stades sont souvent exempts de taxe foncière... De la même manière, les loyers avantageux pratiqués par les pouvoirs publics en matière de location des stades aux propriétaires d'équipes constituent une subvention...* ». De quoi lever un *a priori* sur le libéralisme Américain... Les subventions sont défendues sur la base d'arguments économiques, tels que les effets externes créés par les équipes professionnelles et l'idée selon laquelle les fans vont en profiter (cela renvoi à l'utilité sociale de l'équipe présentée dans un autre chapitre de l'ouvrage), mais également des retombées économiques pour la ville.

De ce dernier point de vue, les résultats des tests économétriques sont peu probants comme on peut le constater dans le tableau 1. Il s'agit de vérifier s'il existe un lien entre le chiffre d'affaires, la valeur ajoutée, l'emploi (variables dépendantes ou expliquées), et la présence de l'équipe professionnelle et du stade sur le territoire (variable explicative exprimée sous forme de dummy variable). Si la dummy variable a le bon signe, et s'avère statistiquement significative, alors l'hypothèse selon laquelle le sport a un impact sur l'économie de la communauté ne peut être rejetée. À la vue des résultats du tableau 1, on comprend pourquoi Baade, Baumann, and Matheson (2006) concluaient un bilan de la littérature sur l'approche économétrique des clubs et des stades sportifs de la manière suivante : « *De nombreuses études… ont examiné l'impact économique de la construction de stades. Ces études ont trouvé qu'un nouveau stade procure peu, voire pas du tout, de stimulus économique aux communautés sur lesquelles ils sont localisés.* »[2] Une grève des joueurs ou un lockout des propriétaires d'équipes s'avère, de manière cohérente avec le résultat précédent, peu dommageable pour l'économie locale.

---

[2] Un test similaire pourrait être effectué pour un spectacle sportif exceptionnel. C'est à une telle analyse que se sont livrés Allmers et Maennig (2008) sur les Coupes du monde de football 1998 en France et 2006 en Allemagne. Les auteurs concluent là encore qu'il n'existe pas de lien probant d'un point de vue économétrique, entre l'accueil de la Coupe du monde de football d'une part, et le tourisme, l'emploi, et le revenu national des pays hôtes d'autre part.

Tableau 1.
TESTS ÉCONOMÉTRIQUES DE L'INCIDENCE ÉCONOMIQUE DES CLUBS PROFESSIONNELS ET DES STADES AUX ÉTATS-UNIS

Auteurs	Régions étudiées	Période	Variable dépendante	Variables indépendantes	Résultats de l'étude
Baade (1987)	9 villes américaines	1965-1983	- Revenu - Chiffre d'affaires du commerce	Population ; dummies : stade nouveau ou rénové, existence d'un club de football, existence d'un club de baseball	Effets significativement négatifs, ou pas d'effets positifs significatifs
Baade & Dye (1990)	9 villes américaines	1965-1983	- Revenu - Chiffre d'affaires du commerce	Population ; dummies : stade nouveau ou rénové, existence d'un club de football, existence d'un club de baseball	Les effets sur le revenu national et le commerce incertains, voire même négatifs.
Baim (1994)	15 villes américaines	1958-1984	- Emploi dans le secteur des services et dans le secteur non-agricole	Population ; dummies : existence d'un club de football, existence d'un club de baseball	Effets positifs des équipes de sport professionnel sur l'emploi
Baade (1994)	48 villes américaines	1958-1987	- Revenu par habitant	Nombre d'équipes de ligues majeures, nombre de stades de 10 ans ou moins	Pas d'effet significatif des stades et équipes sur le revenu
Baade (1996)	48 villes américaines	1958-1987	- Revenu par habitant - Emploi dans l'industrie des loisirs (SIC 79) - Emploi dans l'industrie du sport (SIC 794)	Nombre d'équipes de ligues majeures, nombre de stades de 10 ans ou moins	Absence d'effet significatif des stades et équipes sur l'emploi et l'revenu
Baade & Sanderson (1997)	10 villes américaines	1958-1993	- Emploi dans l'industrie des loisirs (SIC 79) - Emploi dans l'industrie du sport (SIC 794)	Revenu par habitant, heures de travail hebdomadaires, population, nombre d'équipes de sport professionnelles, nombre de nouveaux stades	Absence d'effet significatif des stades et équipes
Coates & Humphreys (1999)	37 villes américaines	1969-1994	- Revenu par habitant	Population, revenu, capacité du stade, dummies : nouvelles équipes dans les 10 dernières années, sorties d'équipes dans les 10 dernières années, existence d'une équipe, construction d'un stade dans les 10 dernières années, capacité du stade, dummy pour usage unique ou multiple	Possible effet négatif des stades et équipes sur le revenu
Coates & Humphreys (2000)	Les 75 plus grandes villes américaines (1969-1997)	1973-1997	- Croissance de l'emploi	Population, revenu par habitant, revenu nominal, taxes, dummy pour le choc pétrolier, dummy régionale	Pas d'effet significatif sur l'emploi des matchs du Super Bowl
Coates & Humphreys (2000a)	37 villes américaines	1969-1996	- Revenus par habitant	Population, revenu à t-1, revenu nominal, taxes, dummy pour le choc pétrolier, dummies pour les régions et les années, variable de trend, dummies pour les entrées / sorties d'équipes dans les 10 ans, pour l'existence d'une équipe, pour la construction d'un nouveau stade, capacité du stade, dummy pour usage unique ou multiple.	Effet négatif possible des stades et équipes sur le revenu
Coates & Humphreys (2000b)	37 villes américaines	1969-1996	- Revenu par habitant	Idem Coates & Humphreys 2000a plus des dummies pour les grèves	Les grèves dans la ligue majeure de baseball et dans la ligue majeure de football n'ont pas eu d'effet significatif sur le revenu local
Baade & Matheson (2001)	Villes américaines hôtes des All Star Game (Baseball)	1973-1997	- Croissance de l'emploi - Ventes taxables	Population, revenu réel par habitant, revenu nominal, taxes, dummy pour le choc pétrolier, dummy pour les régions	Pertes d'emplois dans 10 des 21 villes étudiées. Perte d'environ 8 000 emplois. Pas de changements significatifs sur les ventes taxables
Coates & Humphreys (2002)	39 villes américaines	1969-1997	- Revenu par habitant	Idem Coates & Humphreys 2000a plus des dummies pour la participation aux matchs de fin de saison	Pas d'effet significatif sur le revenu de la participation aux matchs de fin de saison
Coates & Humphreys (2003)	37 villes américaines	1969-1996	Salaires dans le secteur des services, salaires dans l'industrie hôtelière, salaires dans le secteur des loisirs, salaires dans le secteur de la restauration, emplois dans le secteur des services, emplois dans le commerce	Population, revenu, capacité du stade, dummies pour l'entrée d'équipes sur 10 ans, et pour la sortie d'équipes depuis 10 ans, existence d'un stade depuis 10 ans, usage unique ou multiple	Effet négatif global des stades et équipes sur les salaires et l'emploi
Baade & Matheson (2004)	13 villes hôtes de la Coupe du monde de football 1994	1970-2000	- Taux de croissance	Revenus Salaires taxes, & une dummy pour le choc pétrolier	Six villes avec un impact négatif. Une perte totale de 9,26 milliards de dollars

Source : d'après S. Allmers & W. Maennig (2008).

Les raisons de la faiblesse de l'impact économique des clubs

Certains auteurs ont étudié l'impact économique d'un club professionnel donné, et non plus d'un ensemble de clubs disputant un championnat comme c'était le cas pour l'approche économétrique. Ces économistes ont travaillé sur les principaux sports nord-américains (football américain, base-ball, hockey sur glace) dès les années 1960, à partir de modèles reposant sur le multiplicateur de valeur ajoutée ou d'emploi. Il s'agissait en général de donner des arguments aux cartels que constituent les ligues professionnelles dans leurs négociations avec les pouvoirs publics, y compris pour soutenir des menaces de délocalisation de clubs. Dans les faits, certaines équipes ont mis leurs menaces à exécution comme le montre l'exemple du base-ball : dès 1953 les *Boston Braves* ont migré à Milwaukee, les *Brooklyn Dodgers* à Los Angeles en 1958, et les *New York Giants* à San Francisco. Si les économistes ont été en quelques circonstances consultés à cette période pour savoir ce que les clubs pouvaient apporter aux villes[3], les investigations n'ont été entreprises qu'en nombre limité, principalement aux États-Unis, et les années 1980 semblent avoir marqué la fin des recherches. Il faut dire que l'analyse montrait là encore que le rôle du club était limité voir nul, et les chiffres obtenus pouvaient apparaître comme décevants. Il en est ainsi que ce soit pour les effets économiques positifs du fonctionnement d'un club à l'année, ou pour les conséquences négatives d'une grève dont il est apparu qu'elle n'induisait pas de baisse significative de l'activité. Lavoie (2000), analysant plus en détail le cas des Expos, une équipe de baseball de la Ligue majeure de baseball (MLB) basée à Montréal, arrive lui aussi à la conclusion que les stades n'ont pas d'impact économique sur les villes.

---

[3] Pour une synthèse des conséquences économiques et politiques de l'existence d'un club professionnel (ou *franchise*) dans une ville outre-Atlantique, voir notamment A.T. Johnson (1986).

Tableau 2.
RÉFÉRENCEMENT DES ÉTUDES D'IMPACT ÉCONOMIQUE D'UN CLUB PROFESSIONNEL

TITRE	AUTEURS / REFERENCES	PAYS
The economic impact of the Atlanta Falcons (football américain)	F.M.DESPEAUX, Unpublished research paper, College of industrial management, Georgia institute of technology, 1967	Etats-Unis
The economic impact of the Braves on Atlanta : 1966 (base ball)	W.A.SCHAFFER, G.P.HOUSER, R.A.WEINBERG College of industrial management, Georgia institute of technology, Atlanta, 1967	Etats-Unis
The economic impact of the Expos on Montreal (hockey sur glace)	W.A.SCHAFFER Unpublished manuscript, 1969	Etats-Unis
The caracteristics and impact of travel generated by Chelsea football club (football)	L.SAUNDERS, Research memorandum, n°344, Department of planning and transportation, Greater London Council, 1972	Angleterre
The economic impact of professionnal football on Atlanta (football américain)	W.A.SCHAFFER & L.S.DAVIDSON, in S.P.LADANY (ed.), Management science application to leisure time opérations, North Holland Publishing Company, 1975	Etats-Unis
An economic impact study of the Pittsburgh Pirates baseball club on the city of Pittsburgh (base-ball)	Pittsburgh University, Department of economics, 1977	Etats-Unis
Suburban city investment in professionnal sports : estimating the fiscal returns of the Dallas Cowboys and Texas Rangers to investor communities (football américain)	M.ROSENTRAUB, S.NUNN, American behavioral scientist, vol.21, n°3, 1978, pp. 393-414	Etats-Unis
The economic impact of professional sport on the Maryland economy (sport professionnel)	G.PRADEEP, Division of research, Department of economic and community development, Annapolis, Maryland, 1984	Etats-Unis
Les retombées économiques d'une équipe de football de 1ère division sur une ville moyenne : l'exemple d'Auxerre (football)	Jeune Chambre économique, Auxerre, 1985	France
A study of the economic impact of the Denver Broncos football club on the Denver Colorado metropolitan economy (football)	T.H.REGAN, Unpublished doctoral dissertation, University of Northern Colorado, Greeley, Colorado, 1991	Etats-Unis
Impact of the 1984 baseball strike on the Pennsylvannia economy (base-ball)	D.L.PASSMORE, C.PELLOCK, G.WANG, Journal of sport and social issues, vol. 20, n°2, 1985	Etats-Unis
The impact of the professionnal football strike on the Chicago land area (football américain)	H.MILLER & R.JACKSON Illinois business review, vol.45, n°3, 1988, pp. 3-7	Etats-Unis

En Europe, aucune recherche n'a mesuré l'impact économique d'un stade, et de rares travaux ont évalué les retombées économiques de clubs professionnels. Dans la mesure où le stade était à une période récente, consacré à l'accueil des rencontres d'une équipe professionnelle résidente qui a l'exclusivité sur son utilisation, impact du stade et du club se confondent. En France, les estimations dont on dispose émanent exclusivement de travaux réalisés par des étudiants dans le cadre de leur cursus, et doivent être prises avec précaution. Des estimations pionnières, ont montré dans le cas d'un club professionnel de football d'une part (D. Primault a étudié le Stade Rennais F. C. en 1988), et d'un club de basket professionnel d'autre part (X. Bonnafy & V. Riffaud ont analysé le CSP Limoges en 1989) que d'avantages de fuites monétaires hors du territoire de la ville étaient générées que d'injections. Le bilan débouchait donc sur un solde négatif c'est-à-dire un appauvrissement de la ville du fait de la présence du club. À la lecture de ces travaux, il apparaît que l'impact économique des clubs est en général faible, voire nul. Ceci peut difficilement être attribué à la structure territoriale des produits, puisque l'argent provient en majorité des droits de retransmission (on parle de télé-dépendance), donc externe au territoire pour la plupart des clubs (sauf ceux localisés en Ile de France). Les droits TV se montent à 48% des produits en L2 (DNCG, Ligue 2 – complément d'information sur les clubs, 2009). Le problème est que cet argent sert essentiellement à financer des fuites sous forme de rémunération de joueurs, qui sont pour la plupart des mercenaires changeant de club rapidement au fil des opportunités, plaçant ou dépensant l'essentiel de leur argent hors de la ville où le club est localisé[4]. Le coût des mutations, autre poste important de dépenses, prend également la forme de fuites puisqu'il profite à des clubs extérieurs, limitant d'autant plus l'impact. Le document de la DNCG sur les comptes individuels des clubs en 2008-2009 (LFP, 2009) montre la place des rémunérations dans le montant des charges des différents clubs de Ligue 1 (tableau 3). Rémunérations avec charges sociales et frais de mutation représentent au minimum 62,2% des charges (Paris Saint Germain), et jusqu'à 80,7% au Stade Rennais. La moyenne de l'ensemble de la Ligue 1 s'établit à 72% (DNCG, 2009a). En Ligue 2 les chiffres sont proches, puisque rémunérations et coûts de mutation représentent

---

[4] Le staff technique constitue une part limitée des rémunérations (moins de 10%) et pose le même type de problèmes de fuites territoriales que les joueurs professionnels, du fait également de changements de postes fréquents dans les clubs français ou européens.

en moyenne 67% des charges (DNCG, 2009b). Des études plus poussées du comportement de dépense du joueur professionnel permettraient d'appréhender pleinement la part des fuites dans ces rémunérations. On comprend que le football professionnel est un business dont les enjeux échappent de plus en plus au territoire sur lequel il est implanté. C'est sans doute dans les revenus versés à d'autres personnels (accueil, administratifs...), représentant environ 12% des rémunérations versées en L1 et 19% en L2, qu'il faut rechercher les retombées économiques, du fait de leur plus grande stabilité géographique. Pour ce qui est de l'injection des supporters de l'équipe adverse, elle est en totalité ou partiellement compensée par les déplacements de fans locaux pour soutenir leur équipe lors des matchs à l'extérieur, les retombées sont ici également aléatoires.

Tableau 3.
PART DES RÉMUNÉRATIONS DANS LES CHARGES DES CLUBS DE LIGUE 1 SAISON 2008-2009

CLUBS	REMUNERATIONS (€)	COUT MUTATIONS (€)	% REMUNERATIONS + MUTATIONS
AJ AUXERRE	29 559	8 869	77,3
FC GIRONDINS DE BORDEAUX	55 998	8 688	64,7
STADE MALHERBE CAEN	21 725	4 946	78,5
GRENOBLE FOOT 38	20 106	1 368	66,5
HAVRE A.C.	17 416	1 361	68,1
LE MANS UC 72	24 409	7 366	74,3
LOSC LILLE METROPOLE	41 140	10 617	71,7
FC LORIENT BRETAGNE SUD	20 849	3 053	74,7
OLYMPIQUE DE MARSEILLE	75 112	22 415	76,3
AS MONACO FC	35 450	12 630	77,3
AS NANCY LORRAINE	30 139	6 645	79,1
FC NANTES	31 655	6 201	70,6
OGC NICE	26 560	6 890	77,1
PARIS SAINT GERMAIN	54 434	16 469	62,2
STADE RENNAIS FC	30 381	10 995	80,7
AS SAINT ETIENNE	32 292	17 459	74,5
FC SOCHAUX MONTBELIARD	27 154	5 709	71,5
TOULOUSE FC	29 602	10 581	77,4
VALENCIENNES FC	23 591	6 732	78,6

* Les comptes de l'Olympique Lyonnais étant présentés sous une forme différente, les chiffres ne sont pas reportés ici.

Source : DNCG

Des recherches réalisées récemment sur le rugby, donnent des résultats moins alarmants. Le CA Brive (L. Seignolle, 2008) dispenserait plus de 5 millions de revenus dans la ville sur la saison 2007-2008, 2,4M€ sur le département de la Corrèze, et 1,6M€ pour la Région Limousin. L'étude, commandée à une période de renégociation de la mise à disposition du Stadium par la ville, a montré que l'injection est largement liée aux dépenses de fonctionnement du club, avec un financement en grande partie externe au territoire provenant du partenaire principal de l'époque, la société Derichebourg. Une enquête auprès des rugbymen professionnels a montré que 45% des revenus étaient dépensés localement, ce qui constitue probablement une spécificité du rugby par comparaison au football en particulier. Les politiques fédérales visant à favoriser l'intégration de joueurs formés au club vont dans le sens de la conservation d'une plus grande part du revenu généré localement. Le rugby montre que la structure de financement du club peut être favorable, et l'impact significatif ; néanmoins pour Brive par exemple, les retombées représentent moins de 1% de l'activité économique de la ville. Une seconde étude portant sur l'Aviron bayonnais (CCI de Bayonne Pays Basque, 2010) a chiffré l'injection nette à 6,1M€ pour Bayonne et 9M€ pour la région. S'il faudrait examiner en détail la méthodologie utilisée pour juger de la validité de ces chiffres (origine externe des fonds, traitement de la fiscalité comme une fuite, calcul du multiplicateur…), il est intéressant de noter qu'à nouveau le résultat est en grande partie obtenu grâce à la part importante des rémunérations dépensées localement, celle-ci étant chiffrée au niveau de la ville à 50% des revenus versés par le club, et à 75% à l'échelle de l'Aquitaine. Il n'est pas ici question de montrer qu'un sport a plus d'impact qu'un autre, mais de mettre en exergue que la question de l'affectation territoriale des rémunérations est centrale (les salaires charges comprises représentent 7,7 M€ pour une cinquantaine de salariés, sur 11,3 M€ de produits, soit 68%).

S'il peut exister des différences selon les clubs, les territoires et les sports concernés, les économistes du sport sont unanimes pour considérer que la contribution économique des clubs reste modeste, voire nulle (Baade, 1996 ; Judd & Swanstrom, 1994 ; Lavoie & Rodriguez, 2006 ; Rosentraub, 1998). Les résultats apparaissent robustes, qu'un modèle théorique (multiplicateur de revenu en général) ou une approche économétrique soit retenu. Cette vérité revient tellement régulièrement parmi les économistes, et elle est tant en décalage avec les annonces faites par les promoteurs des projets et les cabinets d'étude, que la dimension très politique de l'argument économique pour les clubs apparaît clairement.

Les stades comme expression de la position dominante de groupes de pression constitués

Pour comprendre le décalage qui vient d'être identifié, l'approche développée par R. Fort (2011) sera présentée, l'étude d'impact économique apparaissant alors comme un outil fort pratique aux mains des dirigeants de clubs et des ligues professionnelles.

La surenchère des stades expliquée par des faiblesses dans le fonctionnement du jeu démocratique

Dans un ouvrage récent, R. Fort (2011) a cherché à expliquer pourquoi tant de stades sont construits aux États-Unis à des prix exorbitants. Cela constituerait une résultante de la place occupée par les propriétaires de clubs (franchises dans le système nord-américain) ainsi que par les ligues professionnelles en situation de monopole sur le spectacle sportif de leurs disciplines respectives (exemption des lois anti-trusts). Le modèle de l'acteur rationnel (*rational actor explanation*) prédit que pour tout lobby considéré, les bénéfices auront tendance à aller aux puissants groupes politiques alors que les coûts sont dispersés entre tous ceux qui n'ont pas de pouvoir. Appliqué aux stades, on comprend que les puissantes institutions du football vont chercher à développer leurs ressources, tandis que la masse des citoyens inorganisée va payer plus que ce qu'ils ne devraient, compte tenu de la valeur économique réelle du spectacle proposé. En d'autres termes, une redistribution des ressources rares de la communauté va s'opérer en faveur des acteurs du sport professionnel juste parce qu'ils ont le pouvoir de s'accaparer davantage par le jeu politique que par l'intermédiaire du marché. Le procédé est relativement simple : les lobbies font connaître leur demande aux élus locaux ou aux états fédéraux, ceux-ci décident d'une subvention pour construire le stade (éventuellement procèdent à un référendum), les groupes de pression récompensent les politiciens par leurs votes et des ressources pour leur campagne. Le procédé est d'autant plus efficace que la menace de délocalisation de l'équipe est brandie (et réelle). Cela conduit à une concentration des bénéfices dans les mains de quelques-uns (équipes, fans fidèles, presse et télévision, secteur de la construction, concessions, et commerces situés à proximité du stade) et à la dispersion des coûts entre les contribuables par ailleurs très mal informés (les promoteurs du projet présentant des bénéfices surévalués, tandis que les détracteurs vont amplifier les coûts).

Selon l'auteur, les faiblesses dans le fonctionnement de la démocratie directe (le référendum) réduisent sa capacité à améliorer la situation en matière de surenchère des stades. D'une part, le résultat du vote dépend de la quantité et qualité de l'information disponible pour les électeurs. D'autre part, l'incitation à voter est nettement moindre pour les électeurs les moins éduqués qui finiront pourtant par supporter le coût du subventionnement de la construction du stade, tandis que ceux qui pourront retirer un gain du stade sont davantage concernés par le résultat et incités à voter. Enfin, les élus politiques peuvent orienter les différentes alternatives présentées aux électeurs, et ces alternatives peuvent contraindre à une dépense plus élevée que celle qui aurait résulté d'un processus de décision représentatif. Si les élus politiques ont une préférence pour un haut niveau de dépenses pour le stade alors que les électeurs auraient préféré une moindre dépense, ils peuvent présenter les alternatives comme étant soit l'alternative la plus onéreuse, soit la disparition de l'équipe. R. Fort (1997) utilise un modèle simple pour le démontrer (figure 1). L'électeur A préfère ne pas avoir d'équipe, B préfère le stade actuel même s'il est obsolète (pas de dépenses supplémentaires), C et D préfèrent un nouveau stade modeste, et E préfère un stade moderne et sophistiqué donc coûteux. Dans un vote à la majorité simple, C et D l'emporteraient parce qu'un nouveau stade modeste est meilleur pour E qu'un stade obsolète, ils l'emporteraient 3 (C, D, E) contre 2 (A et B). En revanche, si les élus et les citoyens E tentent de convaincre les électeurs que l'option « sans équipe » serait choisie si le scrutin était négatif, les électeurs C et D rejoindraient E, et B en ferait peut-être de même : le projet de stade moderne et sophistiqué l'emporterait.

Figure 1.
MODÈLE DE DÉMOCRATIE DIRECTE ET PRÉFÉRENCES POUR LE STADE

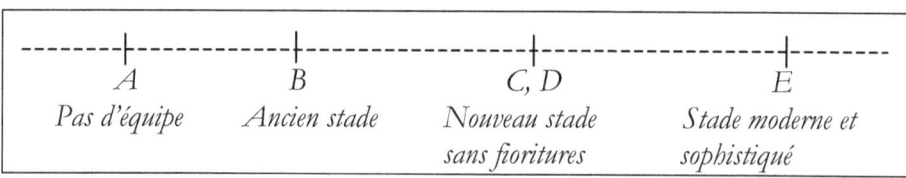

Source : R. Fort (1997).

Le « désordre » des stades aux États-Unis est donc une résultante de la politique, qui ne peut en conséquence que trouver une réponse de la même nature. L'auteur propose l'altération de la puissance des groupes de pression comme seule solution réaliste pour rétablir la situation. Il prône la constitution d'une coalition entre les fans et les contribuables pour déplacer le rapport de force en leur faveur, et contrebalancer la domination des groupes bénéficiaires (ligues, propriétaires, businessmen…). Cela implique d'éduquer les perdants actuels, un groupe très diffus, quant à leurs pertes. Un tel mouvement lui semble en marche, comme en témoigne le dynamisme des mouvements de fans et de contribuables sur internet. Parallèlement, le pouvoir des propriétaires agissant à travers la Ligue pourrait être réduit.

L'argument économique invoqué par les groupes de pression du football

Bien que le fonctionnement politique nord-américain, et le rôle des lobbies soient plus marqués qu'en Europe, le modèle de l'acteur rationnel semble bien analyser la situation du football professionnel sur le vieux continent. Il n'est pas ici véritablement question de délocaliser une équipe, pourtant il est implicitement perçu dans les propos des acteurs du sport professionnel que si des stades modernes ne sont pas construits, la ville ne pourra plus disposer d'équipe faisant partie de l'élite dans les prochaines années, voire le championnat national dans son ensemble sera ramené au rang de compétition subalterne par rapport aux grands championnats européens. Il n'y a pas non plus de référendum sur le sujet[5], et la démocratie directe étant peu ou pas développée au plan local, ne peut participer à corriger les excès. La volonté des parties prenantes du sport professionnel, d'influer dans le sens le plus dispendieux apparaît clairement. Ainsi, les alternatives présentées aux pouvoirs publics sont aux deux extrêmes, c'est-à-dire soit la construction de stades onéreux et modernes, soit l'impossibilité de développer le championnat national qui ne compterait plus parmi les championnats majeurs. Le problème de la socialisation des coûts et de la privatisation des bénéfices est bien réel, de même que les limites à l'information des habitants quant aux enjeux des

---

[5] On rencontre uniquement des sondages d'opinion dont on ne connaît pas la validité de la méthodologie et donc des résultats. Par exemple, un sondage repris dans la presse régionale (*Nord Littoral*, 29 octobre 2010) montrait que 84% des Boulonnais avaient connaissance du projet de stade et 60% y étaient favorables.

stades, des équipes ou des événements. Cela ne signifie pas que la construction de stades est *a priori* non-désirable (seule une analyse coûts-avantages permettrait de trancher), mais qu'il serait préférable de débattre des projets dans le cadre de la démocratie participative, plutôt que de chercher à établir un rapport de force avec les pouvoirs publics et les contribuables. Cela éviterait de nourrir la critique et d'alimenter la position très tranchée de certains sociologues, philosophes et écrivains « stado-sceptiques » (*Libération*, 21 mai 2010).

La pression mise sur les pouvoirs publics par les instances sportives existe au niveau des clubs, qui invoquent leur impact économique local et régional dont on sait qu'il est très hypothétique, mais plus globalement au niveau des ligues professionnelles. Ainsi, des rapports ont été publiés dans les pays européens hébergeant les grands championnats professionnels de football pour montrer l'importance économique (*economic significance*) de cette activité. Une large diffusion en a été faite dans la presse (*Les Échos*, 28 octobre 2010). On rencontre des documents de ce type en Allemagne (Lehmann & Netzer, 2009), où la Bundesliga semblerait générer une valeur ajoutée annuelle de 5,1 milliards d'euros sur la saison 2008-2009, soit 0,2% du PIB allemand, correspondant à l'équivalent d'une ville moyenne d'outre-Rhin. Ce serait 70 000 emplois équivalents temps plein qui seraient occupés au football professionnel. On retrouve de telles évaluations en Angleterre, bien que la recherche porte sur une région où sont localisés deux clubs professionnels que sont Liverpool et Everton (Johnstone, 2010). Le rapport est le premier à évaluer l'importance économique du football dans le Merseyside (où sont localisés les deux clubs) ou sur toute autre localité britannique. Il établit par exemple que ce sont 3 000 emplois à temps plein, 1 400 à temps partiel les jours de match (*match day*) qui sont concernés.

En France le travail réalisé pour la LFP, sous l'intitulé « des clubs et des hommes », est plus proche de l'étude allemande car se plaçant au plan national (Ernst & Young, 2010). Le rapport cherche à cerner l'importance économique de la filière du football professionnel, des éléments de synthèse étant proposés ci-après (tableau 4). Le problème est que ces chiffres qui concernent la valeur de l'activité économique liée au football sont assimilés à des retombées économiques de ce sport, c'est-à-dire à de la création de richesse additionnelle (les auteurs parlent explicitement d'impact national et local). Il est ainsi indiqué que « *chaque euro généré par les clubs crée 2,5 euros supplémentaires dans l'économie française* » ou « *l'effet démultiplicateur des clubs sur l'emploi, avec pour chaque joueur professionnel, plus de 22 emplois créés dans l'économie nationale* ». En réalité, une grande partie constitue simplement un transfert de ressources nationales qui ont été imputées sur d'autres postes de dépense et affectées au sport professionnel. Si elles n'avaient pas été allouées au football, elles auraient profité à d'autres secteurs (divertissement, habillement…) et auraient engendré de l'activité économique tout autant. Il y a ce qu'on voit (le développement du football professionnel), et ce qu'on ne voit pas (activités sportives, culturelles, de loisir… qui auraient progressé si le football n'avait pas centralisé les ressources). Il en va ainsi des subventions (directes ou indirectes au travers de la mise à disposition du stade à des conditions avantageuses) accordées par les collectivités et notamment les villes, comme des dépenses des spectateurs. Dans le tableau 14, pour chaque chiffre clé et résultat commenté de l'étude, un contre-argumentaire montre les précautions d'interprétation qui s'imposent (dernière colonne). Cette ambiguïté se retrouve dans la manière dont les bilans de la DNCG sont présentés, en particulier pour ce qui concerne la contribution fiscale et sociale du football. Celle-ci se monte à 570 millions d'euros (DNCG, 2009), dont 80 M€ en impôts et taxes (taxe sur les salaires, formation continue, taxe d'apprentissage, taxe professionnelle, impôt sur les bénéfices, taxe « Buffet »), 192 M€ de charges sociales pour la part patronale versée par les clubs, 76 M€ en charges sociales pour la part salariale acquittée par les joueurs, et 223 M€ en impôt sur le revenu. Si la notion d'impact n'est pas explicitement évoquée, contrairement à l'étude Ernst & Young, on peut tout de même se demander si cet organisme de conseil et de contrôle des clubs, dont le travail est au demeurant remarquable, est bien dans son rôle en participant à ce type d'argumentaires.

Tableau 4.

L'IMPORTANCE DU FOOTBALL PROFESSIONNEL EN FRANCE : QUE MESURE-T-ON RÉELLEMENT ?

CHIFFRES CLES	COMMENTAIRES	CONTRE-ARGUMENTAIRE
25 000	La filière représente plus de 25 000 emplois dans l'ensemble des activités directes et indirectes du football professionnel	Cela traduit l'importance sur l'emploi du football, en aucun cas son impact
X22	L'effet démultiplicateur des clubs sur l'emploi est considérable : pour chaque joueur professionnel, plus de 22 emplois sont créés dans l'économie nationale.	Si l'on parle d'effet multiplicateur (typique du calcul d'impact), il établit le rapport entre 1 emploi au sein du club (impact direct) et les emplois créés chez les fournisseurs ou dans l'économie en général lors des itérations successives (impact indirect et induit). Le ratio pour un joueurs professionnel n'a pas grand sens...
4,3 milliards d'€	Le chiffre d'affaires total de la filière dépasse les 4,3 milliards d'euros, dont 29% directement au sein des clubs, 15% dans leur environnement territorial, et 56% dans les industries impactées au niveau national (notamment médias, opérateurs de paris et distributeurs de matériel sportif)	En parlant de chiffre d'affaires, il n'y a rien à redire...
1,1	La filière génère plus de 1 milliard d'euros de contributions fiscales et sociales	Cela traduit l'importance du football en termes de rentrées fiscales, en aucun cas son impact (rentrées fiscales additionnelles)
1/15	Pour 1€ de subvention attribué aux clubs par les collectivités locales, 15€ sont collectés au titre de recettes fiscales et sociales au profit de l'Etat ou des collectivités locales	Si cet euro avait été dépensé pour subventionner une autre industrie localement, il y aurait eu également un retour fiscal. Celui-ci a été perdu, il y a un coût d'opportunité à subventionner le football
96,7 millions	Sur la saison 2008-2009, le football professionnel a attiré 96,7 millions de spectateurs, dont 11,7 millions dans les stades, et 85 millions de téléspectateurs	Les spectateurs du football ne sont source d'impact que si ils sont externes à la ville, et venus spécifiquement pour le football. Autrement on parle d'effet de substitution : les spectateurs sont évincé d'autres spectacles sportifs ou culturels. Les téléspectateurs par nature ne créent pas d'impact local

Source : Ernst & Young (2010) pour les deux premières colonnes, l'auteur de ce chapitre pour la dernière.

L'euro 2016 en France et la modernisation des stades : quels enjeux économiques pour les villes ?

La France a été choisir pour accueillir l'Euro 2016, une édition prenant une ampleur inédite puisque 24 équipes y participeront au lieu de 16. Cette manifestation devant être l'occasion d'une mutation importante dans la conception des stades, au service du développement des ressources des clubs, on peut s'interroger sur l'impact économique de ces équipements. En effet, dans les développements précédents l'impact du stade a été souvent assimilé à celui de l'équipe professionnelle, ce qui devient réducteur avec les nouveaux concepts de stades multifonctionnels. N'y a-t-il pas dans cette mutation, une opportunité pour que les retombées économiques des stades deviennent significatives ? On rappellera tout de même ici, que si la démarche est innovante pour la France, les stades multifonctionnels sont répandus aux États-Unis[6], ce qui n'a pas empêché les tests économétriques d'être décevants quant aux effets sur le taux de croissance économique des villes. Il va s'agir ici d'examiner, à des fins de prise de décision et d'accompagnement, les conditions d'optimisation des bénéfices économiques engendrés par les stades qui auront été construits, rénovés et subi une véritable mutation en terme d'exploitation.

Les stades de l'Euro 2016 : une réponse aux besoins de l'industrie du football professionnel

Le parc de stades français apparaît comme vieillissant et inadapté. La moyenne d'âge est de 66 ans et un quart d'entre eux sont des vélodromes réaménagés. Entre 2000 et 2012, la Coupe du monde de football et l'Euro auront permis la création de 41 stades à travers le monde, dont plus de la moitié en Europe, ce qui montre bien qu'ils constituent un facteur déclenchant (*Footpro Magazine*, avril 2010). Pourtant, la Coupe du

---

[6] Il est intéressant de noter qu'actuellement aux États-Unis, les ligues professionnelles cherchent à revenir à des stades non couverts et dédiés uniquement à une équipe professionnelle (un projet de ce type est par exemple en projet pour les Atlanta Falcons), ce qui témoigne de la puissance de ces institutions. Les orientations totalement opposées choisies actuellement en Europe interpellent quant au meilleur modèle de développement des stades. Il nous semble de ce point de vue que la multi-fonctionnalité est une bonne chose et que la tendance Nord Américaine traduit la volonté des ligues et des clubs de s'accaparer la totalité des produits d'exploitation du stade plutôt que de voir d'autres organisateurs de manifestations en capter une partie, quitte à rendre difficilement soutenable la situation pour les collectivités publiques.

monde 1998 en France n'avait pas été l'occasion de mettre en œuvre des projets majeurs à l'exception du stade de France. Au contraire, l'accueil par la France de l'Euro 2016 devrait constituer un puissant accélérateur pour les projets de modernisation ou de constructions de stades déjà initiés. Les projets envisagés illustrent le passage à une ère nouvelle en matière de montage financier, de conception, de fonctionnalité et de mode d'exploitation. De ce point de vue, on peut considérer que le Championnat d'Europe des nations est une bonne chose puisqu'une partie importante des coûts était déjà programmée (le parc de stade a besoin d'être transformé quoi qu'il en soit), et qu'il induira un impact touristique additionnel (dépenses des visiteurs étrangers). Mais ce n'est pas l'impact de l'Euro en lui-même qui nous préoccupe ici ; il s'agira plutôt de réfléchir à l'héritage que vont constituer les stades, et à l'ampleur des retombées générées par ces équipements d'un nouveau type, du fait de leur fonctionnement sur plusieurs décennies.

L'Euro 2016 : vers une ère nouvelle des stades

En novembre 2008, le rapport de la commission « grands stades Euro 2016 » présidée par Philippe Séguin avait recensé 16 stades susceptibles de recevoir la compétition. Lorsque la France s'est portée officiellement candidate en février 2009, la fédération française de football a dû en sélectionner 12 pour la candidature. Le 11 février 2011, la liste des 9 stades « titulaires » (dont deux d'une capacité nette minimale de 50 000 places), et des trois stades de réserve devra être communiquée par la FFF à l'UEFA. On est donc en phase de négociation entre l'État, les collectivités territoriales et la FFF pour le montage des projets et le choix des sites. Le caractère « d'intérêt général » a été reconnu par l'État, afin que l'ensemble des villes retenues puisse profiter de procédures facilitées dans le montage et la mise en œuvre du projet de stade. Loin de lever toute difficulté, cette procédure devrait permettre de débloquer la situation de certains projets de stades qui étaient confrontés à des lourdeurs administratives. Le Stade de France est quasiment disponible en l'état. Quatre stades devraient relever de constructions neuves, à Lyon, Lille, Bordeaux et Nice. Sept autres feront l'objet de rénovations importantes, ce sont ceux de Marseille, Paris (Le Parc des Princes), Lens, Toulouse, Saint Étienne, Metz (sans doute en remplacement de Strasbourg), et Nancy. Une synthèse des projets est proposée tableau 5.

Tableau 5.

PROJETS DE CONSTRUCTION ET AMÉNAGEMENT DE STADES
DANS LE CADRE DE L'EURO 2016

STADE / VILLE	PROJET	COUT PREVISIONNEL
Parc des Princes de Paris	Couverture	80 M€
Stade Bollaert de Lens	Capacité portée à 44 000 places en comblant les angles ouverts du stade. Projet de restaurant et hôtel, création de 38 loges, passage des hospitalités de 2 500 à 4 500	111 M€
Stade de France de Saint Denis	Quelques travaux de rénovation	10 M€
Grand stade de Lille (Construction)	Environ 50 000 places, toît mobile, pelouse rétractable avec accueil d'événements non-sportifs. Démarche HQE sur les énergies, l'eau, sa maintenance, centrale photovoltaïque et éolienne. Aménagements avec hôtels, centre sportif et de santé, commerces, et résidences	324 M€
Grand stade de Bordeaux (Construction)	Capacité de 43 000 places couvertes, démarche HQE	200 M€
Grand stade de Nice (Construction)	Capacité de 35 000 places, démarche HQE, enceinte multifonctionnelle, futur musée, restaurant	184 M€
Stade vélodrome de Marseille	Mise aux normes, couverture des tribunes, capacité portée de 57 000 à 70 000 places, création d'un ensemble immobilier	151 M€
Grand stade de Lyon (Construction)	Capacité de 60 000 places, démarche HQE. Projet le plus ambitieux : construction d'un véritable quartier avec centres commerciaux, équipements de loisir divers... Investissement de 180 M€ pour la voirie et les transports en commun à la charge des collectivité.	320 M€
Stade Marcel Picot de Nancy	Agrandissement mais aussi multifonctionalité pour accueillir des événements culturels, toît rétractable	60 M€
Stade Geoffroy Guichard de St Etienne	Rénovation et capacité portée à 41 000 places, toiture recouvrant l'ensemble des gradins, augmentation du nombre de loges et espace réceptif pour 3 000 personnes	75 M€
Stadium de Toulouse	Rénovation et capacité portée à 38 000 places	56 M€

Source : Compilation de l'auteur.

Sur les 12 stades de l'Euro, 11 hébergent une équipe professionnelle qui constitue contribue à la rentabilité de l'installation, mais leur caractéristique première sera d'être des équipements multifonctionnels[7]. Les stades dont la France va se doter ne seront plus seulement utilisés pour accueillir les matchs du club résident, et leur exploitation portera aussi sur les jours sans match. De site vibrant uniquement au rythme des rencontres de championnat, le stade deviendra un lieu de vie permanent proposant une palette diversifiée de services, ouvert tous les jours à des activités multiples tels que la pratique du sport loisir, des événements culturels et sportifs diversifiés, ou des activités commerciales. Ce concept nouveau de stades relève du projet de restructuration urbaine, ce qu'a montré C. Gratton depuis plusieurs années sur les villes anglaises (Gratton, 2001). L'attractivité de ces véritables complexes est ainsi renforcée par des activités complémentaires au sport professionnel, qui viennent le dynamiser d'un point de vue économique. Par ailleurs, les projets font référence à des stades citoyens intégrant le développement durable et l'accès aux personnes handicapées.

Des stades contribuant à faire évoluer le business modèle des clubs

Le rapport Besson (2008) rappelait que la modernité des infrastructures sportives faisait partie intégrante de la compétitivité du football comme du rugby français. Il s'agit d'augmenter le dynamisme commercial des clubs et de diversifier leurs ressources trop dépendantes des droits télévisés pour ce qui est du football. Les stades peuvent constituer un levier essentiel en ce domaine. Ainsi, les enceintes construites dans le cadre de l'Euro, doivent être envisagées dans la perspective du développement du sport professionnel, que ce soit en rugby (pour le Top 14 et la Pro D2), ou en football (Ligue 1 et Ligue 2). Pour le rugby, une étude (Bolotny & Debreyer, 2010) a montré que les stades avaient atteint la limite de leur capacité, avec un taux de remplissage moyen de 81% en Top 14[8] sur la saison 2009-2010 (ce chiffre est de 72% pour la Ligue 1 de football). Les auteurs s'inquiètent du fait que si le rugby a largement nourri sa croissance (18% par an depuis 10 ans) des revenus du stade (alors que le football

---

[7] On notera que les tendances sont actuellement opposées aux États-Unis, où les ligues professionnelles puissantes négocient l'exclusivité de l'usage du stade, ainsi que la construction de terrains en plein air plutôt que couverts.
[8] La capacité des 6 stades ayant accueilli des épreuves délocalisées a été prise en compte ; si l'on considère les stades habituels des clubs concernés, le taux de remplissage passe même (en théorie) à 100,5%.

s'est plus fortement appuyé sur les droits télévisés), les clubs présentent aujourd'hui des déficits d'exploitation récurrents. Si les actionnaires abondent en général, cela n'en rend pas moins urgent de retrouver une situation plus saine en s'appuyant sur de nouvelles recettes générées par les infrastructures. Au-delà de la capacité globale, c'est une catégorie particulière de places que les clubs souhaitent développer, ce sont les loges et des espaces pour les hospitalités (ou VIP). On retrouve ici l'un des constats principaux du rapport « Grands stades » (Seguin, 2008) dans lequel il a été a souligné, outre le fait que nos équipements sont vétustes et inadaptés, qu'il existait un manque de loges et d'espaces pour les hospitalités.

Il s'agit donc de se doter de stades modernes dont la jauge sera augmentée (la capacité moyenne de ces enceintes sera de 44 000 places contre 29 000 places actuellement en L1). La capacité moyenne de l'ensemble de la L1 progressera de 20%. Le taux de siège à prestation passera de 4 à 10% correspondant aux nouveaux standards européens. Cela permettra à la fois de répondre aux exigences de l'UEFA (capacité d'accueil, confort des sièges, sécurité du public des officiels et des medias…), mais aussi de la LFP qui souhaite développer les prestations en direction des hospitalités. Sans que l'Euro puisse en être tenu directement pour responsable, des tendances similaires sont rencontrées pour la L2, avec la construction (achevée ou en cours) de stades innovants, bien que de taille plus modérée (on parle de génération 25 000 places). Ces stades tels que le MMArena au Mans, le stade Nungesser II de Valenciennes, ou le grand stade de la CODAH au Havre devraient être mieux adaptés aux besoins des clubs en particulier en matière de services VIP (*Le Moniteur des travaux publics et du bâtiment*, 22 octobre 2010). Cela donnera d'autant plus de leviers aux clubs que ceux-ci devraient prendre part à l'exploitation des stades.

Des projets coûteux pour les contribuables

Des stades conçus sur la base d'un partenariat public-privé

Le coût global des travaux est chiffré à 1,7 milliard d'euros, voire 2 milliards si l'on tient compte des projets relatifs aux clubs de L2. Il s'agit d'un montant indicatif, les chiffrages initiaux[9] étant systématiquement

---

[9] Les travaux de rénovation du Stade Vélodrome de Marseille étaient déjà passés de 151 M€ à 273 M€ en octobre 2010 (*L'expansion*, octobre 2010).

dépassés par les villes hôtes de méga-événements sportifs ; à Londres, le budget présenté initialement au CIO pour l'organisation des JO 2012 a déjà été multiplié par 4, ce qui est difficile à supporter financièrement, mais aussi à justifier éthiquement en période de difficultés économiques et de déficits publics prononcés (voir par exemple *Le Figaro*, 11 novembre 2010). Si, selon le rapport Besson, la privatisation des stades est inéluctable, il n'en reste pas moins que les projets reposent largement sur une participation des collectivités publiques. Ainsi, le financement est assuré à 40% par le secteur public (680 M€), et les 60% restant par le secteur privé. Jusqu'à présent les stades étaient entièrement construits sur deniers publics, et l'arrivée de fonds privés constitue une opportunité pour se doter d'installations aux normes internationales. Sur la plupart des sites, c'est le modèle de partenariat Public Privé qui a été retenu[10], le but étant de faciliter l'investissement public en associant un opérateur privé au financement et à la gestion d'un équipement ou d'un service public (Lagarde, 2006). La construction de l'ouvrage est financée en tout ou partie par un consortium d'entreprises appartenant à de grands groupes, souvent du BTP, comme Bouygues, Vinci ou Eiffage[11]. La collectivité publique s'acquitte par la suite d'une redevance annuelle, de même que le club résident et les organisateurs de manifestations ponctuelles pendant une période relativement longue (20 à 30 ans). L'exploitant[12] dispose alors des mêmes prérogatives qu'un propriétaire sur les ouvrages construits tout en demeurant sous le contrôle de la collectivité ; celle-ci devient propriétaire de l'équipement à la fin de la période. Le projet de grand stade à Lille est pris en exemple dans un très bon article de presse (*Que Choisir Argent*, octobre 2010) : « *A Lille, les travaux pour la construction du deuxième plus grand stade français (plus de 50 000 places) a commencé en juillet dernier. Coût : 324 millions d'euros, dont 56% pris en charge par la filiale du groupe Eiffage, Élisa, créée pour cette occasion. Le reste de la somme est à la charge des différentes collectivités territoriales. Élisa exploitera l'enceinte pendant trente et un ans*

---

[10] Si le PPP est le modèle le plus fréquemment adopté, on rencontre des cas de financement totalement privé (Lyon), ou entièrement public (Saint Étienne), voir *L'Expansion*, 1er novembre 2010, et *Les Échos*, 25 octobre 2010.

[11] Ce ne sont pas uniquement des groupes du BTP qui sont concernés, des sociétés de conseil et de sponsoring telles que Sportfive conseillent la conception et la réalisation d'enceintes (Valenciennes, Lens ou Saint Étienne), et espèrent obtenir une partie de l'exploitation commerciale (*La Tribune*, 22 septembre 2010).

[12] Les clubs professionnels seront en général associés à l'exploitation du stade, soit qu'ils financent les travaux en totalité (à Lyon), en grande partie (à Lens), ou qu'ils négocient une prise de participation (Marseille). Voir *l'Expansion*, octobre 2010.

et la louera pour un montant annuel de 30 millions d'euros, dont 10,5 millions seront réglés par la communauté urbaine de Lille. La différence sera payée par le club et les autres exploitants, mais au total la construction rapportera 910 millions d'euros à Élisa. Si l'on ajoute à l'investissement de départ les frais de location, les 161 millions d'aménagement en voirie et autres travaux assurés par les acteurs publics, c'est presque deux fois le coût de la construction que devront garantir les contribuables ». La chambre régionale des comptes a d'ailleurs jugé bon de rédiger un rapport d'observation attirant l'attention sur le coût financier du projet, et les modalités du PPP qui font supporter en définitive le risque sportif à la métropole ; en effet, la redevance du club sera fonction des recettes sur les billets vendus pour les matchs (*Sport.fr*, 21 octobre 2010).

Des projets remis en cause par les riverains, contribuables ou les élus politiques

Les contribuables locaux ont de plus en plus tendance à contester l'accueil d'événements sportifs très coûteux et les infrastructures qu'ils impliquent. On se souviendra ici du référendum ayant donné un résultat négatif à environ 70% pour l'accueil d'une troisième édition des JO d'hiver à Innsbruck, ou bien des manifestations anti-candidature aux JO d'été de Berlin 2000 (qui ont bien fait les affaires de Sydney). Plus récemment, des associations de riverains ont contesté le bien-fondé du projet d'agrandissement de Roland Garros, ce qui a donné lieu à un débat sur l'opportunité de délocaliser le tournoi du grand chelem hors de paris (3 villes de la région parisienne se sont portées candidates : Marne La Vallée, Gonesse, Versailles) (*Libération*, 26 novembre 2010). Concernant les stades de football (ou de rugby), les écologistes se sont par exemple fortement mobilisés lors de la construction du stade de Grenoble (occupation des arbres). L'Euro, sur certains sites au moins, n'est pas épargné par ces contestations. Tel est le cas à Lyon, où, en dépit de deux enquêtes largement mises en avant par le club indiquant que 74% des habitants étaient favorables au projet[13], l'OL Land doit néanmoins faire face à l'opposition de plusieurs conseillers municipaux de l'agglomération lyonnaise et d'associations dont « carton rouge ». Cette dernière dénonce les nuisances occasionnées par des infrastructures qu'ils ne peuvent s'offrir (*Metro*, septembre 2010), et la révision du plan local d'urbanisme pour rendre constructibles certains terrains qui ne l'étaient pas. Les opposants

---

[13] Il est vrai que le projet est en apparence financé de sources totalement privées, alors que pourtant 180 M€ d'investissements publics sont prévus pour la voirie et les transports en commun.

menacent d'un recours devant le Conseil Constitutionnel, car pour eux, le décret établissant le caractère d'intérêt général pour une installation privée est contraire à la constitution (*Onze mondial*, 2010).

Dans ces conditions, et compte tenu des fonds publics en général nécessaires, certains responsables politiques hésitent ou renoncent. La ville de Lens a annoncé ne pas souhaiter participer à la rénovation du stade Félix-Bollaert, les travaux étant couverts par l'État, les Conseils régional et général, la communauté d'agglomération, des partenaires (qui sont recherchés), et le club qui devrait être le maître d'œuvre (*Sport.fr*, septembre 2010). Strasbourg a renoncé à l'accueil de l'Euro pour des considérations financières[14], le coût d'opportunité du stade étant jugé comme trop important par rapport aux bénéfices que la ville en retirerait (*Aujourd'hui en France*, 30 juillet 2010). Le stade de Metz pourrait prendre sa place. Les mêmes arguments ont été utilisés à Nantes[15], cette ville ne s'étant pas retirée de la compétition mais étant restée à l'écart dès le départ (l'investissement nécessaire à La Beaujoire était estimé à environ 100 M€). Son Maire a indiqué préférer assurer un niveau élevé d'investissement dans les équipements sportifs de quartiers ainsi que pour des équipements structurants réellement nécessaires. Est également critiqué le fait que l'UEFA garde la main mise sur l'organisation de la manifestation et encaisse les droits TV ainsi que les recettes sponsoring et marketing (*Le Point*, 14 octobre 2010), tandis qu'au plan territorial les collectivités publiques financent largement les travaux dans les stades et aux abords. Pas étonnant dans ces conditions que l'argument fort pratique des retombées soit exhibé à nouveau par les instances du football pour convaincre de l'opportunité « extraordinaire » que représente cet événement majeur et les stades qu'il va léguer. Le tapage médiatique orchestré par la ligue professionnelle renvoi à la puissance des lobbies

---

[14] La capitale européenne ne participera pas à l'Euro, le coût des travaux chiffré à 160 M€ étant jugé prohibitif par les élus de la communauté urbaine alors que le R.C. Strasbourg est redescendu en national et fait face à des difficultés financières, et que la participation de l'État est jugée insuffisante. Une demande avait été formulée, comme l'ont fait aussi les élus d'opposition de Bordeaux, pour que les excédents financiers de l'événement soient reversés aux villes organisatrices (*Les Échos*, 25 août 2010). Difficile à envisager quand on sait que l'organisation est à présent directement gérée par l'UEFA.

[15] Le cas est d'autant plus intéressant que la ville avait accueilli la Coupe du monde de football 1998, et celle de rugby en 2007 (il est vrai moins coûteuse). Cela semble indiquer que le retour économique et financier n'a pas été finalement jugé comme suffisant par les élus qui remettent en cause leur participation à ce type de méga-événements.

face à une masse mal informée ou inorganisée (78% des lyonnais sondés estiment que les retombées économiques de l'OL Land sur les communes de l'Est lyonnais seront importantes ce qui est en totale contradiction avec les conclusions des économistes du sport vues précédemment pour les stades nord-américains ou européens).

L'impact économique potentiel de l'Euro 2016

L'Euro 2016 va engendrer du tourisme puisque ce sont 2,5 millions de visiteurs qui sont attendus (journalistes, officiels, hommes d'affaires, joueurs et accompagnateurs, ou simples spectateurs). Des retombées économiques devraient en conséquence intervenir durant l'événement. Des estimations de l'ordre de 8 milliards d'euros ont été effectuées par le cabinet Protourisme (voir *La Croix.com*, 9 décembre 2010). Bien qu'il faille se méfier des déplacements temporels de visites (et donc de dépenses), ainsi que de l'effet d'éviction sur les clientèles touristiques habituelles (saturation de la capacité hôtelière ou découragement de la visite), on peut effectivement escompter des retombées touristiques. La question est dans le cadre de ce chapitre davantage de savoir s'il y aura des bénéfices économiques qui seront distribués territorialement dans la durée, en particulier du fait des l'exploitation des stades nés ou rénovés dans la mouvance de l'Euro. Il est beaucoup plus complexe de répondre à cette question, pourtant légitime étant donné l'investissement réalisé.

Des évaluations optimistes et ambiguës

Que les travaux initiés par l'Euro représentent un certain poids économique à mettre au crédit du football professionnel ne fait nul doute. Une étude portant sur l'Euro 2008 en Suisse et en Autriche (Rütter + partner concertgroup, 2004), avait évalué à 3 900 le nombre d'emplois équivalent temps plein associés à la rénovation de 4 stades helvétiques (Bâle, Berne, Genève et Zurich). Le chiffre d'affaires généré en Suisse par ces travaux était chiffré à 680 M de francs suisses pour une valeur ajoutée brute de 354 M. Dans le cas de l'Euro 2016, le chiffre de 15 000 emplois dans le bâtiment durant la phase de construction, est avancé.

Une étude de la société Sport Five (Bolotny & Debreyer, 2009) a tenté de simuler l'activité que pourraient drainer les nouveaux stades et ceux ayant été rénovés[16]. Les stades de l'échantillon (13 de Ligue 1 et 7 de Ligue 2) passeraient d'une capacité moyenne de 25 314 à 34 750 places spectateurs et de 1 162 à 3 180 places VIP. Les progressions observées dans le cas allemand, en relation avec la préparation de la Coupe du monde 2006, ont servi de référence et ont été minorées. Selon les auteurs, l'incidence sur l'économie des clubs serait importante et multidimensionnelle.

- Les recettes de billetterie augmenteraient de près de 90%, en supposant un taux de remplissage constant et une augmentation du prix des places de 7,8€ en L1 et de 3,6€ en L2.

- Les revenus hospitalités progresseraient de 162% à 156 M€ contre 59,7M€ actuellement, compte tenu du nombre de loges créées, d'un taux de remplissage en baisse de 19%, et d'une progression des tarifs au taux de l'inflation (estimé à 2%).

- Les revenus des 13 clubs étudiés augmenteraient globalement de 40% contre 65% constatés pour les clubs de la Bundesliga dans le cas allemand. La part des droits TV passerait de 56% à 46% ce qui réduirait la dépendance par rapport à cette source de financement. Les recettes additionnelles éventuellement liées au Naming, aux buvettes, aux merchandising et sponsoring ne sont pas considérées.

- Les effets sur les recettes fiscales et sociales de l'État n'en sont pas moins mirifiques, avec de l'ordre de 69 M€ constants de recettes additionnelles par exercice fiscal, soit environ 2 milliards sur les 25 ans d'exploitation des stades (impôt sur le revenu, charges sociales, taxes d'apprentissage et à la formation continue, TVA et CSS sur le chiffre d'affaires des clubs, impôt sur les sociétés sur les résultats des clubs).

Cette simulation a le mérite d'exister, cependant elle repose sur de multiples hypothèses, à la fois quant à l'augmentation des volumes (spectateur, hospitalités…), et à celui des prix (billets d'entrée, tarifs pour les hospitalités…). Mais surtout il reste à démontrer qu'il résulte de l'Euro et des

---

[16] Une étude similaire a été réalisée sur les championnats professionnels de rugby, Top 14 et Pro D2, avec le même type de simulations d'accroissement de l'activité du fait de la rénovation des stades (Bolotny & Debreyer, 2010). Elle présente à la fois le même intérêt (cerner le développement économique du rugby professionnel qui en résultera) et les mêmes limites (confondre l'impact économique et le chiffre d'affaires, autrement dit le poids de l'activité localement, et le supplément d'activité source de développement pour les villes hébergeant les équipes).

stades un impact économique c'est-à-dire de la richesse supplémentaire créée. Le fait de déplacer de l'activité des grands centres commerciaux situés en périphérie des villes vers les stades constitue un soutien à l'activité footballistique, mais ne peut être assimilé à des retombées économiques locales. Les habitants changeront simplement leurs habitudes de consommation. De même, le soutien des collectivités a un coût d'opportunité, s'il n'avait pas bénéficié aux grands stades, il aurait profité au secteur de la formation, de la culture, ou de l'automobile, de l'activité économique aurait été créée, et des impôts perçus. Le supposé retour fiscal sur la construction des stades n'en est donc pas un, il remplace celui qui se produirait en investissant ailleurs dans l'économie. Des rentrées fiscales additionnelles n'interviendraient vraiment que si le sport professionnel constituait davantage un secteur exportateur que les autres, et en conséquence s'il faisait rentrer de l'argent neuf. On peut être pessimiste au regard des résultats précédemment présentés sur l'impact des clubs, néanmoins des éléments favorables sont à prendre en compte. Il n'est pas possible de procéder à des calculs précis alors que l'on en est encore au stade de projets, il s'agira plutôt de déterminer les potentialités de génération d'impact qui pourraient contribuer à faire de ces édifices des moteurs du développement économique local, alors que jusque-là les chercheurs ont établi qu'ils étaient au mieux neutres, au pire qu'ils occasionnaient une évasion monétaire (appauvrissement des territoires).

Les facteurs influant sur l'impact économique des stades à long terme

Les stades modernes créés dans la mouvance de l'Euro s'apparentent à un legs ou un héritage (ministère des Affaires étrangères, 2010). Si les coûts pour les contribuables sont avérés (contribution annuelle dans le cadre d'un partenariat public privé), les bénéfices pour la communauté sont moins évidents. De plus, les coûts interviendront très rapidement là où les bénéfices, dans le cas où il y en aurait, seraient diffusés sur plusieurs décennies. Les prévisions sont relativement complexes, parce que plusieurs facteurs (tableau 6) peuvent faire de ces bénéfices potentiels soit un mirage, soit une réalité.

Du point de vue des dépenses d'investissement, la mise en place de partenariat public-privé là où le financement était seulement public semble ouvrir une opportunité. En effet, si la société participant au financement des travaux est extérieure à la ville d'implantation de l'enceinte, elle peut injecter de l'argent neuf sur le territoire, et créer de la valeur ajoutée ainsi que de l'emploi. Ce ne sera pas le cas à Lyon où le financement de l'OL Land sera assuré par le club, donc un agent local qui ne fera que substituer la dépense pour le stade à d'autres dépenses qui devront être déduites (effet de substitution de dépenses locales). La participation de l'État (150 M€ sur 1,7 milliard d'euros), que l'on présente comme une contribution à la relance de l'économie[17] française, peut bien être considérée comme additionnelle car venant en supplément des sommes habituellement attribuées. Suite à cette injection de fonds par les sociétés privées (souvent le maître d'ouvrage) ou l'État, on peut envisager qu'il y ait un impact économique, à condition que l'argent profite à de la main-d'œuvre et des entreprises locales. Or, les sociétés capables de réaliser des équipements d'une telle envergure, et aussi spécifiques que des grands stades, sont peu nombreuses. Les groupes multinationaux comme Vinci, Eiffage, ou Bouygues, trustent la plupart des marchés de ce type, et il est fort probable que l'essentiel des capitaux se concentre en la région parisienne plutôt que dans le BTP sur les sites d'implantation. Il reste à voir les modalités de mise en œuvre, et en particulier si une partie des travaux sera confiée à des filiales locales de ces entreprises de BTP, et/ou si elles auront recours à la sous-traitance. Dans le cas contraire, le rattrapage du retard en matière de stades de la France va bien dynamiser le marché des stades dans le pays, mais profitera peu aux villes où sont localisées les enceintes. S'il est donc probable qu'il y ait un afflux exogène d'argent dans les villes d'implantation, le risque est fort qu'il profite en définitive à d'autres espaces géographiques, et participe à la concentration des richesses en région parisienne.

En termes d'exploitations, il convient là encore de rester réaliste quant à l'ampleur de l'impact que l'on peut escompter. Les contribuables locaux vont payer annuellement une contribution au fonctionnement de l'installation et si l'on excepte Paris, ces deniers publics vont rapidement prendre la forme de fuites vers d'autres territoires. En effet, nous avons déjà illustré sur le cas du grand stade de Lille que la société exploitante (Élisa, filiale du groupe Eiffage) percevra les revenus substantiels générés par le stade dans les prochaines décennies. Il faudra bien créer un minimum

---

[17] Cet effort de l'État est en partie pris sur le CNDS, et risque d'être amputé aux financements alloués au sport de masse, vocation première du CNDS (*Journal des Casinos*, 22 novembre 2010).

d'emplois localement pour faire fonctionner l'enceinte[18], mais en ce qui concerne les achats de prestations, on peut penser que la préférence attribuée (implicitement) par les collectivités territoriales aux fournisseurs locaux n'aura plus court. Il reste à savoir s'il faut s'en réjouir pour des questions de libre concurrence, ou le déplorer parce que cela va priver l'espace local de certains bénéfices dont il profitait jusque-là. Dans ces conditions, bien que certaines recettes d'exploitations peuvent être considérées comme exogènes, telles que le naming qui devrait se monter à environ 25 à 30 M€ par an, on peut douter que les retombées qui en résulteront soient aussi importantes qu'on veut bien le dire. Par ailleurs, les activités qui se dérouleront au stade et permettront d'un strict point de vue comptable de le faire vivre, sont pour la plupart à très fort contenu en produits importés.

- Pour ce qui est du club résident, il est vrai que, contrairement aux méga-événements par nature éphémères, un club professionnel constitue une activité permanente et durable pour la ville (avec des montées et descentes éventuelles dans le système européen des sports). Pourtant si l'impact économique sur une saison est nul ou négatif comme l'indiquent les travaux anglo-saxons ou européens précédemment analysés. Alors, quand bien même raisonnerait-on sur trente ans d'exercice (et d'occupation du stade), l'impact économique resterait limité. D'un point de vue comptable, avoir un club résident semble quasiment incontournable[19], mais sur le plan du développement du territoire, la contribution pourrait bien être faible. Les ressources nouvelles que retireront les clubs de l'exploitation des stades se transforment pour l'essentiel en fuites sous forme de rémunération de joueurs professionnels qui épargneront l'essentiel de leurs revenus pour les dépenser par la suite ailleurs en France ou à l'étranger. Il a déjà été démontré que lorsque les

---

[18] Le président de la Ligue de Football Professionnel (LFP) indique que cela contribuera à créer 15 000 emplois en phase de construction, puis 4 500 emplois au moment de l'exploitation (Footpro avril 2010). Il s'agit d'un poids économique important de ces projets, mais peut-on pour autant parler d'impact ?

[19] Le Stade de France constitue de ce point de vue une exception, dans la mesure où aucune équipe de la capitale ne peut à ce jour revendiquer le niveau requis (à part le PSG qui joue au Parc des Princes) pour l'occuper, et le remplir régulièrement. Le consortium qui en a la gestion semble d'ailleurs bien s'accommoder de la situation et ne pas rechercher véritablement un club professionnel pour l'occuper. Il préfère y organiser, sans les contraintes posées par l'accueil des matchs d'un championnat professionnel, de multiples événements sportifs et culturels (*Les Échos*, 23 novembre 2010).

produits des clubs augmentent, notamment du fait des droits télévisés, cet accroissement est instantanément transformé en masse salariale additionnelle, c'est d'ailleurs là une des raisons des difficultés financières des clubs (Aglietta, Andreff & Drut, 2008).

- Les événements sportifs et culturels qui seront organisés dans les nouveaux stades constituent des activités par nature à fort contenu en main d'œuvre (Baumol et Bowen, 1966), et donc fortement tournés vers l'importation. Les études d'impact sur les méga-événements sportifs ponctuels montrent qu'une part importante des ressources (marketing, droits télévisés…) profite directement aux instances internationales. Pour ce qui est de l'impact, les travaux scientifiques sont convergents quelle que soit la méthodologie utilisée. Par exemple, dans le cas de la Coupe du monde 2007 en France, Barget et Gouguet (2010c) trouvent qu'il existe certes un impact économique, mais d'ampleur très limitée par rapport au PIB national. Les retombées sont principalement de nature touristique, et s'élèvent à environ 500 M€. De même, le bureau fédéral au plan belge a estimé (*L'Avenir.net*, décembre 2010 ; *La Libre Belgique*, août 2010) que si la Belgique était choisie pour être hôte de la FIFA world Cup 2018 (ce qui n'a pas été le cas), le pays n'en tirerait que peu de bénéfices économiques : le PIB aurait progressé d'environ 0,13% et l'emploi de 0,09% en 2018. Il y aurait même eu une fuite monétaire nette chaque année jusqu'en 2017, les retombées de 2018 étant liées aux dépenses des visiteurs. Au-delà de ce constat, il nous semble qu'il faut dissocier les méga-événements sportifs et les spectacles de moindre ampleur, dans la mesure où la zone de chalandise est très différente (Gill, 2003). Les grands stades seront en effet utilisés pour des grands événements sportifs mais aussi pour des compétitions dont l'attractivité est plus restreinte. Il existe peu de travaux sur ce second type de spectacles sportifs, mais lorsque c'est le cas, ils mettent à nouveau l'accent sur l'importance des fuites[20]. Pour le sport comme pour la culture, le fait que

---

[20] Ferrand & Barget (2010), analysant les retombées économiques de l'Open de Moselle, arrivent à la conclusion que l'impact est relativement modeste, y compris par comparaison avec la taille du budget d'organisation, ce qui montre qu'il y a des fuites importantes hors du territoire mosellan. Les auteurs considèrent alors que la légitimité du 5e tournoi professionnel français est à chercher ailleurs, et en particulier dans le renforcement des réseaux de parties prenantes. L'événement constitue une plateforme de relations publiques très appréciée, les effets à long terme étant difficiles à chiffrer, mais essentiels pour comprendre la nature et l'intérêt du tournoi pour la Moselle.

des montants très importants soient consacrés à la rémunération des stars (du sport business ou du showbiz) rend les retombées économiques faibles tout au moins par comparaison avec l'activité économique globale du territoire que l'on cherche à impacter. Lorsque les fans et les contribuables locaux prennent indirectement en charge l'essentiel de la prestation des artistes et de leur entourage (producteur…), c'est davantage un appauvrissement qu'un enrichissement qui intervient. Pour le moins, en matière culturelle comme sportive, l'impact est là encore loin d'être avéré (Seaman, 2008).

- Le développement lié aux activités commerciales autour des stades n'a d'intérêt pour l'impact local que si cela permet de capter de l'argent provenant des visiteurs et pas seulement d'agents locaux qui ne sont pas source d'injection et d'impact (substitution de dépense locale), et si ces sommes ne sont pas immédiatement transformées en dépense externe au territoire, en particulier en masse salariale. Rien n'est moins sûr. Quand au tourisme, il concerne uniquement les installations les plus prestigieuses qui ont une valeur patrimoniale…

Tableau 6.
Les facteurs influant sur l'ampleur
de l'impact économique des stades

	IMPACT	
	FACTEUR+	FACTEUR-
CONSTRUCTION DU STADE	Participation d'une société privée externe (dans le cadre du PPP) Choix d'un maître d'ouvrage et de prestataires locaux	Société locale pour le PPP Entreprise BTP externe effectuant les travaux
CLUB RESIDENT	Financement largement externe (rejoint entreprise PPP, TV…) Formation de jeunes locaux (dépensent localement)	Financement largement local (fans…) Rémunération de mercenaires (fuite)
EVENEMENTS SPORTIFS & EVENEMENTS CULTURELS	Attraction de visiteurs extérieurs Dépenses locales, privilégier les fournisseurs locaux	Spectateurs essentiellement locaux (substitution de dépense) Dépenses fournisseurs externes, dont artistes, sportifs et producteurs
ACTIVITES COMMERCIALES	Capacité à engendrer un supplément de dépense des visiteurs Commerces rémunérant des salariés locaux et choix comme fournisseurs des entreprises locales	Dépenses supplémentaires essentiellement des locaux (substitution) Concession à des sociétés extérieures et rémunération de salariés ext

On le perçoit bien, il est peu probable que soient démentis les résultats économétriques présentés initialement et indiquant que les stades et les clubs n'ont pas d'effet sur le développement économique des territoires d'implantation. Toute dépense ne constitue pas une injection à l'origine d'un impact, loin s'en faut dans le sport professionnel. Que l'on soit bien compris, il ne s'agit pas ici de dresser un tableau trop sombre des stades, qui peuvent être parfaitement légitimes et utiles, mais de montrer que les retombées ne sont vraiment pas le bon argument à mettre en avant. Les ligues professionnelles et clubs n'ont rien à gagner en faisant escompter des effets pécuniaires qui ne se réaliseront pas, et risquent de se retrouver décrédibilisés lorsqu'il apparaîtra qu'il s'agit d'une simple illusion, alors que pourtant ils disposent d'un produit d'une très grande valeur.

Conclusion

Les instances du football, assistées de cabinets d'étude et de consultants, entretiennent la confusion entre poids et impact économique. Que les ligues professionnelles cherchent à réunir les conditions pour le développement du football est parfaitement dans l'ordre des choses. En revanche, elles devraient le faire davantage sur la base de la valeur économique de l'événement pour les fans (valeur d'usage) et les habitants (valeur de non-usage), plutôt que sur la base de retombées économiques. C'est l'utilité sociale de l'événement qui constitue la finalité et non les retombées monétaires, un autre chapitre est consacré à cette question dans le présent ouvrage. Autrement dit, il n'y a pas de mal à défendre un projet de développement des clubs professionnels en raison de la qualité du divertissement proposé aux fans, des effets sociaux et médiatiques du championnat, mais il est parfaitement contestable de s'appuyer sur des retombées dont on sait qu'elles constituent en général un mirage. Il faut s'attacher à l'utilité sociale et éviter la réalisation d'éléphants blancs, c'est-à-dire des installations disproportionnées et sous-utilisées, tout en étant coûteuses en deniers publics. On peut penser que l'offre engendrera immanquablement la demande, et que les stades se rempliront, mais en est-on bien sûr ? L'expérience sud-africaine et notamment à Cap Town (voir *Jurisport*, 2010) est frappante de ce point de vue... La science économique propose des outils référencés pour estimer l'utilité sociale du stade, à travers la méthode des marchés hédoniques qui s'appuie sur l'évolution des prix des terrains à proximité des installations sportives (voir par exemple Limehouse, Melvin, & McCormick, 2010), ou la méthode d'évaluation contingente (consulter en particulier Johnson, Mondello & Whitehead, 2006). Ainsi, P. Castellanos et J.-M. Sanchez (2007) ont chiffré que le consentement à payer pour le R.C. Deportivo La Coruña se montait à 14,48€ par habitant en utilisant le modèle Tobit et 33,39€ avec le modèle Logit, soit annuellement entre 4,35 M€ et 10,032M€ sur l'ensemble de la population. La valeur d'usage représente seulement entre 15% et 41% du total (respectivement avec le modèle Tobit et le modèle Logit), ce qui indique que la valeur de non-usage que les contribuables placent dans le club est dominante. Le rapport Ernst & Young (2010), critiquable par ailleurs, est intéressant de ce point de vue. Il établit par exemple que le football professionnel est utile socialement parce qu'il encourage la pratique du football, accroît la notoriété et renforce l'image de la ville, a des effets d'entraînement sur la politique d'investissement (infrastructures de transport, hôtels et commerces…), génère de l'insertion sociale à travers les actions menées par les clubs dans les quartiers, créé du lien social et du bonheur… C'est, nous semble-t-il, sur ce plan qu'il faut se situer si l'on veut promouvoir le football professionnel.

Pour aller au bout de la logique, la question n'est donc pas de savoir ce que le stade peut rapporter en retombées économiques immédiates au territoire, mais quel appauvrissement (relatif) le territoire est prêt à supporter pour pouvoir proposer un spectacle de sport professionnel de qualité aux fans, et de la satisfaction à ses habitants (fierté…), en relation avec l'amélioration de la notoriété et de l'image internationale de la ville. Le club et le stade s'apparentent à des dépenses de prestiges (comme un gratte-ciel ou autres grands ouvrages tels que les ponts), ils constituent des biens qui ont une valeur territoriale indéniable, mettons-les en valeur plutôt que de focaliser sur des retombées inexistantes. Un stade s'apparente à un « théâtre des rêves »[21] plutôt qu'à une industrie dont la ville peut désespérément attendre son développement.

---

[21] Le stade d'Old Trafford, où joue l'équipe de Manchester United, est d'ailleurs appelé "Theater of dreams".

Bibliographie

AGLIETTA M., ANDREFF W. & DRUT B., Bourse et football, *Revue d'économie politique*, n°2, 2008.

ALLMERS S. & MAENNIG. W. (2008), *Economic Effects of Football World Cups : Experiences from France 1998 and Germany 2006*, Conférence annuelle de l'Association Française de Sciences Économiques (AFSE), Session invitée, La Sorbonne, 19 septembre 2008.

BAADE R.A., Professional Sports as catalysts for economic development, *Journal of Urban Affairs*, vol. 18, n° 1, pp. 1-17, 1996.

BAADE R. A., Stadiums, Professional Sport and Economic Development, Assessing the Reality, *Heartland Policy Study*, n°62, 1994.

BAADE R.A., *Is there an economic rationale for subsidizing sports stadiums?*, Heartland institute, Chicago, 1987.

BAADE R.A. & DYE R.F., An analysis of the impacts stadiums and professionnal sports have on metropolitan area development, *Growth and change*, printemps 1990, pp. 1-14.

BAADE R.A. & MATHESON V.A., The Quest for the Cup : Assessing the economic impact of the World Cup, *Regional Studies*, vol. 38, n°4, pp. 343-354, 2004.

BAADE R.A. & MATHESON V.A., Home run of wild pitch? Assessing the economic impact of Major League Baseball's All Star Game, *Journal of Sports Economics*, n°2, pp. 307-327, 2001.

BAADE R.A., MATHESON V., An assessment of the economic impact of the American Championship, the Super Bowl, on host communities, *Reflets et Perpectives de la Vie Économique*, vol. XXXIX, n°2-3, pp. 35-46, 2000.

BAADE R.A. & SANDERSON R.A., The employment effect of teams and sports facilities in *Sports, Jobs and Taxes*, NOLL R.G. & ZIMBALIST A. (Eds.), Washington D.C., pp. 92-118, 1997.

BAADE R.A. & TIEHEN L.J., An Analysis of Major League Baseball Attendance 1969-1987, *Journal of Sport and Social Issue*, 1990.

BAIM.D V., *The Sports Stadium as a Municipal Investment*, Westport (Conn.) and London, 1994.

BARGET E., Vers une rationalisation des politiques d'accueil d'événements sportifs ?, *Revue Politique et Parlementaire*, avril 2009.

BARGET E. & GOUGUET J.-J., *Événements sportifs : impacts économique et social*, De Boeck, collection Management et sport, Bruxelles, 2010a.

BARGET E. & GOUGUET J.-J. *Mega Sporting Events Hosting Policies: The Stakes of the 2007 RWC for France's Tourism,* International Association for Sport Economics 12th annual meeting, University of Portland, USA, avec J.-J. Gouguet, juin 2010, 2010b.

BARGET E. & GOUGUET J.-J., La mesure de l'impact économique des grands événements sportifs : l'exemple de la Coupe du monde de rugby 2007, *Revue d'Économie Régionale et Urbaine,* n°2, Armand Colin, 2010c.

BAUMOL W.J. & BOWEN W., *Performing Arts – The Economic Dilemma: A Study of Problems Common to Theater, Opera, Music and Dance,* Cambridge, MA: MIT Press, 1966.

BESSON E., *Accroître la compétitivité des clubs de football français,* Secrétariat d'État chargé de la Prospective, de l'évaluation des politiques publiques, et du développement de l'économie numérique, Paris, novembre 2008.

BOLOTNY F. & DEBREYER D., *Étude « Investissements stades »,* Sportfive, Paris, 2009.

BOLOTNY F. & DEBREYER D., *Quelle place pour les stades dans l'économie des clubs : le rugby pro à la croisée des chemins,* contribution au colloque « Stades », Ligue nationale de rugby, Paris, 22 & 23 novembre 2010.

BONNAFY X. & RIFFAUD V., *Impact économique et médiatique d'un club de basket-ball sur une ville, un département, une région : l'exemple du Limoges CSP,* Mémoire de DESS, Centre de droit et d'économie du sport, Limoges, 1989.

CASTELLANOS P. & SANCHEZ J.M., The Economic Impact of a Sports Club for a City: Empirical Evidence from the Case of a Spanish Football Team, *Urban Public Economics Review,* n°7, 2007, pp. 13-38.

Chambre de Commerce et d'Industrie de Bayonne Pays Basque, *Impact économique de l'Aviron Bayonnais Rugby Pro,* Pôle études, 2010.

COATES D. & HUMPHREYS B.R., The effects of professional sports on earnings and employment in the services and retail sectors in US cities, *Regional Science and Urban Economics,* vol. 33, n°2, pp. 175-198, 2003.

COATES D. & HUMPHREYS B.R., The economic impact of postseason play in professional sports, *Journal of Sports Economics,* n°3, pp. 291-299, 2002.

COATES D. & HUMPHREYS B.R., The stadium gambit and local economic development, *Regulation: The Cato Review of Business and Government,* vol. 23, n°2, pp. 15-20, 2000a.

COATES D. & HUMPHREYS B.R., The economic consequences of professional sports, strikes and lockouts, *Southern Economic Journal*, vol. 67, n°3, pp. 737-747, 2000b.

COATES D. & HUMPHREYS B.R., The growth effects of sport franchises, stadia and arenas, *Journal of Policy Analysis and Management*, n°18, vol. 4, pp. 601-624, 1999.

DNCG, *Bilan financier*, Paris, 2009.

DNCG, *Ligue 1 : complément d'information sur les comptes*, Paris, 2009a.

DNCG, *Ligue 2 : complément d'information sur les comptes*, Paris, 2009b.

ERNST & YOUNG, *Des clubs et des hommes : réalités économiques et sociales du football professionnel*, étude réalisée pour l'Union des clubs professionnels de football, Paris, 2010.

FERRAND A. & BARGET E. *Analyse de l'impact économique et social de l'Open de Moselle sur le territoire départemental et le réseau de parties prenantes*, Metz, 2010.

FORT R.D., *Sports Economics*, Third Edition, Pearson, Boston, 2011.

FORT R.D., Direct democraty and the stadium mess, in Noll.R. & Zimbalist.A. (Eds.), *Sports, Jobs and Taxes: the Economic Impact of Sports Teams and Stadiums*, Brookings Institution, Washington.D.C., 1997.

GILL D., Comment déterminer l'achalandage d'un stade, condition essentielle à l'analyse économique, in Lefebure S., *Sports et villes : enjeux économiques et socioculturels*, Presses de l'Université du Québec, Sainte Foy (Québec), 2003.

GRATTON C., *Sport in the City: the Role of Sport in Economic and Social Regeneration*, Routledge, Londres, 2001

JOHNSON A.T., Economic and Policy Implications of Hosting Sports Franchises – Lessons from Baltimore, *Urban affairs quarterly*, n°21, 1986.

JOHNSON B.C., MONDELLO M.J. & Whitehead. J.C., Contingent Valuation of Sports – Temporal Embedding and Ordering Effects, *Journal of Sport Economics*, vol. 7, n°3, 2006, pp. 267-288.

JOHNSTONE S. & TAYLOR R., *The Football Business and the Merseyside Economy*, The Football Industry Group, 2010.

JUDD D.R. & SWANSTROM T., *City Politics: Private Power and Public Policies*, HarperCollins College Publishers, New York, 1994.

KAVETSOS G. & SZYMANSKI S., National well-being and international sports events, *Journal of Economic Psychology*, Elsevier, vol. 31, n°2, 2008, pp. 158-171.

KESENNE S., Do we need an economic impact study or a cost-benefit analysis of a sports event?, *European Sport Management Quarterly*, vol. 5, n°2, pp. 133-142, juin 2005.

LAGARDE F., Stades : quelle vie pour les locataires ?, *Foot Pro Magazine*, n°14, février 2006.

LAVOIE M., *Les équipes professionnelles n'ont pas d'impact économique significatif : le cas des Expos,* Avante-Ontario, 2000.

LAVOIE M. & RODRIGUEZ G., The Economic Impact of Professional Teams on Monthly Hotel Occupancy Rates of Canadian Cities: A Box-Jenkins Approach, *Journal of Sport Economics,* vol. 6, n°3, August 2005.

LEHMANN J. & NETZER T., *The Economic Impact of the Bundesliga – The Significance of Professional Football for the German Economy*, DFL Deutsche Fußball Liga GmbH, 2009.

LIMEHOUSE F.F., MELVIN P.C., & McCORMICK R.E., The Demand for Environmental Quality: An Application of Hedonic Pricing in Golf, *Journal of Sport Economics*, vol. 11, n°3, 2010

PRIMAULT D., *Impact économique du spectacle de football sur une grande ville – L'exemple de Rennes*, Mémoire de DESS Formation juridique et économique aux professions du sport, Limoges, 1988.

ROSENTRAUB M.S., Who Benefit from the Presence of Professional Sports Teams? The Implications for Public Funding of Stadiums and Arenas, *Public Administration Review*, vol. 58, 1998

RÜTTER + Partner Concertgroup, *Impact économique de l'UEFA EURO 2008 en Suisse*, en collaboration avec l'Institut des Hautes Études et de Recherche Scientifique de Vienne, Lucerne, novembre 2004.

SEAMAN B.A., Economic Impact of the Art, in Towse R., *A Handbook of Cultural Economics, Edward Elgar*, pp. 224-231, Cheltenham, 2008.

Seguin P., *Grands stades : rapport de la commission Euro 2016*, 2008.

SEIGNOLLE L., *L'impact économique du CA Brive rugby*, mémoire de master IMOS (Ingenierie et management des organisations sportives), IAE de Toulouse, 2008.

Sportfive, Étude « *Investissements stades* », décembre 2009.

Presse écrite et sites internet

Lyonplus.com, Grand stade ; l'OL affiche le soutien des habitants du grand Lyon, 22 octobre 2009.

Que choisir argent, Euro 2016 : la coupe en vaut-elle le coût, n°120, octobre 2010.

La Croix.com, La France attend des retombées économiques importantes de l'Euro 2016, jeudi 9 décembre 2010.

Actualité en France, ministère des Affaires étrangères, La France accueillera le Championnat d'Europe de Football 2016, n°17, juin 2010.

Libération, Arrêtons de construire des stades immédiatement, 21 mai 2010.

L'Avenir.net, FIFA World Cup 2018 : un impact économique négligeable, décembre 2010.

Aujourd'hui en France, L'Euro 2016 se jouera sans Strasbourg, 30 juillet 2010.

Les Échos, Financement des stades : un modèle à repenser, 25 août 2010.

La Libre Belgique, Fortes retombées financières ? 10 août 2010.

Onze mondial, Euro 2016 : ça peut rapporter gros !, 2010.

Sport.fr, Lens veut être dans les neuf, septembre 2010.

La Tribune, Sportfive diversifie ses recettes, 22 septembre 2010.

Metro, Les opposants taclent OL Land, 22 septembre 2010.

L'Expansion, Marseille offre à son stade fétiche une toilette à 273 millions d'euros, octobre 2010.

Le Point, La France championne de l'organisation, 14 octobre 2010.

L'Expansion, L'OL sur un terrain mouvant, 1er novembre 2010.

Les Échos, Cinquante-huit millions d'euros pour rénover le stade Geoffroy Guichard, 25 octobre 2010.

Les Échos, Le football professionnel veut convaincre de son ancrage dans l'économie française, 28 octobre 2010.

Nord Littoral, Soixante pour cent des Boulonnais favorables à la construction d'un nouveau stade, 29 octobre 2010.

Le Figaro, Le stade Olympique de Londres mis à nu par la crise, 11 novembre 2010.

Les Échos, Le Stade de France multiplie les productions, 23 novembre 2010.

Libération, Roland Garros en quête d'une terre d'accueil, 26 novembre 2010.

Journal des Casinos, FDJ Financement des stades de l'Euro 2016, 22 novembre 2010.

Le Moniteur des travaux publics et du bâtiment Le Havre : première pierre du grand stade, 22 octobre 2010.

Sport.fr, La Chambre régionale des comptes décortique le Grand Stade de Lille, 21 octobre 2010.
Jurisport, Économie de la Coupe du monde FIFA 2010, n°95, février 2010.
Footpro magazine, L'Euro 2016 au cœur de la dynamique des stades, n°53, avril 2010.

L'HARMATTAN, ITALIA
Via Degli Artisti 15; 10124 Torino

L'HARMATTAN HONGRIE
Könyvesbolt ; Kossuth L. u. 14-16
1053 Budapest

L'HARMATTAN BURKINA FASO
Rue 15.167 Route du Pô Patte d'oie
12 BP 226 Ouagadougou 12
(00226) 76 59 79 86

ESPACE L'HARMATTAN KINSHASA
Faculté des Sciences sociales,
politiques et administratives
BP243, KIN XI
Université de Kinshasa

L'HARMATTAN CONGO
67, av. E. P. Lumumba
Bât. – Congo Pharmacie (Bib. Nat.)
BP2874 Brazzaville
harmattan.congo@yahoo.fr

L'HARMATTAN GUINÉE
Almamya Rue KA 028, en face du restaurant Le Cèdre
OKB agency BP 3470 Conakry
(00224) 60 20 85 08
harmattanguinee@yahoo.fr

L'HARMATTAN CÔTE D'IVOIRE
M. Etien N'dah Ahmon
Résidence Karl / cité des arts
Abidjan-Cocody 03 BP 1588 Abidjan 03
(00225) 05 77 87 31

L'HARMATTAN MAURITANIE
Espace El Kettab du livre francophone
N° 472 avenue du Palais des Congrès
BP 316 Nouakchott
(00222) 63 25 980

L'HARMATTAN CAMEROUN
BP 11486
Face à la SNI, immeuble Don Bosco
Yaoundé
(00237) 99 76 61 66
harmattancam@yahoo.fr

L'HARMATTAN SÉNÉGAL
« Villa Rose », rue de Diourbel X G, Point E
BP 45034 Dakar FANN
(00221) 33 825 98 58 / 77 242 25 08
senharmattan@gmail.com

606121 - Mai 2015
Achevé d'imprimer par